高等学校创新性数智化应用型经济管理规划教材（会计系列）

省级一流本科专业（会计学）建设点配套教材

总主编 / 李雪　主审 / 徐国君

基础会计（第三版）

陈德英◎主编

马俊云　李小林◎副主编

立信会计出版社

LIXIN ACCOUNTING PUBLISHING HOUSE

图书在版编目(CIP)数据

基础会计 / 陈德英主编. —3 版. —上海：立信会计出版社，2022.6

ISBN 978-7-5429-7111-1

Ⅰ. ①基… Ⅱ. ①陈… Ⅲ. ①会计学—基本知识 Ⅳ. ①F230

中国版本图书馆 CIP 数据核字(2022)第 131042 号

策划编辑　方士华

责任编辑　方士华

美术编辑　吴博闻

基础会计(第三版)

JICHU KUAIJI

出版发行	立信会计出版社		
地　　址	上海市中山西路 2230 号	邮政编码	200235
电　　话	(021)64411389	传　　真	(021)64411325
网　　址	www.lixinaph.com	电子邮箱	lixinaph2019@126.com
网上书店	http://lixin.jd.com		http://lxkjcbs.tmall.com
经　　销	各地新华书店		

印　　刷	上海天地海设计印刷有限公司
开　　本	787 毫米×1092 毫米　1/16
印　　张	14.5
字　　数	352 千字
版　　次	2022 年 6 月第 3 版
印　　次	2022 年 6 月第 1 次
印　　数	1—3 100
书　　号	ISBN 978-7-5429-7111-1/F
定　　价	43.00 元

如有印订差错　请与本社联系调换

总　序

教材是高校实现人才培养目标的重要载体,教材及教材建设对高校发展具有举足轻重的作用。与培养模式相对应的教材是培养合格人才的基本保证,是实现培养目标的重要工具。由于历史的原因,在财经类教材的出版方面,相关出版社出版研究型本科或者高职高专、中等职业等层次的教材较多,应用型本科教材较少。虽然近年来一些应用型本科教材也陆续出版,但总体而言,这些教材还是缺乏权威性、普适性、实用性、创新性。造成这种状况的原因主要在于:出版社对财经类应用型本科教材的出版还不够重视,没有进行有效的组织;财经类应用型本科院校多为新建院校,教材建设相对滞后,主观上也较愿意使用研究型本科教材;在教材使用中存在比较严重的混用现象,教材目标读者群不明确,如不少教材既适用于研究型本科院校又适用于应用型本科院校,或者既适用于本科院校又适用于高职高专院校。

由于目前财经类应用型本科教材种类和数量匮乏或质量欠佳,财经类应用型本科院校不得不沿用传统研究型教材。这些教材本身的质量很好、级别很高,但是并不适用于应用型本科院校的教学,教师和学生普遍反映不好用。即使在全国范围看,也还没有相对成套、成熟的适合财经类应用型本科院校的教材。现有教材存在的主要问题包括:①教材的定位和要求过高;②教材的内容偏多、难度偏大;③教材着重于理论解释,相关案例、实训等内容较少,缺乏普适性、实用性。

与此同时,信息技术的快速发展使学生的学习习惯和阅读习惯发生了改变,不断朝个性化、自主学习的方向发展,传统的单一纸质教材已经无法适应这种变化。翻转课堂、慕课、微课等网络课程的兴起,混合式教学的不断推进,也对立体化教材建设提出了新的要求。教材作为一种课堂上的教学工具、一种传播媒介,理应顺势而为,随课堂形式、学生学习方式的改变而改变,朝着数字化、立体化、可视化的方向发展。因此,需要编写适应学生水平、便于学生接受的立体化财经类应用型本科教材。

我们组织具有多年应用型人才培养经验的优秀教师和实务界专家编写了这套教材。本套系列教材有《会计基本技能》《出纳实务》《基础会计》《中级财务会计》《成本会计》《管理会计》《会计信息系统》《财务管理》《审计学》《高级财务会计》《商业分析》《税法》《经济法》《金融学》等品种。为了保证教材的质量,本套教材聘请了知名高校的专家教授进行专门指导和审核。每本教材至少有一名本学科的知名专家或学科带头人提出审核指导意见,至少有一名高等院校教学一线的高级职称教师组织编写,至少有一名行业协会、实务界专家或教学研究机构人员提出编写建议。

本系列教材的特色如下。

1. 应用性

应用型本科的教材建设应坚持培养应用型本科人才的定位，充分吸收和借鉴传统的普通本科教材与高职高专类教材建设的优点和经验，以就业为导向，做到理论上高于高职高专类教材、动手能力的培养上高于传统的本科院校教材。本系列教材体现了应用型本科的定位，体现了素质教育和“以学生发展为本”的教育理念，遵循了高等教育教学基本规律，重视知识、能力和素质的协调发展，根据应用型人才培养模式对学生的创新精神、实践能力和适应能力的要求，在内容选材、教学方法、学习方法、实验和实训配套等方面突出了应用性特征。

2. 针对性

本系列教材的编写符合会计学、财务管理和审计学等专业的培养目标、培养需求、业务规格和教学大纲的基本要求，与各专业的课程结构和课程设置相对应，与课程平台和课程模块相对应。教材在结构纵横的布局、内容重点的选取、示例习题的设计等方面符合教改目标和教学大纲的要求，把教师的备课、试讲、授课、辅导答疑等教学环节有机地结合起来。

3. 立体化

本系列教材为立体化教材，实现了由传统纸质教材向“纸质教材＋数字资源”的转变，通过技术手段将晦涩难懂的理论知识转变为直观的具体知识，以立体化、数字化的方式呈现，包括图文、动画、音频、视频等多种形式，生动、有趣且易懂，不仅可以激发学生的学习兴趣，还有利于教学效果的提升。

4. 趣味性

本系列教材注重趣味性，使用了大量的例题和案例，每章都加入了“思政育人”“相关思考”“延伸阅读”等内容，使读者能够加深理解，便于掌握相关内容。在案例、例题等的设计选用上重点突出趣味性，易于引发读者的共鸣。

5. 先进性

本系列教材反映了应用型会计人才教育教学改革的内容，能够反映学科领域的新发展。教材的整体规划、每一种教材的内容构建等均体现了创新性。教材还强调了系列配套，包括了教材、学习参考书、教学课件等。立体化教材在内容修订上更具有明显优势，线上资源可以随时根据政策法规、理论知识或工作实务等的变化进行调整，更有利于保持教材内容的先进性。

6. 基础性

本系列教材将打破传统教材自身知识框架的封闭性，尝试多方面知识的融会贯通，注重知识层次的递进，体现每一门科目的基本内容，同时在具体内容上突出实际运用能力，做到“教师易教，学生乐学，技能实用”。

7. 易于自学

自学能力是大学生的一项基本能力。学生只有具备了自主学习的能力，才能最终建立起终身学习的保障体系，这也是应用型本科人才培养的客观要求。应用技术型高校的生源素质与普通高校相比存在一定的差距，除了一部分是高考发挥失误的学生，还有一部分学生在学习习惯、基础知识等方面存在一定的欠缺，这就要求教材能够调动这部分学生的学习积极性，在理论方面尽量通俗易懂，在实践方面尽量采用案例式教学。为了有利于学生课后自主学习，本系列教材配套了学习指导书和教学课件。

因此，本系列教材的定位准确，特色明显，适用于应用型本科院校教学，容易得到学生和市场的认可，便于学生的自学和教师的教学。

“十四五”高等学校创新性数智化应用型经济管理规划教材凝聚了众多领导、教授和专家多年来的经验和心血。当然，由于我们的经验和人力有限，教材中难免存在不足，我们期待着各位同行、专家和读者的批评指正。我们将伴随着经济发展和会计环境的变迁不断修订教材，以便及时反映学科的最新发展和人才培养的最新变化。

本系列教材自 2014 年出版后，得到市场的认可，深受广大高校师生的欢迎。为了更好地回馈读者，本系列教材从 2017 年起启动第二版的修订工作，2019 年启动第三版的修订工作，2021 年启动第四版的修订工作。各种教材的修订版将陆续出版。我们会一如既往地做好教材修订和相关服务工作，希望广大读者对本套系列教材继续给予支持。

李　雪

2022 年 6 月

第三版前言

本书为“十四五”高等学校创新性数智化应用型经济管理系列教材（会计系列）之一，具有应用性、针对性、基础性、自学性的特点，在充分吸收和借鉴传统本科教材与高职高专教材建设的优点和经验的基础上，以就业为导向，做到理论上高于高职高专教材、动手能力的培养上高于传统的本科教材。

本书围绕会计的基本概念、基本理论和会计核算的方法展开，注重会计基本理论与会计基本实务的联系。本书以会计概念的内涵、会计目标、会计假设、会计核算方法为基本理论框架，阐述资金运动过程中的相关业务、会计科目和账户、复式记账、会计凭证、会计账簿、财产清查和财务会计报告等基本内容和处理方法。本书在编写上，注重会计基础性内容的阐述和基本方法的应用，循序渐进，由浅入深。其中，本章小结和本章重要概念有助于读者对本书基本内容和方法进行理解和掌握。

本书根据新企业会计准则体系会计改革的最新成果编写，全书共分为 12 章，主要内容包括总论、会计核算基础、会计要素与科目、会计等式与复式记账、制造业企业主要经济业务的核算、账户的分类、会计凭证、会计账簿、账务处理程序、财产清查、财务会计报告、会计工作组织。每章都结合相关案例对重点内容进行讲解，本书在编写时将会计知识与思政教育相结合，通过“延伸阅读”“相关思考”“本章小结”“本章重要概念”等内容，实现价值引领与知识传授、能力提升与素质养成的有机融合，并且与实务工作紧密结合，培养学生的分析能力和创新能力，增强学生理论与实务相结合的能力。本书主要作为高等教育经济管理类专业教材，也可供相关专业人员参考。

本书的编写特点如下：

(1) 本书依据的会计规范是最新的国际会计准则和我国最新的企业会计准则。

(2) 本书将理论知识与实务相结合，重视知识、能力和素质的协调发展，以培养应用型人才为目的，并提高学生的创新精神、实践能力和适应能力。

(3) 本书在会计方法的介绍上，详略得当，突出所要达到的主要目的，集中讲述会计的基本方法，对某些枝节性内容尽量少涉及或不涉及，如本书在介绍利润的构成时，只介绍最基本的构成内容，不涉及其他综合收益和综合收益总额。

(4) 本书借助 T 型账户、图、表等工具进行讲解，图文并茂，并穿插鲜活案例，通俗易懂。

(5) 本书配套资料丰富，配有《基础会计学习指导书》，以及多媒体课件等辅助资料。

陈德英为本书主编，马俊云、李小林为副主编，徐伟丽、陈莎、任文艳参与编写。本书具体编写分工如下：第一章由陈德英编写，第二章由李小林编写，第三章由李小林编写，第四章由李小林编写，第五章由马俊云编写，第六章由陈莎编写，第七章由马俊云编写，第八章由马俊云编写，第九章由徐伟丽编写，第十章由陈德英编写，第十一章由陈德英编写，第十二章由任文艳编写。

本书在编写的过程中参考了大量相关教材和论著，经过各位编者的努力，本书愈加完善,在此,向给予大力支持的李雪教授、徐国君教授和各位编者致以深深的谢意!

另外,会计法规、税收法规在不断修订和完善中,如本书编写的法规内容与新发布的法规不一致,应以新法规为准。

本书的编写经过多次讨论研究,力求内容编排合理、避免错误,书中若存在疏漏不足之处,敬请读者批评指正。

编　　者

2022年6月

目　录

第一章　总论 …… 1
第一节　会计的产生与发展 …… 2
第二节　会计的概念和职能 …… 4
第三节　会计的任务与作用 …… 7
第四节　会计的目标与方法 …… 8
本章小结 …… 12
本章重要概念 …… 13

第二章　会计核算基础 …… 14
第一节　会计假设 …… 14
第二节　会计信息质量特征 …… 17
第三节　权责发生制与收付实现制 …… 20
本章小结 …… 23
本章重要概念 …… 24

第三章　会计要素与科目 …… 25
第一节　会计对象 …… 26
第二节　会计要素 …… 28
第三节　会计科目与账户 …… 34
本章小结 …… 39
本章重要概念 …… 39

第四章　会计等式与复式记账 …… 40
第一节　会计等式 …… 41
第二节　复式记账原理 …… 44
第三节　借贷记账法 …… 45
本章小结 …… 53
本章重要概念 …… 53

第五章　制造业企业主要经济业务的核算 …… 54
第一节　制造业企业主要经济业务概述 …… 55
第二节　资金筹集业务的核算 …… 56
第三节　供应过程业务的核算 …… 64
第四节　生产过程业务的核算 …… 71
第五节　销售过程业务的核算 …… 78
第六节　财务成果形成和分配业务的核算 …… 84
本章小结 …… 91
本章重要概念 …… 91

第六章　账户的分类 …… 92
第一节　账户分类的意义 …… 92
第二节　账户按经济内容分类 …… 94
第三节　账户按用途和结构分类 …… 96
第四节　账户按与会计报表的关系分类 …… 104
本章小结 …… 105
本章重要概念 …… 105

第七章　会计凭证 …… 106
第一节　会计凭证概述 …… 107
第二节　原始凭证 …… 108
第三节　记账凭证 …… 112
第四节　会计凭证的传递与保管 …… 120
本章小结 …… 121
本章重要概念 …… 121

第八章　会计账簿 …… 122
第一节　账簿的概念、作用与种类 …… 123
第二节　账簿的内容、启用与记账规则 …… 126
第三节　账簿的格式与登记方法 …… 129
第四节　对账与结账 …… 135
第五节　错账查找与更正 …… 138
第六节　账簿的更换与保管 …… 140
本章小结 …… 141
本章重要概念 …… 141

第九章　账务处理程序 …… 142
第一节　账务处理程序概述 …… 142
第二节　记账凭证账务处理程序 …… 144
第三节　汇总记账凭证账务处理程序 …… 145
第四节　科目汇总表账务处理程序 …… 150
本章小结 …… 154
本章重要概念 …… 154

第十章　财产清查 …… 155
第一节　财产清查概述 …… 155
第二节　财产清查的内容和方法 …… 158
第三节　财产清查结果的处理 …… 165
本章小结 …… 172
本章重要概念 …… 172

第十一章　财务会计报告 …… 173
第一节　财务会计报告概述 …… 174
第二节　资产负债表 …… 176
第三节　利润表 …… 189
第四节　现金流量表 …… 196
第五节　所有者权益变动表 …… 200
第六节　财务报表附注 …… 202
本章小结 …… 205
本章重要概念 …… 205

第十二章　会计工作组织 …… 206
第一节　会计工作的管理体制 …… 206
第二节　会计机构 …… 209
第三节　会计人员 …… 210
第四节　会计法律规范 …… 213
第五节　会计档案 …… 214
本章小结 …… 217
本章重要概念 …… 217

参考文献 …… 218

第一章　总　论

- 内容简介
- 学习目的和要求
- 引例
- 第一节　会计的产生与发展
- 第二节　会计的概念和职能
- 第三节　会计的任务与作用
- 第四节　会计的目标与方法
- 本章小结
- 本章重要概念

内容简介

本章主要讲述了会计的基本发展历史，会计的概念、特征、目标、基本职能，会计核算的方法等。本章重点为会计的概念、特征、基本职能、方法和目标。

学习目的和要求

通过本章学习，学生应掌握会计的概念、特征，会计的基本职能，会计核算的方法；了解会计在国内的基本发展历史，理解会计的目标。

引例　会计的角色

我们能够用400元(人民币)或不足400元创办一个企业吗？不管你相信与否，这的确能够做到。刘月娟是北京一所著名美术学院的学生。和其他的大学生一样，她也常常为了补贴日常花销而去挣一些零用钱。现在她正为购买一台具有特别设计功能的计算机而烦恼。尽管她目前手头仅有400元，可决心还是促使她于20×8年12月开始创办一家美术培训部。她支出120元请朋友吃饭，帮她出出主意，又向她的一个师姐借款4 000元，以备租房等使用。根据她曾经在一家美术培训班服务兼讲课的经验，她购置了一些讲课所必备的书籍、静物，并支出一部分钱用于装修画室。她为她的美术培训部取名为"周围"。刘月娟支出100元印制了500份广告传单，又支出100元购置了办公用品。8天后，她已经有了17名学员，每人每月学费1 800元。她还找到了一位较具能力的同学做合伙人。她与合伙人分别为"周围"的发展扮演着不同的角色(合伙人兼作"周围"的会计和讲课教师)，并获取一定的报酬。截至20×9年1月末，她们已经招收了50名学员，除了归还师姐的借款本金和利息计5 000元、抵销各项必需的费用，获得讲课费、服务费净收入30 000元和22 000元。她们又用这笔钱继续租房，扩大画室面积。为了吸引学员报名，她们甚至聘请了非常有经验的教授、留学归国画家免费进行了两次讲座，为"周围"的下一步发展奠定了良好的基础。

4个月下来，"周围"平均每月招收学员39名。她们还以每小时200元的讲课报酬雇用了4名同学担任兼职教师。至此，经过核算，除去房租等各项费用，她们共获利67 800元，这笔钱足够她们各自购买一台非常可心的计算机，并且还有一笔不小的节余。但更重要的是，她们通过4个月的锻炼，懂得了许多营销技巧，也懂得了应该怎样与人合作，并学到了不少财务知识，获得了比金钱更为宝贵的工作经验。

试分析，会计在该案例中扮演了什么样的角色？

(资料来源："用400元创办一个企业"，https://mbd.baidu.com/ma/s/Fxsw9KHG，编者有改动。)

第一节 会计的产生与发展

一、会计的产生

(一) 会计是适应生产活动发展的需要而产生的

会计是随着人类社会生产的发展和经济管理的需要而产生的。生产活动既能够创造物质财富,取得一定的劳动成果,也必然会发生劳动耗费,包括人力、物力以及财力的耗费。如果劳动成果少于劳动耗费,生产就会萎缩,社会发展就会倒退;如果劳动成果等于劳动耗费,则只能进行简单再生产,社会发展就会停滞不前;如果劳动成果多于劳动耗费,则可以进行扩大再生产,社会发展就能取得进步。因此,无论在何种社会形态中,人们都必然会关心劳动成果和劳动耗费,并对它们进行比较,以便科学、合理地管理生产活动,提高经济效益。对劳动成果和劳动耗费进行比较的过程中,产生了原始的计量、计算、记录行为,这种行为最早可以追溯到原始社会的"结绳记事"和"刻契记事"等。这种原始的计量、计算、记录行为中蕴含着会计思想、会计行为的萌芽。当时,人们只是在生产实践之外附带地把收入、支付日期和数量等信息记载下来,生产尚未社会化,独立的会计职能并未产生,会计在其产生初期还只是"生产职能的附带部分"。也就是说,会计在它产生初期是生产职能的一个组成部分,是人们在生产活动以外,附带地把劳动成果和劳动耗费以及发生的日期进行计量和记录。当时会计还不是一项独立的工作。随着社会生产的发展,生产规模的日益扩大和复杂,劳动成果和劳动耗费及其比较,仅仅靠人们劳动过程中附带地进行计量、计算和记录,显然满足不了需要。为了满足生产发展需要,适应对劳动成果和劳动耗费进行管理的要求,会计逐渐从生产职能中分离出来,成为特殊的、专门委托的当事人的独立职能。可见,会计是适应生产活动发展的需要而产生的,对生产活动进行科学、合理的管理是它产生的根本动因。

(二) 会计是生产活动发展到一定阶段的产物

生产活动是会计产生的前提条件。如果没有生产活动的出现,便不会有会计思想、会计行为的产生。但是,这并不意味着生产活动一发生,就产生了会计思想、会计行为。会计史学者的考古结果表明:只有当人类的生产活动发展到一定阶段,以至于生产所得能够大体上保障人类生存和繁衍的需要时,人们才会关心劳动成果与劳动耗费的比较。特别是劳动成果有了剩余时,原始的计量、记录行为才具备了产生的条件,会计也因此而进入了萌芽阶段。这一时期经历了漫长的过程。据考证,从旧石器时代中晚期到奴隶社会这一时期被称为会计的萌芽阶段,也叫会计的原始计量与记录时代。

由此可见,会计并不是在生产活动发生伊始就产生的,它是生产发展到一定程度,劳动成果有了剩余以后,人们开始关心劳动成果和劳动耗费的比较,更关心对剩余劳动成果的管理和分配,才需要对它们进行计量、计算和记录,因而产生了会计思想,有了会计萌芽。由此可见,会计是生产活动发展到一定阶段的产物。

随着社会生产力的不断发展,会计的核算内容在逐渐拓展,会计的核算方法在不断完善,会计逐渐从生产职能中分离出来,逐渐成为一项记录、计算和考核收支的单独工作,并逐渐形成了专门从事这一工作的专职人员。

二、会计的发展

1-1 财务起源

会计在我国有着悠久的历史，在公元前 22 世纪末到公元前 17 世纪初的夏朝就开始设置会计；西周时期设有“司会”官职，主管王朝财政经济收支的核算，西周时期“会计”的基本含义是：既有日常的零星核算，又有岁终的总核算，通过日积月累到岁末的核算正确考核王朝财政经济收支。

会计产生和发展的历史表明：会计是适应生产活动发展的需要而产生的，并随着生产的发展而发展。经济越发展，会计越重要。

从严格意义上讲，自旧石器时代中晚期开始到奴隶社会繁盛时期，这一漫长历史时期中产生的最原始的计量、记录行为并不是单纯的、真正意义上的会计行为和会计方法。那时，所谓的会计还不是一项独立的工作，而只是生产职能的附带部分，是在生产时间之外附带地把劳动成果、劳动耗费等事项记载下来，在会计的发展史上，这一时期被称为会计的萌芽阶段，或者被称为原始计量与记录时代。

严格的独立意义上的会计特征，是到奴隶社会的繁盛时期才表现出来的。随着社会的发展、劳动生产力的不断提高，生产活动中出现了剩余产品。剩余产品与私有制的结合，造成了私人财富的积累，进而导致了受托责任会计的产生，会计逐渐从生产职能中分离出来，成为特殊的、专门委托的当事人的独立职能。这时的会计，不仅应保护奴隶主物质财产的安全，而且还应反映那些受托管理这些财产的人是否认真地履行了他们的职责。所有这些都要求会计采用较先进、科学的计量与记录方法，从而使原始计量、记录行为向单式簿记体系的演变。从奴隶社会的繁盛时期到 15 世纪末，单式簿记应运而生，而且得到了发展。这一时期的会计一般被称为古代会计。

1494 年，意大利数学家卢卡·帕乔利的著作《算术、几何、比及比例概要》问世，标志着近代会计的开端。随后，人们在单式簿记的基础上，创建了复式簿记，复式簿记在意大利迅速得到普及并不断发展和完善。随着美洲大陆的发现和东西方贸易的进行，以及各国建立了统一货币制度、阿拉伯数字取代了罗马数字、纸张的普遍使用等，复式簿记传遍整个欧洲，后又传遍世界各国，即使是现在，我们仍然采用复式簿记的方法，并最终完成了复式簿记的方法体系乃至理论体系的建设。与此同时，会计从特殊的、专门委托当事人的独立职能发展成为一种职业。在会计的发展史上，一般将帕乔利复式簿记著作的出版和会计职业的出现视为近代会计史中的两个里程碑。

客观地说，“古代会计”和“近代会计”的提法是不够严谨的，较为准确的提法应该是“古代簿记”和“近代簿记”。由簿记时代向会计时代的转变发生在 19 世纪三四十年代，簿记(bookkeeping)开始向会计(accounting)演变，簿记工作开始向会计工作演变，簿记学开始向会计学演变。这些都标志着会计发展史上的簿记时代已经结束，人类已经进入了现代会计的发展时期。随着社会生产力的进一步提高和科学技术的迅猛发展，会计作为一门适应性学科也发生了相应的变化。进入 20 世纪 50 年代，在会计规范进一步深入发展的同时，为适应现代管理科学的发展，逐渐形成了以全面提高企业经济效益为目的、以决策会计为主要内容的管理会计。1952 年，国际会计师联合会正式通过“管理会计”这一专业术语，标志着会计正式划分为财务会计和管理会计两大领域。

经济全球化促进了会计国际化。随着计算机、网络、通信等先进信息技术与传统会计工作的融合，会计信息化不断发展，为企业经营管理、控制决策和经济运行提供了实时、全方位的信息。

会计与经济社会密切相关，并随着经济社会的发展而发展。

相关思考 1-1

会计就是简单的记账、算账吗？

现代人一般理解会计就是记账、算账。会计的产生和发展是否与社会环境有关？为什么？

相关思考解析 1-1：

现代会计的主要工作不仅仅是记账、算账工作，还有其他的工作。记账、算账是会计的其中职能之一——记录。而现代会计工作的四个基本职能，就是对经济业务进行确认、计量、记录和报告。

延伸阅读 1-1

关于会计的分类

会计按其在空间领域的运行情况可以分为宏观会计和微观会计，而微观会计按其服务主体的经营性质，又可分为营利组织会计和非营利组织会计，营利组织会计按其提供信息作用范围的不同，又进一步分为财务会计（即为对外提供财务报告服务的会计，故也称为对外报告会计）与管理会计（即为内部经营管理服务的会计，也称为对内报告会计），而具体到不同行业（运输业、商业、服务业、工业）的营利组织会计又存在较大的差异。因此，本书所讲的会计及其有关问题主要以工业制造营利组织的财务会计及其基本职能为原型，读者在使用本书时应该注意到这一情况。

1-2 视频：了解会计

第二节 会计的概念和职能

一、会计的概念

（一）会计的含义

物质资料的生产是人类存在和发展的基础，会计是适应人类生产实践和生产管理的客观需要产生并发展起来的。会计作为一种社会现象，作为一项记录、计算和汇总工作，它产生于管理的需要，并且一开始就以管理的形式出现。作为一种经济管理活动，会计与社会生产发展有着不可分割的联系，会计的产生和发展离不开人们对生产活动进行管理的客观需要。社会愈发展，会计愈重要。

在原始社会，人们为了计算生产成果和生活需要，逐步产生了计数和计算的要求。在文字产生以前，这种计算是用“结绳记事”“刻木记事”或凭人们的记忆来进行的。在文字产生以后，人们开始用文字记载物质资料生产与消耗，于是就产生了会计。奴隶社会和封建社会的会计主要是用来核算和监督政府开支，为官方服务。随着商品货币经济的发展，特别是在欧洲产业革命以后，由于资本主义生产的发展，生产日益社会化，生产规模日趋扩大，更需要由会计从价值量上来全面、完整、系统地反映和监督生产经营的全过程。人类发展到现在，全球信息化、经济全球化使作为“国际商业公共语言”的会计内涵及外延不断丰富发展，会计概念可以表述为：**会计**是以货币作为主要计量单位，以凭证为依据，运用一系列专门方法，对一定主体的经济活动进行全面、综合、连续、系统地核算和监督，并向有关方面提供会计信息的一种经济管理工作。

相关思考 1-2

你对会计的定义有哪些理解？

从会计的定义中，你了解了哪些信息？会计的作用是什么？

相关思考解析 1-2：

从会计的定义中可以了解到，会计以货币作为主要计量单位，会计信息的取得需要一系列的方法，会计是一种经济管理活动。会计的作用就是生成和提供会计信息。

（二）会计的基本特征

1. 会计以货币作为主要计量单位

经济活动中通常使用劳动计量单位、实物计量单位和货币计量单位三种计量单位。劳动计量和实物计量只能从不同的角度反映企业的生产经营情况，计量结果通常无法直接进行汇总、比较；而货币计量便于统一衡量和综合比较，能够全面反映企业的生产经营情况。因此，会计需要以货币作为主要计量单位。

2. 会计采用一系列专门的方法

会计方法是用来核算和监督会计对象，实现会计目标的手段。会计方法具体包括会计核算方法、会计分析方法和会计检查方法等。其中，会计核算方法是最基本的方法。它具体包括设置会计科目和账户、复式记账、填制和审核会计凭证、登记会计账簿、成本计算、财产清查和编制财务会计报告七种。

3. 会计具有核算和监督的基本职能

会计，一方面要按照会计法规制度的要求，对经济活动进行确认、计量和报告；另一方面要对业务活动的合法性、合理性进行审查。因此，会计核算是会计工作的基础，会计监督是会计工作质量的保证。会计核算和会计监督贯穿会计工作的全过程，是会计的基本职能，也是会计管理活动的重要表现形式。

4. 会计的本质就是管理活动

会计是一种经济管理活动，为企业经济管理提供各种数据资料，而且通过各种方式直接参与经济管理，对企业的经济活动进行核算和监督。

二、会计的职能

会计的职能是指在经济管理工作中所具有的功能或能够发挥的作用，包括核算、预测、参与决策、实行监督等。随着经济的发展和管理要求的提高，会计职能不断变化并且彼此联系。会计的基本职能包括会计核算和会计监督。

（一）会计的基本职能

1. 核算职能

会计核算职能又称会计反映职能，是指以货币为主要计量单位，通过对特定主体的经营活动进行确认、计量和报告，如实反映特定主体的财务状况、经营成果（或运营绩效）和现金流量等信息。

会计确认解决的是定性问题，以判断发生的经济活动是否属于会计核算的内容、归属于哪类性质的业务，是作为资产还是负债或其他会计要素等；会计计量解决的是定量问题，即在会计确认的基础上确定具体金额；会计报告是确认和计量的结果，即通过报告，将确认、计量和记录的结果进行归纳和整理，以财务报告的形式提供给信息使用者。会计确认、计量和报告是会计核算的重要环节。

会计核算贯穿于经济活动的全过程，是会计最基本的职能。会计核算的内容主要包括：①款项和有价证券的收付；②财物的收发、增减和使用；③债权、债务的发生和结算；④资本、基金的增减；⑤收入、支出、费用、成本的计算；⑥财务成果的计算和处理；⑦需要办理会计手续、进行会计核算的其他事项。

2. 监督职能

会计监督职能又称会计控制职能，是指会计在其核算过程中，对经济活动的真实性、合法性和合理性所实施的审查。

真实性审查是指检查各项会计核算是否根据实际发生的经济业务进行。

合法性审查是指检查各项经济业务是否符合国家有关法律、法规，遵守财经纪律，执行国家的各项方针政策，以杜绝违法乱纪行为。

合理性审查是指检查各项财务收支是否符合客观经济规律及经营管理方面的要求，保证各项财务收支符合特定的财务收支计划，实现预算目标。

3. 会计核算与会计监督的关系

会计核算与会计监督是相互作用、相辅相成、辩证统一的。会计核算是会计监督的基础，没有会计核算，会计监督就无从谈起；而会计监督又是会计核算质量的保证，只有核算没有监督，就难以保证核算所提供信息的质量。

会计职业道德 1-1

诚 实 守 信

诚实是指言行一致、不弄虚作假、不欺上瞒下、做老实人、说老实话、办老实事。守信就是信守诺言、保守秘密。人无信不立，国无信不强，诚信是会计的生命。诚信要求会计人员在日常工作中讲求信用，保守秘密，以实际发生的经济业务为依据，按会计准则和会计制度的要求，进行真实、完整的会计核算，客观公正、不偏不倚地反映企业的财务状况、经营成果。

2002 年 11 月 19 日，朱镕基同志在第 16 届世界会计师大会闭幕式上演讲时指出，在现代市场经济中，会计师的执业准则和职业道德极为重要，诚信既是市场经济的基石，也是会计执业机构和会计人员安身立命之本。

（二）会计的拓展职能

1. 预测经济前景

预测经济前景是指根据财务会计报告等信息，定量或者定性地判断和推测经济活动的发展变化规律，以指导和调节经济活动，提高经济效益。

2. 参与经济决策

参与经济决策是指根据财务会计报告等信息，运用定量分析和定性分析方法，对备选方案进行经济可行性分析，为企业生产经营管理提供与决策相关的信息。

1-3 思政课堂：预算智慧——有规划才有未来

3. 评价经营业绩

评价经营业绩是指利用财务会计报告等信息，采用适当的方法，对企业一定经营期间的资产运营、经济效益等经营成果，对照相应的评价标准，进行定量及定性对比分析，作出真实、客观、公正的评判。

第三节　会计的任务与作用

一、会计的任务

会计的任务是指通过会计的职能所应该完成的工作，它是会计职能的具体化。在我国，会计的根本任务是：按照国家的财经法规、会计准则和会计制度进行会计核算，提供以财务数据为主的经济信息，并利用取得的经济信息对会计主体的经济业务进行监督、控制，以提高经济效益，并服务于会计主体内、外部的有关各方。具体来说，会计的任务包括以下内容。

（一）反映和监督各会计主体对财经法规、会计准则和会计制度的执行情况，维护财经纪律

贯彻执行国家的财经法规、会计准则和会计制度，是各会计主体进行经济活动的首要原则。因此，会计在反映经济活动、提供会计信息的同时，还应以有关的财经法规、会计准则和会计制度为依据，对经济活动的合法性、合规性实行必要的监督。对于违反财经法规、会计准则和会计制度的行为，应及时予以制止和揭露。

（二）反映和监督各会计主体的经济活动和财务收支，提供会计信息，加强经营管理

各会计主体为了管好自身的经济活动，加强经营管理，提高经济效益，必须了解和掌握各项经济活动的进行情况。会计的基本任务就是运用专门的程序和方法，对各项经济活动进行全面、系统、及时、准确的反映，从而为信息使用者提供与决策和管理有关的信息，并揭示经济管理中存在的问题及其产生的原因，进而促使管理当局加强经营管理，提高经济效益。

（三）充分利用会计信息及其他有关资料，预测经济前景，参与经营决策

前文已经提到，随着生产的发展、经济关系的复杂化和管理理论的提高，会计基本职能的内涵和外延都得到了发展，会计的新职能不断出现。与之相应，作为会计职能具体化的会计任务也必须进行改革，要变事后监督为全程监督。也就是说，会计不仅要对经济活动和财务收支进行事后的反映和监督，而且要在掌握历史资料的基础上，根据经营管理的要求对经济前景作出预测；也要对备选方案进行测算和比较，积极地参与经营决策。

会计任务是进行会计工作之前，人们主观提出的一种工作目的。具体就是在进行会计工作过程中应该达到什么目的、符合什么要求。只有明确会计工作的目的和要求，在具体实施会计工作的过程中，才能够按照这个目的和要求来安排每一个工作环节，也才能按照事先确定的目的或要求开展工作，最终保证目的得以实现。

二、会计的作用

会计的作用是指会计的各项职能在特定的历史时期、特定的社会经济制度下实现和利用之后所产生的效果。会计作用的发挥取决于两个重要因素：一是会计所处的外部环境因素，即会计工作所处的社会历史时期、社会政治、经济制度；二是与会计自身的内在本质有关的因素，即会计的职能被人们所认识和利用的程度。

从我国目前的会计实践工作来看，会计的正面作用，从目前看主要有以下四点：

（1）为国家进行宏观调控、制定经济政策提供信息。

（2）加强经济核算，为企业经营管理提供数据。

（3）保证企业投入资产的安全和完整。

（4）为投资者提供财务报告，以便于其进行正确的投资决策。

可以看出，目前我国的会计工作更多地停留在记账、算账、报账阶段，会计的预测、决策、控制和分析职能还没有得到充分发挥。如何充分地发挥会计职能、更好地实现会计作用已成为我国会计工作中迫切需要解决的问题。

会计的消极作用，当前主要表现为会计信息的失真。会计信息失真直接导致了国有资产流失、偷逃税款等现象。尽管对会计信息失真这一问题的成因和对策尚无定论，但毋庸置疑，会计信息失真是会计工作所产生的一种负效应。这一点是认识会计作用时不应被忽视的。也就是说，会计工作既能完善和加强经济管理，也能弱化经济管理。

会计的作用与会计的任务不同。会计的任务是进行会计工作之前人为主观提出来的；而会计的作用则是会计工作实施之后在社会实践中产生的效果，它是会计职能发挥作用后所形成的一种结果，是会计行为效果的体现，也是会计理论在实践中能否得到检验的一种标志。如果会计发挥了很好的作用，说明会计理论得到了会计实践的验证，也说明会计工作的效果得到了体现；否则，说明会计理论不能指导会计实践，会计工作没有产生工作效果，甚至说明会计工作产生了负效应。

第四节　会计的目标与方法

一、会计的目标

会计的目标又称会计目的，是指在一定的历史条件下，人们通过会计所要实现的目的或达到的最终结果。由于会计是整个经济管理的重要组成部分，会计目标当然从属于经济管理的总目标，或者说会计目标是经济管理总目标下的子目标。在将提高经济效益作为会计终极目标的前提下，我们还需要研究会计核算的目标，即向谁提供信息、为何提供信息和提供何种信息。

根据会计定义，我们可以得知会计核算的目标是向有关各方提供会计信息，以帮助决策。会计的目标，决定于会计资料使用者的要求，也受到会计对象、会计职能的制约。我国《企业会计准则》中对于会计核算的目标作了明确规定：会计的目标是向财务会计报告（又称财务报告）使用者提供与企业财务状况、经营成果和现金流量等有关的会计信息，反映企业管理层受托责任履行情况，有助于财务报告使用者作出经济决策。

（一）反映企业管理层受托责任的履行情况

现代企业制度强调企业所有权和经营权相分离，企业管理层是受委托者之托经营管理企业及其各项资产，负有受托责任，即企业管理层所经营管理的企业各项资产基本上均为投资者投入的资本（或者留存收益作为再投资）或者向债权人借入的资金所形成的，企业管理层有责任妥善保管并合理、有效运用这些资产。企业投资者和债权人等也需要及时或者经常性地了解企业管理层保管、使用资产的情况，以便于评价企业管理层的责任情况和业绩，并决定是否需要调整投资或者信贷政策，是否需要加强企业内部控制和其他制度建设，是否需要更换管理层等。因此，财务报告应当反映企业管理层受托责任的履行情况，以有助于外部投资者和债权人等评价企业的经营管理责任和资源使用的有效性。

（二）向财务报告的使用者提供对决策有用的信息

财务报告使用者主要包括投资者、债权人、政府及其有关部门和社会公众等。满足投资者的信息需要是企业财务报告编制的首要出发点。近年来，我国企业改革持续深入，产权日益多元化，资本市场快速发展，机构投资者及其他投资者队伍日益壮大，对会计信息的要求日益提高。在这种情况下，投资者更加关心其投资的风险和报酬，他们需要会计信息来帮助其作出决策。例如，决定是否应当买进、持有或者卖出企业的股票或者股权，他们还需要信息来帮助其评估企业支付股利的能力等。因此，企业会计准则将投资者作为企业财务报告的首要使用者，凸显了投资者的地位，体现了保护投资者利益的要求，是市场经济发展的必然。

根据投资者决策有用目标，财务报告所提供的信息应当如实反映企业所拥有或者控制的经济资源、对经济资源的要求权以及经济资源及其要求权的变化情况；如实反映企业的各项收入、费用、利得和损失的金额及其变动情况；如实反映企业各项经营活动、投资活动和筹资活动等所形成的现金流入和现金流出情况等，从而有助于现在的或者潜在的投资者正确、合理地评价企业的资产质量、偿债能力、盈利能力和营运效率等；有助于投资者根据相关会计信息作出理性的投资决策；有助于投资者评估与投资有关的未来现金流量的金额、时间和风险等。

除了投资者，企业财务报告的使用者还有债权人、政府及有关部门、社会公众等。例如，企业贷款人、供应商等债权人通常十分关心企业的偿债能力和财务风险，他们需要信息来评估企业能否如期支付贷款本金及其利息，能否如期支付所欠购货款等；政府及其有关部门作为经济管理和经济监管部门，通常关心经济资源分配的公平、合理，市场经济秩序的公正、有序，宏观决策所依据信息的真实可靠等，他们需要信息来监管企业的有关活动（尤其是经济活动）、制定税收政策、进行税收征管和国民经济统计等；社会公众也关心企业的生产经营活动及其影响，包括企业对所在地经济作出的贡献，如增加就业、刺激消费、提供社区服务等，在财务报告中提供有关企业发展前景及其能力、经营效益及其效率等方面的信息，可以满足社会公众的信息需要。使用者的信息需求中有许多是共同的，由于投资者是企业资本的主要提供者，通常情况下，如果财务报告能够满足这一群体的会计信息需求，也就可以满足其他使用者的大部分信息需求。

财务报告目标要求满足投资者等财务报告使用者决策的需要，体现为财务报告的决策有用观，财务报告目标要求反映企业管理层受托责任的履行情况，体现为财务报告的受托责任观。财务报告的决策有用观与其受托责任观是统一的，投资者出资委托企业管理层经营，希望获得更多的投资回报，实现股东财富的最大化，从而进行可持续投资；企业管理层接受投资者的委托从事生产经营活动，努力实现资产安全、完整，促进企业可持续发展，更好地持续履行受托责任，为投资者提供回报，为社会创造价值。由此可见，财务报告的决策有用观和受托责任观是有机统一的。

延伸阅读 1-2

关于会计目标的两大观点

20世纪70年代以来,西方会计学关于会计目标的研究,形成了两种代表性的观点,即受托责任观和决策有用观。

受托责任观产生的经济背景是企业所有权与经营权相分离,并且投资人与经营者之间有明确的委托与受托关系。这种观点认为,任何个人和单位接受了委托人提供的经济资源,就负有受托责任,应以最大的努力运用和管理好委托人交付的各种经济资源,确保它们得到保值和增值,并如实向委托方报告受托责任的履行过程和结果。

决策有用观是在证券市场日益扩大化和规范化的历史背景下形成的,决策有用观认为,会计的目标就是为了向投资者、债权人以及其他会计信息使用者提供对他们作出决策有用的信息。

我国《企业会计准则》对财务会计目标的定义采用了两种观点的结合。

二、会计的方法

(一)会计方法的概述

会计方法是用来反映和监督会计对象,完成会计任务的手段。研究和运用会计方法是为了实现会计的目标,更好地完成会计任务。

会计方法是从会计实践中总结出来的,并随着社会实践发展、科学技术的进步以及管理要求的提高而不断地发展和完善。会计方法是用来反映和监督会计对象的,由于会计对象多种多样,错综复杂,从而决定了预测、反映、监督、检查和分析会计对象的手段不是单一的方法,而是由一个方法体系所构成的。随着会计职能的扩展和管理要求的提高,这个方法体系也将不断地发展和完善。

会计方法主要是用来反映会计对象的,而会计对象是资金运动,资金运动是一个动态过程,它是由各个具体的经济活动来体现的。会计为了反映资金运动过程,使其按照人们预期的目标运行,必须先具备提供已经发生或已经完成经济活动,即历史会计信息的方法体系;会计要利用经济活动的历史信息,预测未来,分析和检查过去,因而,会计还要具备提供反映预计发生的经济活动情况的条件,即未来会计信息的方法体系;为了检查和保证历史信息和未来信息的质量,并对检查结果作出评价,会计还必须具备检查的方法体系。长期以来,人们把评价历史信息的方法归结为会计分析的方法。因此,会计对经济活动的管理是通过会计核算方法、会计分析方法以及会计检查等方法来进行的。

会计核算的方法,是对各单位已经发生的经济活动进行连续、系统、完整地反映和监督所应用的方法。会计分析的方法,主要是利用会计核算的资料,考核并说明各单位经济活动的效果,在分析过去的基础上,提出指导未来经济活动的计划、预算和备选方案,并对它们的报告结果进行分析和评价。会计检查的方法,亦称审计,主要是根据会计核算,检查各单位的经济活动是否合理合法,会计核算资料是否真实正确,根据会计核算资料编制的未来时期的计划是否可行、预算是否有效等。

上述各种会计方法紧密联系,相互依存,相辅相成,形成了一个完整的会计方法体系。其中,会计核算方法是基础,会计分析方法是会计核算方法的继续和发展,会计检查方法是证实会计核算方法和会计分析方法的保证。

作为广义的会计方法，它们既相互联系，又有相对的独立性。它们所应用的具体方法各不相同，并有各自的工作和研究对象，形成了较独立的学科。学习会计先应从基础开始，即要从掌握会计核算方法入手。通常所说的会计方法，一般是指狭义的会计方法，即会计核算的方法。在"基础会计"课程中主要是学习会计核算的方法，至于会计分析的方法、会计检查的方法以及其他会计方法将在以后的专业课中陆续学习。

（二）会计核算方法

会计核算方法是指会计对企事业、机关单位已经发生的经济活动进行连续、系统和全面地反映和监督所采用的方法。会计核算方法是用来反映和监督会计对象的，由于会计对象的多样性和复杂性，就决定了用来对其进行反映和监督的会计核算方法不能采用单一的方法形式，而应该采用方法体系的模式来进行。会计核算方法具体如下。

1-4 视频：会计核算方法

1. 设置会计科目和账户

会计科目是对会计要素的具体内容进行分类核算的项目。账户是对会计对象的具体内容，按其不同的特点和经济管理的需要，分门别类地进行反映的项目。设置账户就是根据会计对象的特点和经济管理的要求，来科学地确定这些项目的过程。进行会计核算之前，应先将多种多样、错综复杂的会计对象的具体内容进行科学的分类，以提供管理所需要的各种指标。每个会计账户只能反映一定的经济内容，将会计对象的具体内容划分为若干项目，即设置若干个会计账户，就可以使所设置的账户既有分工，又有联系地反映整个会计对象的内容，提供管理所需要的各种信息。

2. 复式记账

复式记账就是对每笔经济业务，都以相等的金额在相互关联的两个或两个以上有关账户中进行登记的一种专门方法。复式记账有着明显的特点，即它对每项经济业务都必须以相等的金额，在相互关联的两个或两个以上账户中进行登记，使每项经济业务所涉及的两个或两个以上的账户之间产生对应关系。同时，其登记在对应账户中所记录的金额又平行相等；通过账户的对应关系，可以了解经济业务的内容；通过账户的平行关系，可以检查有关经济业务的记录是否正确。复式记账可以相互联系地反映经济业务的全貌，也便于检查账簿记录是否正确。例如，将现金 1 000 元送存银行。这笔经济业务，一方面要在"库存现金"账户中记减少 1 000 元，另一方面又要在"银行存款"账户中记增加1 000 元，这样既可以了解这笔经济业务的具体内容，又可以反映该项经济活动的来龙去脉，完整、系统地记录资金运动的过程和结果。

3. 填制和审核会计凭证

填制和审核会计凭证是指为了审查经济业务是否合理合法，保证账簿记录正确、完整而采用的一种专门方法。会计凭证是记录经济业务，明确经济责任的书面证明，是登记账簿的重要依据。经济业务是否发生、执行和完成，关键看是否取得或填制了会计凭证，取得或填制了会计凭证就证明该项经济业务已经发生或完成。对已经完成的经济业务还要经过会计部门、会计人员的严格审核，在保证符合有关法律、制度、规定而又正确无误的情况下，才能据以登记账簿。填制和审核凭证可以为经济管理提供真实可靠的会计信息。

4. 登记会计账簿

登记会计账簿亦称记账，就是把所有的经济业务按其发生的顺序，分门别类地记入有关账簿。账簿是用来全面、连续、系统地记录各项经济业务的簿籍，也是保存会计信息的重要工具。它具有一定的结构、格式，应该根据审核无误的会计凭证序时、分类地进行登记。在账户中应该开设相应的明细账户，把所有的经济业务记入账簿中的账户之后，还应定期计算和累计各项核算指标，并定期结账和对账，使账证之间、账账之间、账实之间保持一致。账簿所提供的各种信息，是编制会计报表的主要依据。

5. 成本计算

成本计算是指归集一定计算对象上的全部费用，借以确定各该对象的总成本和单位成本的一种专门方法。它通常是指对工业产品进行的成本计算。例如，按工业企业供应、生产和销售三个过程分别归集经营所发生的费用，并分别与其采购、生产和销售材料、产品的品种、数量联系起来，计算它们的总成本和单位成本。成本计算可以考核和监督企业经营过程中所发生的各项费用是否节约，以便采取措施，降低成本，提高经济效益。另外，成本计算对确定生产补偿尺度，正确计算和分配国民收入，确定价格政策等都具有重要作用。

6. 财产清查

财产清查就是通过盘点实物，核对账目来查明各项财产物资和资金的实有数，并查明实有数与账存数是否相符的一种专门方法。在日常会计核算过程中，为了保证会计信息真实正确，必须定期或不定期地对各项财产物资、货币资金和往来款项进行清查、盘点和核对。在清查中，如果发现账实不符，应查明原因，调整账簿记录，使账存数额同实存数额保持一致，做到账实相符。财产清查还可以查明各项财产物资的保管和使用情况，以便采取措施挖掘物资潜力和加速资金周转。总之，财产清查对于保证会计核算资料的正确性和监督财产的安全与合理使用等都具有重要的作用。它是会计核算必不可少的方法之一。

7. 编制财务报告

财务报告是指企业对外提供的反映企业某一特定日期财务状况和某一会计期间经营成果、现金流量的文件。编制财务报告是对日常会计核算资料的总结，就是将账簿记录的内容定期地加以分类、整理和汇总，形成经营管理所需要的各种指标，再报送给会计信息使用者，以便据此进行决策。财务报告所提供的一系列核算指标，是考核和分析财务计划和预算执行情况以及编制下期财务计划和预算的重要依据，也是进行国民经济综合平衡所必不可少的资料。编制完成财务报告，就意味着这一期间会计核算工作的结束。

这七种会计核算方法构成了一个完整、科学的方法体系。会计核算的各种方法是相互联系、密切配合的，在会计对经济业务进行记录和反映的过程中，不论是采用手工处理方式，还是使用计算机数据处理系统方法，对于日常所发生的经济业务，要取得合法的凭证，按照所设置的账户，进行复式记账，根据账簿的记录，进行成本计算，在财产清查、账实相符的基础上编制财务报告。

本章小结

本章主要学习了：会计的产生和发展、定义、特征、目标、职能、任务和方法；会计核算和监督是会计的两大基本职能；向财务报告使用者提供与企业财务状况、经营成果和现金流量等有关的会计信息，反映企业管理层受托责任履行情况，有助于财务报告使用者作出经济决策是会计的目标；设置会计科目和账户、复式记账、填制和审核会计凭证、登记会计账簿、成本计算、财产清查和编制财务报告是会计核算的基本方法。

本章重要概念

会计　会计核算　会计监督　会计的目标　会计的方法

1-5 扫一扫看课件

第二章　会计核算基础

➢ 内容简介
➢ 学习目的和要求
➢ 引例
➢ 第一节　会计假设
➢ 第二节　会计信息质量特征
➢ 第三节　权责发生制与收付实现制
➢ 本章小结
➢ 本章重要概念

内容简介

本章主要讲述了会计假设、会计信息质量要求、权责发生制等会计核算基础的具体内容。本章的重点是权责发生制与收付实现制。

学习目的和要求

通过本章学习，学生应理解会计假设、会计信息质量特征的基本含义，了解这两项会计核算基础在实务中的具体应用；掌握采用权责发生制和收付实现制计算和分析收入、费用及利润。

引例　会计基本准则

会计是一门语言，语言就有自己的语法规则，会计准则是会计的语法规则，其中，会计核算基础是最基本的语法规则。

会计这门语言是把各种经济事项用自己的单词和语法表述出来。在实践中，经济活动纷繁复杂，存在很多不确定因素，因此，会计必须对这些不确定因素加以限制，将自己的表达建立在确定的前提基础上，以避免基础的摇摆而导致表达的模糊不清，这些前提条件被称为会计假设。如同牛顿力学和原子物理的前提基础不同一样，不同的假设将构成不同的会计体系。一旦前提条件发生改变，原有的会计信息也将失去意义，会计就需要改变确认和计量的方法。

与会计基本假设不同，会计核算的一般原则是会计核算的规则，是制定会计具体规则和选择特定会计处理程序的必要依据。会计核算的一般原则分为两个层面：一是衡量会计信息质量方面的一般要求；二是会计确认和计量的一般原则。

本章将分三节对会计核算的这一系列基本问题进行介绍，包括会计假设、会计信息质量特征、权责发生制与收付实现制。

第一节　会计假设

会计假设，即会计核算的基本前提，是指为了保证会计工作的正常进行和会计信息质量，对会计核算的范围、内容、基本程序和方法所作的基本假定。会计所处的社会经济环境具有很大的不确定性。例如，会计给谁记账，会计核算的资金运动能否持续不断地进行下去，会计应该在什么时候记账，会计核算应该采用什么计量手段等，这一系列基本问题必须先得到解决，即会计人员必须对会计核算所处的经济环境作出判断，会计工作才能进行。结合我国实际情况，企业在组织会计核算时，应遵循的会计基本前提包括会计主体假设、持续经营假设、会计分期假设和货币计量假设。

一、会计主体假设

2-1 视频：会计假设

相关思考 2-1

反映应收还是应付？

假设华夏有限责任公司销售一批材料给A公司，该批货物已经到达A公司，但A公司尚未支付该批材料的货款。请问，华夏有限责任公司应如何反映这笔经济业务，是反映应收账款，还是反映应付账款？

相关思考解析 2-1：

华夏有限责任公司一方面应反映销售收入的实现，另一方面要反映应收账款这项资产的增加。同时，对于A公司来说，上述经济业务将导致原材料资产增加，同时应付账款这项负债的增加。

《企业会计准则——基本准则》第五条规定："企业应当对其本身发生的交易或者事项进行会计确认、计量和报告。"

会计主体是指会计工作为其服务的特定单位或组织。会计主体假设明确了会计核算的空间范围。在市场经济中，企业本身是无法单独存在的，任何企业的经济活动总是与其他企业、单位或个人的经济活动相联系。对于会计来说，其只反映本企业的经济业务，记本主体的账，而不反映其他企业以及企业所有者本人的经济活动。

会计主体与法律主体不是同一概念。一般来说，法律主体必然是会计主体，但会计主体不一定就是法律主体。会计主体可以是一个独立法人，也可以是非法人（如独资企业、合伙企业）；可以是一个企业，也可以是企业内部的某一单位（如企业的生产车间、分公司），还可以是几家企业通过控股关系组织起来的集团。

二、持续经营假设

2-2 会计主体假设故事

相关思考 2-2

企业的设备是用来做什么的？

华夏有限责任公司花20万元购买一台生产机器，这台设备的主要用途是什么？如果改变用途，把全新的机器用于破产抵债，还能值20万元吗？

相关思考解析 2-2：

在持续经营的假设下，企业在取得该生产经营用设备时能够合理预计该设备在未来的一定时期内通过生产加工活动为企业带来经济利益，则可以按照取得时的20万元作为该台设备的成本。一旦有证据证明企业将要破产清算，持续经营的假设便不再成立，企业的会计核算必须采用清算基础。如果企业面临清算，则只能按设备能够变卖的价值进行估价和记录。

《企业会计准则——基本准则》第六条规定："企业会计确认、计量和报告应当以持续经营为前提。"

持续经营是指会计主体的生产经营活动将无限期地延续下去，在可以预见的未来不会因破产、清算、解散等而不复存在。持续经营假设明确了会计核算的时间范围。在市场经济中，优胜劣汰是一项竞争规则，任何企业都存在经营失败的风险，但只有假定企业是正常持续经营的，建立在非清算基础上的会计程序和方法，才能保证会计信息的一致性和稳定性。

企业是否持续经营对会计政策的选择，以及确定和计量财产计价、收益影响很大。只有采用持续经营假设，资产才能按照取得时的历史成本计价，折旧费用才能分期提取，资产和负债才有流动和非流动之分，企业才有必要确定会计分期前提和权责发生制前提。

2-3 视频：持续经营假设

三、会计分期假设

相关思考 2-3

哪种报告方式更能满足你的需求？

如果你是华夏有限责任公司的股东，你想了解企业的财务状况和经营成果，那你希望华夏有限责任公司在整个持续经营期间，是停止营业前提供一次相关会计信息给你，还是每年一次，或每月一次？哪一种方式，更能够满足你的需求？

相关思考解析 2-3：

理论上说，在持续经营的情况下，只有等到企业的生产经营结束后才能准确计算盈亏，但在企业停业时再提供会计信息已经失去应有的作用，为此，必须将持续经营的活动划分为一个个相等的期间，分期核算和反映。

《企业会计准则——基本准则》第七条规定："企业应当划分会计期间，分期结算账目和编制财务会计报告。"

会计分期又称会计期间，是指将一个企业持续经营的生产经营活动人为划分为连续、相等的期间，以便分期结算账目和编制财务会计报告。会计分期假设是对持续经营假设的必要补充。

会计期间分为年度和中期，中期是指短于一个会计年度的报告期间，包括半年度、季度和月度。在我国，会计年度从公历的 1 月 1 日起至 12 月 31 日止。会计年度确定后，一般按日历确定会计半年度、会计季度和会计月度。按照相应会计期间编制的财务会计报告分别称为年报、半年报、季报和月报。

由于会计分期，才产生了本期与非本期的差别，从而出现了权责发生制和收付实现制的区别，进而出现应收、应付、预收、预付等会计处理方法。

四、货币计量假设

相关思考 2-4

哪种记录方式有利于企业之间的比较？

华夏有限责任公司会计报表资产情况如下，一种表示方式是 10 000 件产品、6 台机器设备、2 项技术专利；另一种表示方式是产品 60 000 元、机器设备 2 000 000 元、专利 100 000 元。则上述哪种计量方式更有利于反映企业财务状况，更有利于企业之间进行对比？

相关思考解析 2-4：

第二种方式统一用货币表示产品、机器设备和专利的价值，更有利于反映企业财务状况，便于企业之间进行对比。而第一种方式则不便于直接比较不同资产的价值。

《企业会计准则——基本准则》第八条规定："企业会计应当以货币计量。"

货币计量是指会计主体在进行会计核算时应采用货币作为统一、主要的计量单位。在不同时期的货币币值必须稳定。会计在反映企业财务状况和经营成果时，可以使用的计量单位较多，如实物量、劳动工时等，但为全面、综合反映，必须统一货币作为计量单位。当然，其他计量单位，如实物、劳动工时等，在会计核算中也会使用，但不占主要地位。

《中华人民共和国会计法》（以下简称《会计法》）规定，会计核算以人民币作为记账本位币。若企业的经济业务有两种以上的货币计量，应该选用一种作为基准，称为记账本位币。记账本位币以外的货币则称为外币。考虑到某些企业的经营活动主要涉及外币，因此规定业务收支以人民币以外的货币为主的企业，也可以选定某种外币作为记账本位币，但提供给境内财务报告使用者的会计报表应当折算为人民币。

在有些情况下，统一采用货币计量也有缺陷。某些影响企业财务状况和经营成果的因素，如企业经营战略、研发能力、市场竞争力等，往往难以用货币来计量，但这些信息对于使用者进行决策来讲也很重要，为此，企业可以在财务报告中补充披露有关非财务信息来弥补上述缺陷。

第二节　会计信息质量特征

财务会计的主要目标是向企业利益相关者提供反映经营者受托责任和提供投资者决策有用的会计信息。要想达到这一目标，会计信息必须具有一定的质量特征，即会计信息质量特征。

2-4 视频：会计信息质量特征

会计信息质量特征也称会计信息质量要求，或会计信息质量标准，是对企业财务报告所提供信息质量的基本要求。根据新颁布的《企业会计准则——基本准则》，会计信息质量特征主要包括以下八项。

一、可靠性

相关思考 2-5

是否可以虚拟记录未来的交易？

华夏有限责任公司 2×21 年年末公司业绩下滑，管理层预计无法完成年初公司制定的目标。考虑到 2×22 年春节前后，公司销售可能出现大幅增长，于是在 2×21 年年末提前预计商品销售，令财会部门制作若干出库凭证，并确认收入的实现。问华夏有限责任公司的做法是否可行？为什么？

相关思考解析 2-5：

华夏有限责任公司管理层虚构真实的交易或者事项，违反了会计信息可靠性的质量要求。

《企业会计准则——基本准则》第十二条规定：“企业应当以实际发生的交易或者事项为依据进行会计确认、计量和报告，如实反映符合确认和计量要求的各项会计要素及其他相关信息，保证会计信息真实可靠、内容完整。”

可靠性是会计信息质量的一项基本要求。它要求会计核算的各个阶段，包括会计确认、计量、记录和报告，必须符合会计真实客观的要求，必须以实际发生的经济活动及表明经济业务发生的合法凭证为依据。

要保证会计信息的可靠性，首先，在记账、算账和报账等会计核算的各项工作，都必须以真实的交易或事项为依据；其次，会计人员在进行会计核算时应保持客观公正，运用正确的会计原则和方法，得出具有可检验性的会计信息。

2-5思政课堂：会计人员职业道德

二、相关性

《企业会计准则——基本准则》第十三条规定："企业提供的会计信息应当与财务会计报告使用者的经济决策需要相关，有助于财务会计报告使用者对企业过去、现在或者未来的情况作出评价或者预测。"

相关性也是会计信息质量的一项基本要求。它要求企业提供的会计信息必须与财务报告使用者的决策需要相关，一项信息是否具有相关性取决于预测价值和反馈价值。能够帮助投资者对过去、现在和未来事项的可能结果进行预测的信息称为具有预测价值的信息，它是构成相关性的重要因素。一项信息如果有助于决策者验证或修正过去的决策，即认为该信息具有反馈价值。

三、可理解性

《企业会计准则——基本准则》第十四条规定："企业提供的会计信息应当清晰明了，便于财务会计报告使用者理解和使用。"

可理解性是决策者和决策有用性的连接点。信息能否被使用者理解，除了信息本身易懂，还要看信息使用者理解信息的能力。所以，可理解性一方面要求会计人员尽可能传达易于理解的会计信息，另一方面也要求信息使用者本身提高综合素质，增强理解信息的能力。

四、可比性

《企业会计准则——基本准则》第十五条规定："企业提供的会计信息应当具有可比性。"可比性具有如下两层含义。

1. 同一企业不同期间的纵向可比

为了便于财务报告使用者了解企业经营业绩的变动趋势，同一企业不同期间的会计信息必须具有可比性。这要求同一企业不同期间发生的交易或事项应当采用一致的会计政策，不得随意变更。需要注意的是，满足会计信息可比性要求，并非表明企业不得变更会计政策。如果按照规定或者在会计政策变更后可以提供更可靠、更相关的会计信息，则可以变更会计政策。有关会计政策变更的情况，应当在附注中予以说明。

2. 不同企业同一期间的横向可比

为了便于财务报告使用者评价不同企业的经营状况，不同企业同一期间的会计信息必须具有可比性。这要求不同企业同一期间发生的相同或相似的交易或事项，应当采用规定的会计政策，确保会计信息口径一致，相互可比。

五、实质重于形式

《企业会计准则——基本准则》第十六条规定："企业应当按照交易或者事项的经济实质进行会计确认、计量和报告，不应仅以交易或者事项的法律形式为依据。"

这里的形式是指法律形式，实质指经济实质。有时，经济业务的外在法律形式并不能真实反映其实质内容。为了真实反映企业的财务状况和经营成果，不能仅仅根据经济业务的外在表现形式来进行核算，而要反映其经济实质。

较典型的例子是对融资租入固定资产的核算。从形式上看，资产的所有权在出租方，承租方只是拥有资产的使用权和控制权，因此不能将其作为承租方企业的固定资产核算。再看交易的经济实质，融资租入固定资产的租赁期限一般超过了固定资产可使用期限的75%，而且到期日承租方企业可以以一定的价格购买该项固定资产，这表明承租方企业控制了该资产的使用及其所带来的经济利益。为了正确地反映企业的资产和负债状况，融资租入的固定资产应作为承租方企业的自有固定资产加以核算。

例如，企业按照销售合同销售商品并签订了售后回购协议，虽然从法律形式上看，这种做法实现了收入，但如果企业没有将商品所有权上的主要风险和报酬转移给购货方，没有满足收入确认的各项条件，即使签订了销售合同或者已将商品交付给购货方，也不应当确认销售收入。

延伸阅读 2-1

融资租入固定资产

以下将通过一个小故事介绍一下融资租赁。

承租人想要一台固定资产，可他买不起，于是他就找到了融资租赁公司。

承租人："亲爱的出租人先生，你好！我想到你这儿融资租赁一台生产设备。"

出租人："好啊，我就是专门做这个的。设备你选好了吗？是谁的设备？"

承租人："选好了，我想就要出卖人的那台设备。"

出租人："那就好，那你就到出卖人那去提货吧，价款我出，有关的事宜你去跟他谈吧，不过这固定资产的所有权是我的，你可以分期给我付租金。设备你可要选好，有什么问题我不负责任的！如果你能按期把各项的租金给我的话，租期完了后，设备就给你！我要那破玩意也没有用。"

承租人一听，高兴极了，于是两人就签订了融资租赁合同。并到出卖人那儿提了货。后来的事，就是承租人按合同约定每期给出租人付租金，最后设备终于成了自己的，但这设备也已经老得快要卖废铁了。

从这个小故事中大概可以了解到融资租赁资产的特点：承租人虽然没有所有权，但拥有控制权。租入的资产几乎在其整个使用寿命内都可以为承租人服务，满足资产的确认条件，所以作为承租人的资产核算。

六、重要性

《企业会计准则——基本准则》第十七条规定："企业提供的会计信息应当反映与企业财务状况、经营成果和现金流量等有关的所有重要交易或者事项。"

重要性原则要求企业在选择会计方法和程序时，应区别经济业务的重要程度。对于重要的经济业务，应当严格单独核算，对于不重要的经济业务，在不影响会计信息真实性的情况下，可以简化合并反映。之所以区别反映，一方面，在于信息并非越多越好，信息过多，不分主次，反而有损使用；另一方面，考虑到成本效益原则，对于不重要的经济业务在不影响决策使用的情况下，简化合并反映可以节约成本。例如，我国上市公司要求对外提供季度财务报告，考虑到季度财务报告披露的时间较短，从成本效益原则考虑，季度财务报告没有必要像年度财务报告那样披露详细的附注信息，就体现了会计信息质量的重要性要求。

能够影响财务报告使用者决策的信息是重要性信息。重要性原则具有相对性，并不是同样的业务对不同的企业都是重要或不重要的事项。评价会计事项的重要性，在很大程度上取决于会计人员的职业判断。一般来说，应从质和量两个方面进行判断。从性质方面来说，如果某会计事项发生可能对决策产生重大影响，则该事项属于具有重要性的事项；从数量方面来说，当某会计事项的数量达到一定规模时就可能对决策产生重大影响，则该事项属于具有重要性的事项。

七、谨慎性

《企业会计准则——基本准则》第十八条规定:“企业对交易或者事项进行会计确认、计量和报告应当保持应有的谨慎,不应高估资产或者收益、低估负债或者费用。”

市场经济环境下,企业存在着许多经营风险,如应收款项无法收回的风险,已售出的存货发生退回的风险,固定资产实际使用寿命低于预期的风险等。谨慎性原则要求企业在面临不确定因素的情况下,应保持谨慎,充分估计到各种风险和损失,既不高估资产或者收益,也不低估负债或者费用。如预计无法收回的应收款项提取坏账准备,对售出存货可能发生的退回确认预计负债等,充分体现了会计信息质量谨慎性要求。

企业实施谨慎性原则,对存在的经营风险加以合理估计,就能在风险实际发生之前化解并防范风险。但谨慎性原则并不意味着可以任意提取各种秘密准备,否则,就属于谨慎性原则的滥用。

八、及时性

《企业会计准则——基本准则》第十九条规定:“企业对于已经发生的交易或者事项,应当及时进行会计确认、计量和报告,不得提前或者延后。”

会计信息的价值在于帮助信息使用者作出经济决策,会计信息具有时效性,才能满足经济决策的相关需要,信息才有价值。这要求企业对于已发生的交易或事项,应及时进行处理。有时为了及时提供会计信息,企业有可能在了解交易或事项的所有方面之前就要进行会计处理,这样能够满足信息提供的及时性,但可能会影响会计信息的可靠性。所以,要做到会计信息的及时披露就需要在相关性和可靠性之间进行权衡,以最好地满足财务报告使用者的决策需要。

2-6 会计信息质量特征体系

上述八项会计信息的质量特征中,可靠性、相关性、可理解性和可比性是会计信息的首要质量要求,是企业财务报告所提供会计信息应具备的基本质量特征;实质重于形式、重要性、谨慎性和及时性是会计信息的次级质量要求,是对可靠性、相关性、可理解性和可比性等首要质量要求的补充和完善,尤其是在对某些特殊交易或者事项进行处理时,需要根据这些质量要求来把握其会计处理原则。另外,及时性还是会计信息相关性和可靠性的制约因素,企业需要在相关性和可靠性之间寻求一种平衡,以确定信息及时披露的时间。

第三节 权责发生制与收付实现制

相关思考 2-6

你认为应该确认多少收入与费用?

企业生产经营活动中经常会遇到以下问题:①1 月份预付全年的报刊费 1 200 元;②1、2、3 月份分别向同一购货商销售商品,货款为 2 000 元、1 500 元、500 元,全部货款 4 000 元于 3 月末一次结清。

思考一下,在①中,企业确认 1 月份的费用是 1 200 元,还是 100 元?在②中,企业确认的 1 月份的收入是 2 000 元,还是没有实现收入?

相关思考解析 2-6:

在①中 1 200 元费用的支付期间是 1 月份，而这1 200元的报刊费是归属于全年的，也就是说，1 月份应负担的报刊费是 100 元。在②中4 000 元收入收到的期间是 3 月份，1 月份没有收到款项，而 4 000 元的款项是归属于 3 个月的，1 月份应获得的收入是 2 000 元。

类似的情形还有很多，出现问题的原因在于收入和费用的收支期间和应归属期间不一致。收入和费用的**收支期间**是指收到收入和支付费用的期间，收入和费用的**应归属期间**是指应获得收入和应负担费用的会计期间。

在收入和费用收支期间和归属期间不一致的情况下，如何确认当期的收入和费用？会计上有两种处理方式，即收付实现制和权责发生制。

一、收付实现制

2-7 视频：权责发生制与收付实现制

收付实现制亦称现收现付制，也叫现金制，它以款项是否实际收到或付出作为确定本期收入和费用的标准。凡是本期实际收到款项的收入和付出款项的费用，不论其是否归属于本期，都作为本期的收入和费用处理；反之，凡本期没有实际收到款项和付出款项，即使应归属于本期，也不作为本期收入和费用处理。

【例 2-1】 华夏有限责任公司 6 月份发生以下经济业务，按照收付实现制确认该企业 6 月份的收入和费用。

(1) 企业于 6 月 2 日销售商品一批，6 月 27 日收到货款 23 400 元存入银行。

解析：23 400 元收入在 6 月份收到，按照收付实现制原则，应作为 6 月份的收入。

(2) 企业于 6 月 2 日销售商品一批，7 月 2 日收到货款 11 700 元存入银行。

解析：11 700 元收入在 7 月份收到，按照收付实现制原则，应作为 7 月份的收入，而不应作为 6 月份的收入。

(3) 企业于 6 月 2 日收到对方购货单位一笔货款 35 100 元存入银行，但按合同规定于 9 月份交付商品。

解析：35 100 元收入在 6 月份收到，按照收付实现制原则，应作为 6 月份的收入，不应作为 9 月份的收入。

(4) 企业于 6 月 30 日一次性支付上半年的租金 3 600 元。

解析：3 600 元费用在 6 月份支付，按照收付实现制原则，应作为 6 月份的费用。

(5) 企业于 6 月 30 日购入办公用品一批，但款项 600 元在 7 月份支付。

解析：600 元费用在 7 月份支付，按照收付实现制原则，应作为 7 月份的费用。

(6) 企业于 6 月 30 日用银行存款支付本月水电费 1 200 元。

解析：1 200 元费用在 6 月份支付，按照收付实现制原则，应作为 6 月份的费用。

二、权责发生制

权责发生制亦称应收应付制，也叫应计制，是指企业按收入的权利和支出的义务是否归属于本期作为确认收入、费用的标准。凡是属于本期实现的收入和发生的费用，不论款项是否实际收到或实际付出，都应作为本期的收入和费用入账；凡是不属于本期的收入和费用，即使款项在本期收到或付出，也不作为本期的收入和费用处理。

【例 2-2】 华夏有限责任公司 6 月份发生以下经济业务，按照权责发生制确认该企业 6 月份的收入和费用。

(1) 企业于6月2日销售商品一批,6月27日收到货款23 400元存入银行。

解析:23 400元收入在6月份收到,同时应归属于6月份,按照权责发生制原则,应作为6月份的收入。

(2) 企业于6月2日销售商品一批,7月2日收到货款11 700元存入银行。

解析:11 700元收入应归属于6月份,虽然在7月份收到,但按照权责发生制原则,应作为6月份的收入。

(3) 企业于6月2日收到对方购货单位一笔货款35 100元存入银行,但按合同规定于9月份交付商品。

解析:35 100元收入应归属9月份,虽然实际收款在6月份,但按照权责发生制原则,应作为9月份的收入。

(4) 企业于6月30日一次性支付上半年的租金3 600元。

解析:3 600元费用应归属于上半年,6月份应负担的费用为600元,按照权责发生制原则,应作为6月份的费用为600元。

(5) 企业于6月30日购入办公用品一批,但款项600元在7月份支付。

解析: 600元费用应归属于6月份,虽然款项在7月份支付,但按照权责发生制原则,应作为6月份的费用。

(6) 企业于6月30日用银行存款支付本月水电费1 200元。

解析:1 200元费用在6月份支付,同时应归属于6月份,按照权责发生制原则,应作为6月份的费用。

将[例2-1]和[例2-2]两种方法计算6月份收入和费用的结果汇总如表2-1所示。

表2-1　　权责发生制和收付实现制计算收入、费用　　金额单位:元

项目	收付实现制		权责发生制	
	收入	费用	收入	费用
事项(1)	23 400	—	23 400	—
事项(2)	0	—	11 700	—
事项(3)	35 100	—	0	—
事项(4)	—	3 600	—	600
事项(5)	—	0	—	600
事项(6)	—	1 200	—	1 200
合计	58 500	4 800	35 100	2 400
利润	58 500－4 800＝53 700		35 100－2 400＝32 700	

2-8 扫一扫练一练

2-9 扫一扫练一练答案

从[例2-2]可以看出,在收付实现制下,只要款项的收付在本期,就确认为本期的收入和费用,不必考虑预收、预付,应收、应付,不存在账簿记录期末进行调整的问题。所以,这种方法核算手续简单,但强调财务状况的切实性。

与收付实现制相反,权责发生制下必须考虑预收、预付和应收、应付。采用这种方法,会计期末要对账簿记录进行调整,确认应归属于相应会计期间的收入和费用。例如,[例2-1]和[例2-2]中的事项(4),采用收付实现制只有在付款当月(即6月份)一次性确认费用;而采用权责发生制,3 600元应归属于上半年,即每月都有600元的付款义务,企业从1月至6月

每月月末均应确认600元的费用。所以采用权责发生制核算比较复杂，但反映本期的收入和费用比较合理、真实。

《企业会计准则——基本准则》第九条规定，企业应当以权责发生制为基础进行会计确认、计量和报告。

关于权责发生制在行政事业单位中的应用详见“二维码2-10”。

2-10 权责发生制在行政事业单位的应用

2-11 全面审视权责发生制

延伸阅读2-2

划分收益性支出和资本性支出

企业发生各项支出的目的在于使企业受益。凡支出的效益仅与本会计期间（或一个营业周期）相关的，应当作为收益性支出；凡支出的效益与几个会计期间（或几个营业周期）相关的，应当作为资本性支出。

划分收益性支出和资本性支出的目的在于正确确定企业当期的损益。具体来说，收益性支出仅仅为了取得本期收益，所以将收益性支出计入费用账户，作为当期损益列入损益表，如支付当月的广告费、办公费、利息等支出；资本性支出不仅是为了取得本期收益，而且也是为了取得以后各期收益，所以将资本性支出计入资产账户，作为资产列入资产负债表。例如，购置固定资产和无形资产的支出，前者称为费用化支出，后者叫做资本化支出。资本化的支出随着每期对资产的耗费，按照受益原则和耗费比例通过转移、折旧和摊销等方法，逐渐转化为费用。

如果一项收益性支出按资本性支出处理，则会出现少计费用而多计资产的情况，造成当期虚增利润和资产；如果一项资本性支出按收益性支出处理，则会出现多计费用而少计资产的情况，造成当期利润虚减且资产偏低。

延伸阅读2-4

收入与费用配比

收入一旦确认，为取得该收入而发生的费用也必须确认。收入与费用配比原则要求某个会计期间或某个会计对象所取得的收入应与为取得该收入所发生的费用、成本相匹配，以正确计算在该会计期间、该会计主体所获得的净损益。

收入与费用包括两方面的配比问题：一是根据收入与费用之间因果关系进行直接配比，如销售产品取得的收入与取得（自制或外购）产品本身发生的成本；二是根据收入与费用项目之间存在的时间上的一致关系进行间接配比，如当期实现的收入与当期发生的各项期间费用的配比。

延伸阅读2-5

历史成本计价

历史成本计价是指企业取得的各种财产物资应以其购进或建造时发生的原始成本即实际成本入账，并以此作为分摊和转作费用成本的依据。当物价变动时，除了国家另有规定，不得调整其账面价值。

以历史成本计价基础有助于对各项资产、负债项目的确认和对计量结果的验证和控制；同时，按照历史成本进行核算，也使收入和费用的配比建立在实际交易的基础上，防止企业随意改动资产价格造成经营成果虚假或任意操纵企业的经营业绩。

以历史成本计价比较客观，有原始凭证作证明，可以随时查证和防止随意变更。但这样做是建立在币值稳定假设基础上的，如发生物价变动造成币值不稳定的情况，则需要使用其他计价基础。

本章小结

本章主要学习了：会计主体、持续经营、会计分期和货币计量四个会计基本假设；会计信息的质量要求，即可靠性、相关性、可理解性、可比性、实质重于形式、重要性、谨慎性和及时性；会计基础，即权责发生制和收付实现制。

本章重要概念

会计基本假设　会计信息质量要求　权责发生制　收付实现制

2-12 扫一扫看课件

第三章　会计要素与科目

- 内容简介
- 学习目的和要求
- 引例
- 第一节　会计对象
- 第二节　会计要素
- 第三节　会计科目与账户
- 本章小结
- 本章重要概念

内容简介

会计对象是会计核算和监督的内容，会计对象的具体化是会计要素，对会计要素的进一步分类是会计科目，会计科目的具体运用体现为会计账户。本章主要讲述了会计对象、会计要素以及会计科目、账户四个主要问题。本章的重点是会计要素及会计科目。

学习目的和要求

通过本章学习，学生应理解资金运动的含义，掌握会计要素的含义及具体内容；明确会计科目与账户之间的关系。

引例　由安然事件引发的思考

安然公司曾是一家位于美国得克萨斯州休斯敦市的能源类公司。在2001年宣告破产之前，安然公司拥有约21 000名雇员，是世界上最大的电力、天然气以及电讯公司之一，2000年披露的营业额达1 010亿美元。安然公司连续6年被《财富》杂志评选为“美国最具创新精神公司”。然而安然公司真正在全世界声名大噪的原因却是这个拥有上千亿美元资产的公司的财务造假丑闻。安然欧洲分公司于2001年11月30日申请破产，美国本部于2天后同样申请破产保护。安然公司的留守人员主要进行资产清理、执行破产程序以及应对法律诉讼，从那时起，“安然”已经成为公司欺诈的象征。

2001年年初，一家有着良好声誉的短期投资机构老板吉姆·切欧斯公开对安然公司的盈利模式表示了怀疑。他指出，虽然安然公司的业务看起来很辉煌，但实际上赚不到什么钱，也没有人能够说清安然公司是怎么赚钱的。据他分析，安然公司的盈利率在2000年为5%，到了2001年年初就降到2%以下，对于投资者来说，投资回报率仅有7%左右。

也许正是这一点引发了人们对安然公司的怀疑，并开始真正追究安然公司的盈利情况和现金流向。到了2001年8月中旬，人们对于安然公司的疑问越来越多，并最终导致了其股价下跌。2001年8月9日，安然公司股价已经从年初的80美元左右跌到了42美元。

2001年10月16日，安然公司发表2001年第二季度财报，宣布公司亏损总计达到6.18亿美元，即每股亏损1.11美元。同时首次透露因首席财务官安德鲁·法斯托与合伙公司经营不当，公司股东资产缩水12亿美元。

2001年10月22日，美国证券交易委员会瞄上安然公司，要求公司自动提交某些交易的细节内容，并最终于10月31日开始对安然公司及其合伙公司进行正式调查。

2001年11月1日，安然公司抵押了公司部分资产，获得J. P.摩根和所罗门史密斯巴尼的10亿美元信贷额度担保，但美林和标普公司仍然再次调低了对安然公司的评级。

2001年11月8日，安然公司被迫承认做了假账，虚报数字让人瞠目结舌：自1997年以来，安然公司虚报盈利共计近6亿美元。

2001年11月9日，迪诺基公司宣布准备用80亿美元收购安然公司，并承担130亿美元的债务。当天下午安然股价下跌0.16美元。

2001年11月28日，标准普尔将安然公司债务评级调低至“垃圾债券”级。

2001年11月30日，安然公司股价跌至0.26美元，市值由峰值时的800亿美元跌至2亿美元。

2001年12月2日，安然公司正式向破产法院申请破产保护，破产清单中所列资产高达498亿美元，成为美国历史上最大的破产企业。当天，安然公司还向法院提出诉讼，声称迪诺基公司中止对其合并不合规定，要求赔偿。

安然事件存在很多问题，如会计造假、高管腐败、企业文化、会计师事务所的监管问题等。会计上反映企业财务状况、盈利能力的数据有哪些？安然事件给我国企业的启示是什么呢？通过本章的学习，这些问题可以得到部分解答。

（资料来源：https：baike.baidu.com。）

第一节 会计对象

会计对象，即会计核算和监督的内容。凡是能够以货币表现的经济活动都是会计核算和监督的内容，即价值运动或资金运动。资金运动主要包括资金投入、资金循环与周转、资金退出三个过程，单位性质不同，经济活动的内容不同，资金运动的具体内容也不尽相同。

一、工业企业的会计对象

（一）资金的投入

企业从事生产经营活动必须要有一定的资金。资金的来源包括两部分：一部分是所有者本人投入的资金，形成所有者权益；另一部分是债权人投入的资金，形成负债。投入资金后，企业才开始正常的生产经营活动。

（二）资金的循环与周转

工业企业从事生产经营活动，首先用货币资金去购买原材料为生产做准备，这一过程称为供应过程；其次生产产品时，领用材料物资加工生产产品，这一过程称为生产过程；最后将产品对外销售，取得销售收入，收回货币资金，这一过程称为销售过程。资金的形态在这三个过程也发生相应的变化。

在供应过程，以货币购入材料物资，材料物资等占用的资金为**储备资金**。在这一过程，货币资金减少，储备资金增加，资金的形态由货币资金转化为储备资金；在生产过程，生产车间领用材料物资加工生产产品，产品完工后验收到产成品仓库，车间各种在产品占用的资金为**生产资金**，完工产品占用的资金为**成品资金**。在这一过程，资金的形态先由储备资金转化为生产资金，然后由生产资金转化为成品资金；在销售过程，将产成品售出收回货币资金。在这一过程，成品资金转化为货币资金。

资金从货币形态开始，依次经过储备资金、生产资金、成品资金，最后又回到货币资金。这一运动过程叫做资金循环，周而复始的资金循环叫做资金周转，如图3-1所示。

3-1 视频：工业企业资金运动

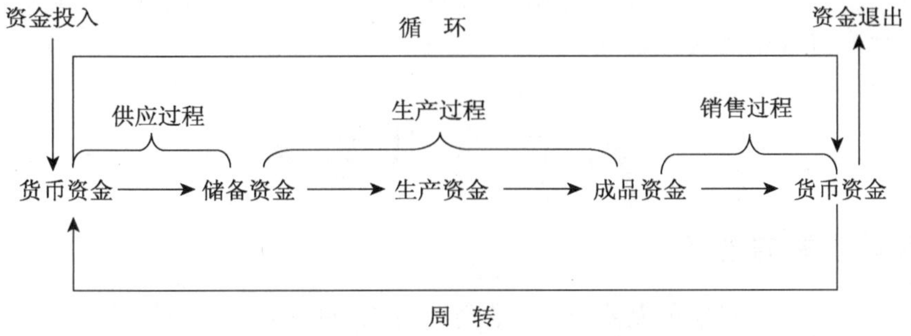

图 3-1 工业企业资金循环周转示意图

(三) 资金的退出

销售环节收回资金后，资金还需要按照法定程序偿还债务、上缴各项税金、向所有者分配利润等，这部分资金离开本企业，称为资金的退出。

综上所述，工业企业因资金的投入、循环和周转、资金的退出等各项经济活动所引起的经济资源的增减变化、各项成本费用的支出以及收入的取得、利润的实现及分配，共同构成会计核算的对象。

二、商品流通企业的会计对象

与工业企业相比，商品流通企业没有生产环节，经营过程包括商品的购进和销售环节。在商品购进环节，主要是采购商品，这时货币资金转换为商品资金；在商品销售环节，主要是销售商品，资金又由商品资金转换为货币资金。当然，商品流通企业也会有资金的投入和退出过程，这些共同构成了商品流通企业会计核算的对象，如图 3-2 所示。

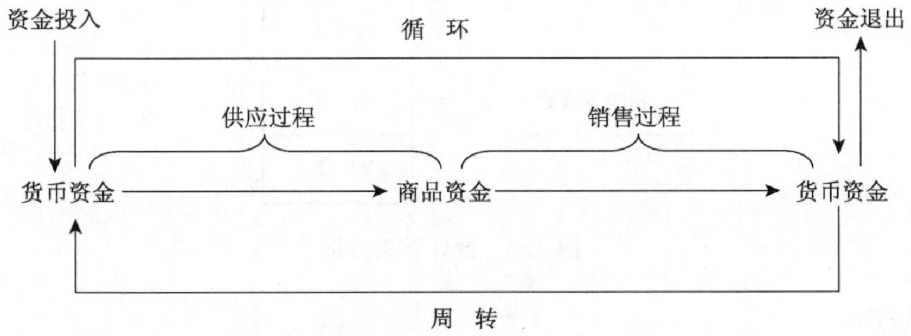

图 3-2 商品流通企业资金循环周转示意图

三、行政事业单位的会计对象

与工业企业相比，行政事业单位属于非营利组织，一般没有或只有很少经营活动，所以资金的运动主要包括资金的拨入和资金的付出环节。在资金拨入环节，行政事业单位取得国家财政资金，并按照预算拨入款项；在资金付出环节，行政事业单位按照预算支付各种行政费用和业务费用。因此，行政事业单位会计对象的内容就是预算资金及其收支。

综上所述，无论是工业企业、商品流通企业，还是行政事业单位，都是社会再生产过程中的基层单位，会计反映和监督的对象都是资金及其运动过程。所以，我们可以把会计对象概括为社会再生产过程中的资金运动。

3-2 扫一扫练一练

3-3 扫一扫练一练答案

第二节 会计要素

一、会计要素的含义

会计要素是对会计对象的基本分类，是会计对象的具体化，是反映会计主体的财务状况和经营成果的基本单位。

我国《企业会计准则——基本准则》严格定义了资产、负债、所有者权益、收入、费用和利润六大会计要素。这六大会计要素可以划分为两类：一类是资产、负债和所有者权益，它们是构成资产负债表的要素，又称资产负债表要素。资产是资金的占用形态，负债和所有者权益是资金的来源，资金的来源及占用情况，也就是反映企业财务状况的要素，是资金运动的静态体现。另一类是收入、费用和利润，它们是构成利润表的要素，又称利润表要素。收入是经济利益的总流入，费用是经济利益的总流出，收入和费用配比形成利润，利润是经济活动的结果，也就是反映经营成果的要素，是资金运动的动态表现。会计要素分类如图 3-3 所示。

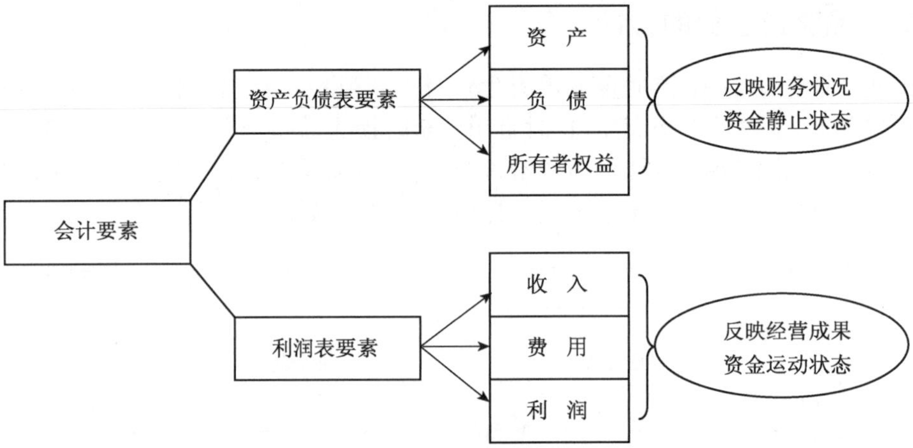

图 3-3 会计要素分类

(一) 资产

3-4 视频：资产的含义

资产是指企业过去的交易或者事项形成的、由企业拥有或者控制的、预期会给企业带来经济利益的资源。资产具有以下特征。

1. 资产是由企业过去的交易或者事项形成

资产必须是现实的，不能是预期的，只能是由过去已经发生的交易或事项所产生的结果，包括过去购置、生产、建造等行为或其他交易或事项取得。预期在未来发生的交易或事项不形成资产。例如，企业已签订合同但尚未购入的设备，取得该项资产的行为发生在未来，所以不属于企业的资产。

2. 资产必须为企业所拥有或者控制

拥有是指企业对某项资产拥有所有权，拥有就能够从该项资产中得到经济利益。某些特殊方式形成的资源，企业并不对其拥有所有权，但能被企业控制。控制是指企业实质上已经掌握了某项资产的未来收益和风险，所以控制同样能够从该项经济资源中获取经济利益，如企业融资租入的固定资产。

企业以融资租赁方式租入一项固定资产，尽管企业并不拥有其所有权，但是如果租赁合同规定的租赁期相当长，接近于该资产的使用寿命，表明企业控制了该资产的使用及其所能带来的经济利益，应当将其作为企业资产予以确认、计量和报告。

3. 资产预期能为企业带来经济利益

能够在未来直接或间接地产生经济利益是资产的本质所在，一旦不能为企业带来经济利益，则不能确认为企业的资产。例如，企业已毁损的材料，因为不能给企业带来经济利益，所以不能作为企业的资产。

除此之外，资产作为一项经济资源，预期有关的经济利益必须很可能流入企业，而且该资源的成本或价值能可靠地计量。

企业的资产按其流动性可以划分为流动资产和非流动资产。其中，可以在1年内变现的资产属于流动资产，如库存现金、银行存款、存货及各项应收和预付款项。有些企业的生产周期比较长，如造船业、大型机械制造业等，从购料到销售商品直到收回货款，往往超过1年，在这种情况下，就不能把1年内变现作为划分流动资产的标志，而是将经营周期作为划分流动资产的标志。所以，**流动资产**可以概括为在1年或者超过1年的一个营业周期内变现或者耗用的资产。**非流动资产**是指不能在1年或者超过1年的一个营业周期内变现或者耗用的资产，如固定资产、无形资产和长期股权投资等。

相关思考 3-1

下列各项是否属于企业的资产？

1. 企业本月与销售方签订购买一批材料的合同，该批材料实际在下月购入。
2. 企业本月采用融资租赁方式租入一台机器设备。
3. 企业本月库存一批材料因管理不善造成毁损。

请问：上述三项能否作为企业本月的资产？

相关思考解析 3-1：

第1项不是资产，资产必须是企业过交的交易或事项形成的；

第2项是资产，融资租入的机器设备，企业没有所有权，但有控制权；

第3项不是资产，资产预期能为企业带来经济利益。

（二）负债

负债是指过去的交易或事项形成的现时义务，履行该义务预期将会导致经济利益流出企业。负债具有如下特征。

3-5 视频：负债的含义

1. 负债是由企业过去的交易或事项形成

负债必须是已经发生的经济业务，企业预期在将来要发生的交易或事项可能产生的债务不能作为企业的负债。例如，企业的借款计划，因为尚未发生，没有形成现时义务，所以不属于企业的负债。

2. 负债是企业承担的现时义务

现时义务是指企业在现行条件下已承担的义务。过去的交易或事项形成负债，企业就必须承担由此带来的偿还义务。未来发生的交易或者事项形成的义务，不属于现时义务，不应当确认为负债。

3. 负债预期会导致经济利益流出企业

企业履行偿还义务时，关系到企业会有经济利益的流出，如支付现金、提供劳务、转让其他财产等。

除此之外，负债作为企业的一项现时义务，与履行该现时义务有关的经济利益很可能流出企业，而且在未来流出企业的经济利益的金额能够可靠地计量。

企业的负债按偿还期限的长短，一般分为流动负债和非流动负债。

流动负债是指预期在1年或超过1年的一个营业周期内清偿的债务，包括短期借款、应付及预收账款、应付职工薪酬、应交税费、应付股利等。**非流动负债**是指偿还期在1年或者超过1年的一个营业周期以上的债务，主要包括长期借款、应付债券、长期应付款等。

相关思考 3-2

下列各项是否属于企业的负债？

1. 公司本月向银行取得3个月期限的短期借款。
2. 公司本月购入材料一批，货款尚未支付。
3. 本月丁公司起诉本公司，要求赔偿10万元，法院尚未判决。
4. 公司本月财务处作出明年的借款计划，计划向银行借入期限为2年的借款600万元。
5. 公司本月应向职工发放工资80万元，下月初支付。

请问：上述五项能否作为企业本月的负债？

相关思考解析 3-2：

以上第1项、第2项、第5项属于企业的负债。第3项不属于企业承担的现时义务，第4项借款计划属于预期要发生，但目前尚未发生。

3-6 视频：所有者权益的含义及分类

（三）所有者权益

所有者权益是指企业资产扣除负债后，由所有者享有的剩余权益。公司的所有者权益又称股东权益。所有者权益的金额为资产减去负债后的余额，又称为**净资产**。

所有者权益是所有者对企业资产的剩余索取权，既可反映所有者投入资本的保值增值情况，又体现了保护债权人权益的理念。所有者权益与负债都是企业的资金来源，但两者有本质的不同。与负债相比，所有者权益有以下特征：

（1）除非企业发生破产、清算和派发股利，所有者权益可供企业长期使用，不需偿还给投资者；而负债必须按期还本付息。

（2）企业在清算时，只有在清偿了所有的负债后，所有者权益才能返还给投资者。

（3）投资者凭借所有者权益参与企业的利润分配和经营管理，而债权人无权参与企业的利润分配和经营管理。

所有者权益按照来源通常包括实收资本、资本公积、盈余公积和未分配利润。

企业的实收资本是指投资者按照企业章程或合同、协议的约定，实际投入企业的资本。资本公积是指在筹集资本过程中所取得的由投入资本所引起的各种增值，包括资本溢价、股本溢价。盈余公积是指企业按照法律、法规的规定从净利润中提取的积累资金。未分配利润是企业留待以后年度分配的利润，盈余公积和未分配利润为企业的留存收益。实收资本和资本公积属于投资者的初始投入资本,盈余公积和未分配利润属于投入资本的增值。

(四) 收入

收入是指企业在日常活动中形成的、会导致所有者权益增加的、与所有者投入资本无关的经济利益的总流入。收入有以下特征:

(1) 收入从企业的日常活动中产生,而不是从偶发的交易或事项中产生。日常活动是指企业为完成其经营目标所从事的经常性活动以及与之相关的活动。例如,工业企业销售产品,流通企业销售商品,服务企业提供劳务是企业从事的经常性活动,属于日常活动。除此之外,工业企业销售材料、出租以及提供劳务是企业从事的与经常性活动相关的活动,也属于日常活动。

(2) 收入可能表现为企业资产的增加,也可能表现为企业负债的减少,或者两者兼而有之。

(3) 收入能导致企业所有者权益的增加。

(4) 收入只包括本企业经济利益的流入,而不包括为第三方或客户代收的款项。

除此之外,收入只有在经济利益很可能流入企业,而且流入额能够可靠地计量时才能予以确认。

按照收入在经营活动中所占的比重可以分为主营业务收入和其他业务收入。主营业务收入是指企业从事主营业务所取得的收入,如工业企业销售产品、流通企业销售商品、服务企业提供劳务取得的收入;其他业务收入是指企业从事兼营业务取得的收入,如工业企业销售材料、出租以及提供劳务取得的收入。

(五) 费用

费用是指企业在日常活动中发生的、会导致所有者权益减少的、与向所有者分配利润无关的经济利益的总流出。费用有以下特征:

(1) 费用是企业在日常活动产生的。

(2) 费用可能表现为资产的减少,也可能表现为负债的增加,或者两者兼而有之。

(3) 费用能导致企业所有者权益的减少,但与向所有者分配利润无关。

除此之外,费用只有在经济利益很可能流出企业,而且流出额能够可靠地计量时才能予以确认。

费用可以分为两大类:一类是计入产品成本的各种耗费。企业在确认收入时,将已销售产品成本或劳务成本从当期收入中扣除,即主营业务成本或其他业务成本。一类是企业在日常活动中发生的营业税费、期间费用和资产减值损失等。

主营业务成本与主营业务收入是直接的配比关系。主营业务成本包括销售产品的成本、提供劳务的成本等。

其他业务成本包括销售材料的成本、出租包装物的成本等。

营业税费是指企业营业活动应负担的根据销售收入确定的各种税费,如消费税、城市维护建设税和教育费附加等。

期间费用包括销售费用、管理费用和财务费用。销售费用是企业在销售商品过程中发生的各种费用,包括企业在销售商品的过程中发生的运输费、装卸费、包装费、保险费、展览费和广告费等;管理费用是指企业为组织和管理生产经营活动而发生的各项费用,包括企业的董事会和行政管理部门在企业的经营管理中发生的工会经费、劳动保险费、董事会费、聘请中介机构费、咨询费(含顾问费)、诉讼费、业务招待费等。财务费用是指企业为筹集生产经营所需资金等而发生的各项费用，包括应当作为期间费用的利息支出（减利息收入）、汇兑损失（减汇兑收益）以及相关的手续费等。

资产减值损失是指企业计提的坏账准备、存货跌价准备、固定资产减值准备等形成的损失。

延伸阅读3-1

收入与费用，利得与损失

收入是企业日常活动形成的经济利益的总流入。日常活动是确认收入的重要判断标准，凡是日常活动所形成的经济利益的流入应当确认为收入；反之，非日常活动所形成的经济利益的流入不能确认为收入，而应当计入利得。利得是指由企业非日常活动所形成的、会导致所有者权益增加的、与所有者投入资本无关的经济利益的净流入，包括直接计入所有者权益的利得和直接计入当期利润的利得。其中直接计入当期利润的利得是指营业外收入，如固定资产的报废净收益、罚没利得、捐赠利得等。

费用是企业日常活动形成的经济利益的总流出。日常活动是确认费用的重要判断标准，凡是日常活动所形成的经济利益的流出应当确认为费用；反之，非日常活动所形成的经济利益的流出不能确认为费用，而应当计入损失。损失是指由企业非日常活动所形成的、会导致所有者权益减少的、与向所有者分配利润无关的经济利益的净流出，包括直接计入所有者权益的损失和直接计入当期利润的损失。其中直接计入当期利润的损失是指营业外支出，如固定资产的报废净损失、罚款支出、捐赠支出等。

（六）利润

利润是指企业在一定会计期间的经营成果。如果企业实现了利润，表明企业的所有者权益将增加，业绩得到了提升；反之，如果企业发生了亏损（即利润为负数），表明企业的所有者权益将减少，业绩下滑了。

利润包括收入减去费用后的净额、直接计入当期利润的利得和损失。其中，收入减去费用后的净额反映的是企业日常活动的经营业绩，直接计入当期利润的利得和损失反映的是企业非日常活动的业绩。直接计入当期利润的利得和损失是指应当计入当期损益、会导致所有者权益发生增减变化的、与所有者投入资本或向所有者分配利润无关的利得（营业外收入）和损失（营业外支出）。

二、会计要素的计量属性及应用原则

3-7 思政课堂：会计基本要素与人生

会计计量是根据一定的计量标准和计量方法，将符合确认条件的会计要素登记入账并列报于财务报表而确定其金额的过程。

计量属性是指予以计量的某一要素的特性，如桌子的长度、铁矿石的重量、楼房的面积等。从会计角度，计量属性反映的是会计要素金额的确定基础。根据《企业会计准则——基本准则》的规定，会计计量属性主要包括历史成本、重置成本、可变现净值、现值和公允价值等。

（一）会计要素计量属性的内容

1. 历史成本

3-8 视频：历史成本

历史成本又称为实际成本，就是取得或制造某项财产物资时所实际支付的现金或其他等价物。在历史成本计量下，资产按照其购置时支付的现金或者现金等价物的金额，或者按照购置资产时所付出的对价的公允价值计量。负债按照其因承担现时义务而实际收到的款项或者资产的金额，或者承担现时义务的合同金额，或者按照日常活动中为偿还负债预期需要支付的现金或者现金等价物的金额计量。

例如，购入设备价款 300 万元，支付运杂费 2 万元，则这台设备的历史成本为 302 万元。

2. 重置成本

3-9 视频：重置成本

重置成本又称现行成本，是指按照当前市场条件，重新取得同样一项资产所需支付的现金或现金等价物金额。在重置成本计量下，资产按照现在购买相同或者相似资产所需支付的现金或者现金等价物的金额计量。负债按照现在偿付该项债务所需支付的现金或者现金等价物的金额计量。

例如，期末财产清查时发现一台之前没有入账的设备。目前市场上同类设备的市场价格为 100 万元，那么按重置成本计价，该设备入账金额为 100 万元。

3. 可变现净值

可变现净值是指在正常生产经营过程中，以资产预计售价减去进一步加工成本和预计销售费用以及相关税费后的净值。在可变现净值计量下，资产按照其正常对外销售所能收到现金或者现金等价物的金额扣减该资产至完工时估计将要发生的成本、估计的销售费用以及相关税费后的金额计量。可变现净值通常应用于存货资产减值情况下的后续计量。

例如，仓库中有一批材料，加工后的商品估计售价 10 万元，预计的加工成本 6 万元，预计的销售费用 1 万元，则该批材料的可变现净值为 3 万元(10－6－1)。

4. 现值

3-10 视频：现值

现值是指对未来现金流量以恰当的折现率进行折现后的价值，是考虑货币时间价值的一种计量属性。在现值计量下，资产按照预计从其持续使用和最终处置中所取得的未来净现金流入量的折现金额计量。负债按照预计期限内需要偿还的未来净现金流出量的折现金额计量。

例如，企业采用分期付款方式购入一台设备，期限 3 年，每年年末付款分别为 11 万元、12.1 万元、13.31 万元(即未来每年的现金流出)，年利率为 10%，则该设备的现值为 30 万元 $[11\div(1+10\%)+12.1\div(1+10\%)^2+13.31\div(1+10\%)^3]$。

5. 公允价值

公允价值是指在公平交易中，熟悉情况的交易双方自愿进行资产交换或者债务清偿的金额。在公允价值计量下，资产和负债按照市场参与者在计量日发生的有序交易中，出售资产所能收到或者转移负债所需支付的价格计量。

例如，2×21 年 1 月 1 日公司买入 10 万股股票作为交易性金融资产。2×21 年 6 月 30 日，股票的收盘价为每股 3 元，则该项交易性金融资产按照公允价值计价的金额为 30 万元。

(二) 计量属性的应用原则

3-11 视频：会计要素计量属性

《企业会计准则——基本准则》规定，企业在对会计要素进行计量时，一般应当采用历史成本，采用重置成本、可变现净值、现值、公允价值计量的，应当保证所确定的会计要素金额能够取得并可靠地计量。

企业在对会计要素进行计量时，一般应当采用历史成本。例如，企业购入存货、建造厂房、生产产品等，应当以取得资产发生的实际成本作为资产计量的金额。在某些情况下，为了提高会计信息质量，实现财务报告目标，企业会计准则允许采用重置成本、可变现净值、现值、公允价值计量的，应当保证所确定的会计要素金额能够取得并可靠地计量，如果这些金额无法取得或者可靠地计量，则不允许采用其他计量属性。

第三节 会计科目与账户

一、会计科目

(一) 会计科目的含义

会计科目是对会计要素的具体内容进行分类核算的项目。

会计要素是对会计对象的第一次分类。我们可以通过六大会计要素了解一个企业在某一特定时点的资产、负债和所有者权益情况，了解一个企业在某一特定期间的收入、费用及利润情况。但是企业的经济业务错综复杂，同一会计要素也会有不同的内容和性质。例如，不同类别的资产，其变现能力和获利能力是不同的；不同类别的负债，其形成原因和偿还期限也是不同的；对于所有者权益，又有不同的来源和用途。因此，我们有必要在会计要素的基础上，对会计对象进行第二次分类，这就是会计科目。会计对象的构成层次如图 3-4 所示。

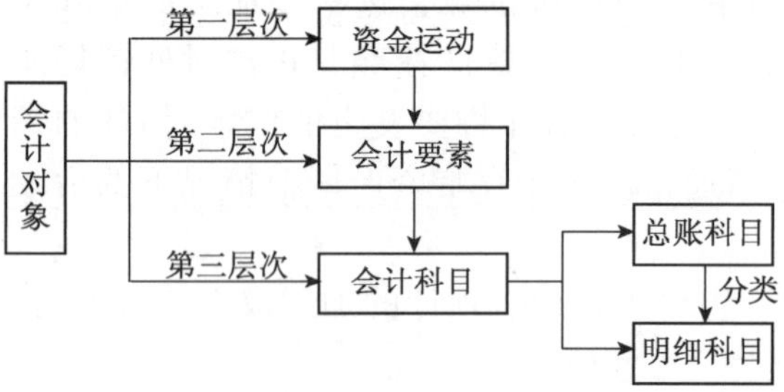

图 3-4　会计对象的构成层次

(二) 会计科目的分类

1. 按会计科目反映的经济内容分类

会计科目按照反映的经济内容可分为资产类、负债类、共同类、所有者权益类、成本类和损益类六大类会计科目，如图 3-5 所示。

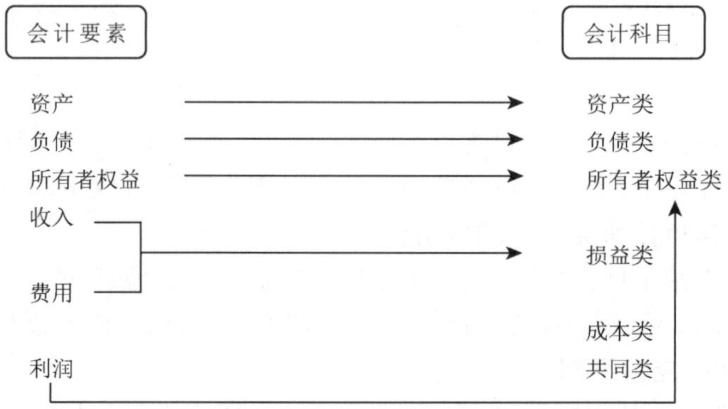

图 3-5　会计科目按反映的经济内容分类

(1) 资产类，按照流动性分为流动资产科目和非流动资产科目。流动资产科目，如“库存现金”“银行存款”“应收账款”“原材料”“库存商品”科目；非流动资产科目，如“固定资产”“无形资产”“长期股权投资”“债权投资”科目等。

(2) 负债类，按照偿还期限分为流动负债科目和非流动负债科目。流动负债科目，如“短期借款”“应付账款”“应付职工薪酬”“应交税费”科目等；非流动负债科目，如“长期借款”“长期应付款”“应付债券”科目等。

(3) 共同类，既有资产性质又有负债性质的科目，主要有“清算资金往来”“外汇买卖”“衍生工具”“套期工具”“被套期项目”等科目。

(4) 所有者权益类，按形成和性质分为反映资本的科目和反映留存收益的科目。反映资本的科目，如“实收资本”“资本公积”科目；反映留存收益的科目，如“盈余公积”和“未分配利润”科目。需要注意的是，“本年利润”和“利润分配”等属于利润类科目，由于利润属于所有者权益，所以它们也属于所有者权益类科目。

(5) 成本类，包括反映产品成本的科目，如“生产成本”和“制造费用”科目等，反映劳务成本的科目，如“劳务成本”科目等。

(6) 损益类，包括收入类科目和费用类科目。收入类科目，如“主营业务收入”“其他业务收入”科目等；费用类科目，如“主营业务成本”“税金及附加”“其他业务成本”“销售费用”“管理费用”“财务费用”科目等。

【例 3-1】 练习会计科目的运用。

(1) 从银行提取现金。

该项业务应设置“银行存款”和“库存现金”科目。

(2) 购买材料，料款尚未支付。

该项业务应设置“原材料”和“应付账款”科目。

(3) 接受某投资者投入设备一台。

该项业务应设置“实收资本”和“固定资产”科目。

(4) 收回前欠货款存入银行。

该项业务应设置“银行存款”和“应收账款”科目。

2. 按会计科目核算信息的详细程度分类

会计科目按其核算信息的详细程度可以分为总分类科目和明细分类科目。

(1) 总分类科目。**总分类科目**又称为总账科目或一级科目，它是对会计要素的具体内容进行总括分类的会计科目，提供核算对象的总括指标，如“原材料”“固定资产”“应收账款”科目等。总分类科目原则上由财政部统一制定，以会计核算制度的形式颁布实施。

(2) 明细分类科目。**明细分类科目**又称明细科目，是对总分类科目所含内容再作详细分类的会计科目，它所提供的是更加详细具体的指标，如企业的应收账款下按照对方单位设置明细分类科目。

为了适应管理上的需要，当总分类科目下设置的明细科目太多时，可在总分类科目与明细分类科目之间增设二级科目(也称子目)。二级科目所核算信息的详细程度介于总分类科目和明细分类科目之间。总分类科目与明细分类科目如图 3-6 和图 3-7 所示。

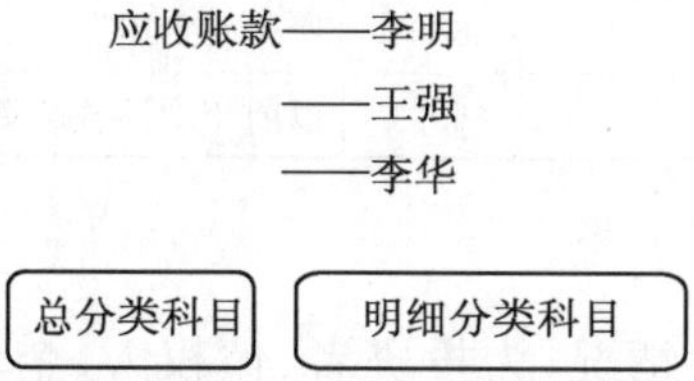

图 3-6 总分类科目与明细分类科目(一)

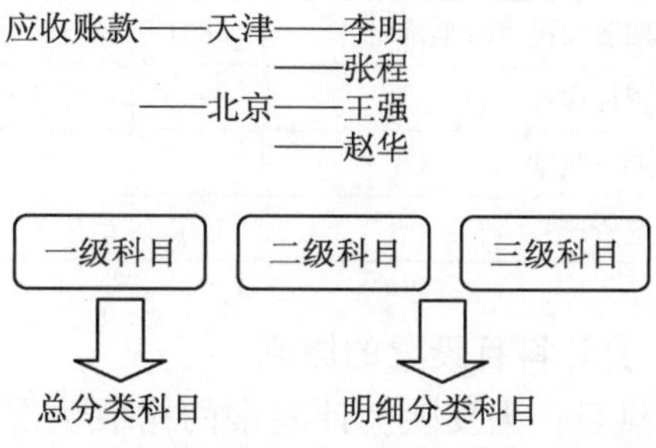

图 3-7 总分类科目与明细分类科目(二)

3-12 视频：会计科目的含义及分类

制造业企业的常用会计科目表如表 3-1 所示。

表 3-1　　常用会计科目表

编号	会计科目名称	编号	会计科目名称	编号	会计科目名称
	一、资产类	1602	累计折旧	3201	套期工具
1001	库存现金	1603	固定资产减值准备	3202	被套期项目
1002	银行存款	1604	在建工程		四、所有者权益类
1012	其他货币资金	1605	工程物资	4001	实收资本
1101	交易性金融资产	1606	固定资产清理	4002	资本公积
1121	应收票据	1701	无形资产	4101	盈余公积
1122	应收账款	1702	累计摊销	4103	本年利润
1123	预付账款	1703	无形资产减值准备	4104	利润分配
1131	应收股利	1711	商誉		五、成本类
1132	应收利息	1801	长期待摊费用	5001	生产成本
1221	其他应收款	1811	递延所得税资产	5101	制造费用
1231	坏账准备	1901	待处理财产损溢	5301	研发支出
1401	材料采购		二、负债类	5401	合同履行成本
1402	在途物资	2001	短期借款	5402	合同取得成本
1403	原材料	2201	应付票据		六、损益类
1404	材料成本差异	2202	应付账款	6001	主营业务收入
1405	库存商品	2203	预收账款	6051	其他业务收入
1406	发出商品	2211	应付职工薪酬	6101	公允价值变动损益
1408	委托加工物资	2221	应交税费	6111	投资损益
1411	周转材料	2231	应付利息	6301	营业外收入
1471	存货跌价准备	2232	应付股利	6401	主营业务成本
1501	债权投资	2241	其他应付款	6402	其他业务成本
1502	债权投资减值准备	2501	长期借款	6403	税金及附加
1503	其他债权投资	2502	应付债券	6601	销售费用
1504	其他权益工具投资	2701	长期应付款	6602	管理费用
1511	长期股权投资	2711	专项应付款	6603	财务费用
1512	长期股权投资减值准备	2801	预计负债	6701	资产减值损失
1521	投资性房地产	2901	递延所得税负债	6711	营业外支出
1531	长期应收款		三、共同类	6801	所得税费用
1601	固定资产	3101	衍生工具	6901	以前年度损益调整

（三）会计科目设置的原则

会计科目作为反映会计要素的构成情况及其变化情况，为投资者、债权人、企业管理者等提供会计信息的重要手段，在其设置过程中应努力做到科学、合理、实用，因此在设计会计科目时应遵循下列基本原则。

1. 合法性原则

合法性又称统一性，是指所设置的会计科目应当符合国家统一的会计制度的规定，按照企业会计准则对一些主要会计科目的设置及其核算内容所作的统一规定，以保证不同企业对外提供的会计信息的可比性。总分类科目一般由财政部统一制定；明细分类科目除会计制度规定设置的，可以根据本单位经济管理的需要和经济业务的具体内容自行设置。

2. 相关性原则

相关性是指所设置的会计科目应当为提供有关各方所需要的会计信息服务，满足对外报告与对内管理的要求。总分类科目提供的是总括性指标，这些指标基本上能满足企业外部有关方面的需要；明细分类科目是对总分类科目的进一步分类，提供的明细核算资料，主要为企业内部管理服务。

3. 实用性原则

实用性又称灵活性，是指在保证提供统一核算指标的前提下，各会计主体可以根据本单位的具体情况和经济管理要求，对统一规定的会计科目作必要的增设、分拆和合并。

3-13 视频：会计科目的设置原则

相关思考 3-3

会计科目的设置是否合理？

小王租了一间门面房开了一家打印社，购置了一台电脑、一台打印机、一台复印机以及纸张油墨等耗材，还有桌椅等用具。小王根据打印社的情况自行设置了一套会计科目："固定资产——房屋""固定资产——电脑""固定资产——打印机""固定资产——复印机""固定资产——桌椅""原材料——纸张""原材料——油墨""库存现金""银行存款""应收账款""应付账款""应交税费""管理费用""所得税费用""本年利润""主营业务收入"等科目。

请问：小王设置的会计科目是否正确？为什么？你认为还需要设置什么科目？

相关思考解析 3-3：

由于桌椅单位价值比较小，不属于固定资产，而属于存货中的周转材料，科目应设置为"周转材料——低值易耗品——桌椅"，除此之外，还应设置"主营业务成本""应付职工薪酬""税金及附加"等科目。

二、会计账户

(一) 账户的含义

会计账户简称账户，是根据会计科目开设的，具有一定格式和结构，用来分类反映会计要素增减变动及其结果的一种工具。会计科目仅仅是对会计要素的具体内容进行分类核算形成的项目，它不能反映交易或事项的发生所引起的会计要素各项目增减变动情况和结果。各项核算指标的具体数据资料，只有通过账户记录才能取得。因此，在设置会计科目后，还必须依据会计科目开设相应的账户，设置账户是会计核算的专门方法之一。

(二) 账户的结构

账户是用来记录经济业务，反映会计要素的具体内容增减变化及其结果的。因此，随着会计主体会计事项的不断发生，会计要素的具体内容也必然随之发生变化，而且这种变化不管多么错综复杂，从数量上看不外乎增加和减少两种情况。所以用来积累企业在某一会计期间内各种有关数据的账户，在结构上就应分为两方，即左方和右方。一方登记增加数，另一方则登记减少数。至于哪一方登记增加，哪一方登记减少，则由所采用的记账方法和所记录的经济内容而决定。在借贷记账法下，所有账户的左方为借方，右方为贷方。

1. 账户的基本结构

一个完整的账户结构应包括：①账户名称，即会计科目；②会计事项发生的日期；③摘要，即经济业务的简要说明；④凭证号数，即表明账户记录的依据；⑤金额，即增加额、减少额和余额。账户结构如表 3-2 所示。

表 3-2　　账 户 名 称

年		凭证号数	摘要	增加额	减少额	余额
月	日					

账户的金额要素具体来说有四个：期初余额、本期增加发生额、本期减少发生额和期末余额。登记本期增加数的金额为本期增加发生额，登记本期减少数的金额为本期减少发生额，增减相抵后的差额为余额。余额按时间不同，分为期初余额和期末余额，一定时期的期末余额为下一个会计期间的期初余额。四个金额要素之间的关系如下：

期末余额 = 期初余额 + 本期增加发生额 − 本期减少发生额

2. 账户基本结构的简化形式

为了说明问题和学习的方便，我们通常用一条水平线及其一条平分的垂直线来表示账户，称为 T 形账户或“丁”字账户。T 形账户结构如图 3-8 所示。

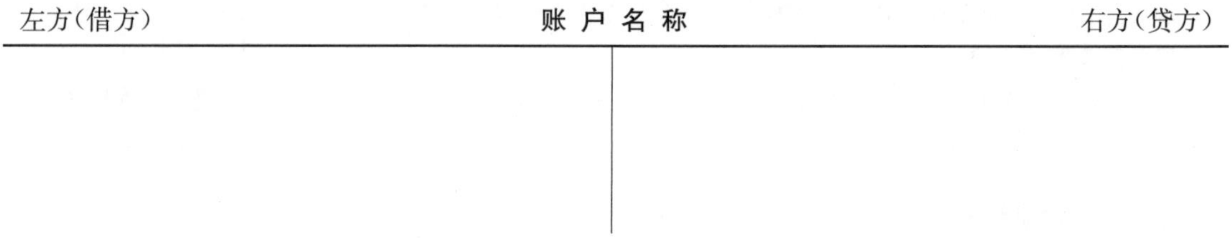

图 3-8　T 形账户结构

【例 3-2】 华夏有限责任公司 2×21 年关于库存现金的业务如表 3-3 所示。

表 3-3　　库 存 现 金

2×21 年		凭证号数	摘　　要	增加额	减少额	余额
月	日					
12	1		月初余额			2 300.00
12	1	现收 1	李丽归还借款	800.00		3 100.00
12	1	现付 1	王明报销差旅费		500.00	2 600.00
12	1	银付 3	提取现金	5 000.00		7 600.00
12	1	现付 2	购买办公用品		700.00	6 900.00
12	1		本日合计	5 800.00	1 200.00	6 900.00

上述业务用 T 形账户表示如图 3-9 所示。

借方	库存现金		贷方
期初余额	2 300		
本期增加发生额	800	本期减少发生额	500
	5 000		700
期末余额	6 900		

图 3-9　库存现金 T 形账户

三、会计科目与账户的关系

会计科目和账户在会计学中是两个不同的概念，两者之间既有联系又有区别。

会计科目与账户都是分门别类地反映某项经济内容，即两者所反映的经济内容是相同的。会计科目是账户的名称，账户是根据会计科目开设的。

会计科目与账户也是有区别的。会计科目只表明某项经济内容，而账户不仅表明相同的经济内容，而且还具有一定的结构格式，并通过账户的结构反映某项经济内容的增减变动情况。在实际工作中，会计科目与账户常被作为同义语来理解，互相通用，不加区别。

本章小结

本章主要学习了：会计要素的含义、特征及分类；会计科目的含义、总分类科目及明细分类科目、会计科目设置的原则；账户的含义、结构。

本章重要概念

会计要素　资产　负债　所有者权益　收入　费用　利润　会计科目　总分类科目　明细分类科目　会计账户

3-14 扫一扫看课件

第四章　会计等式与复式记账

- 内容简介
- 学习目的和要求
- 引例
- 第一节　会计等式
- 第二节　复式记账原理
- 第三节　借贷记账法
- 本章小结
- 本章重要概念

内容简介

本章主要讲述会计等式和复式记账两个主要问题:会计等式是表示会计要素之间关系的数学表达式,复式记账是会计核算的主要方法。对于会计等式的理解及借贷记账法的内容是本章的重点。

学习目的和要求

通过本章学习,学生应理解会计等式的基本原理,重点掌握借贷记账法的相关内容,包括借贷记账法的含义、账户的结构、记账规则等内容。

引例　试算平衡表不是万能的

小万刚刚从某财经大学会计系毕业就被聘任为某公司的会计员。今天是他来公司上班的第一天。会计科长想检验一下他的工作能力,就问:“试算平衡表的编制方法在学校学过了吧?”“学过。”小万很自然地回答。

“那好吧,趁大家忙的时候,你先编一下我们公司这个月的试算平衡表。”科长帮他找到了本公司所有的总账账簿,让他在早已为他准备的办公桌上开始了工作。不到一个小时,一张“总分类账户发生额及余额试算平衡表”就被完整地编制出来了。看到表格上那相互平衡的三组数字,小万激动的心情难以言表,兴冲冲地向科长交了差。

“昨天车间领材料的单据还没记到账上去呢,这也是这个月的业务啊!”会计员小李说道。还没等小万缓过神来,会计员小张手里又拿着一些会计凭证凑了过来,对科长说,“这笔账我核对过了,应当记入‘原材料’和‘生产成本’账户的是10 000元,而不是9 000元。已经入账的那部分数字还得改一下”。

“试算平衡表不是已经平衡了吗? 怎么还有错账呢?”小万不解。

科长看他满脸疑惑的神情,就耐心地开导说:“试算平衡表也不是万能的,比如,在账户中把有些业务漏记了,借贷金额记账方向彼此颠倒了,还有记账方向正确但记错了账户,这些都不会影响试算表的平衡。小张刚才发现把两个账户的金额同时记多了或记少了,也不会影响试算表的平衡。”

小万边听边点头,心里想:“这些内容好像老师在上《基础会计》课的时候也讲过。以后在实践中还得好好琢磨呀。”

经过一番调整,一张真实反映本月业务的试算平衡表在小万的手里诞生了。

什么是试算平衡表? 试算平衡表的主要用途是什么? 试算平衡表的编制原理、依据及方法又是什么呢? 试算平衡表是万能的吗? 通过本章的学习,这些问题将得到解答。

(资料来源:http://wk.baidu.com,编者有改动。)

第一节 会计等式

会计等式又称为会计恒等式，是反映会计要素之间内在联系的数学表达式。它是各会计主体设置账户进行复式记账和编制会计报表的理论依据。会计等式有三个：基本会计等式、动态会计等式和扩展会计等式。会计等式如图 4-1 所示。

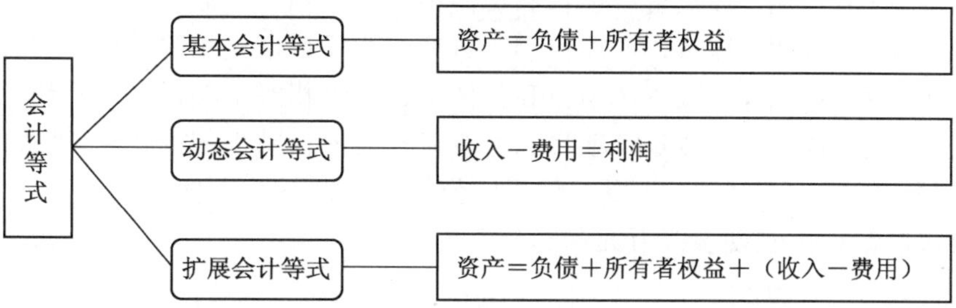

图 4-1 会计等式

一、基本会计等式

4-1 视频：基本会计等式

基本会计等式又称静态会计等式，财务状况等式是由静态会计要素（资产、负债和所有者权益）组合而成的，反映企业在某一特定日期财务状况的会计等式。其表达式为：

$$资产＝权益＝债权人权益＋所有者权益＝负债＋所有者权益 \quad (4-1)$$

（一）基本会计等式的理解

任何企业要从事生产经营活动，一方面，企业必须拥有一定数量的经济资源，如机器设备、现金、银行存款等，这些经济资源属于企业的资产；另一方面，这些资产或者来源于企业的投资者，或者来源于债权人。资产不会无偿让渡，即提供资产的一方取得了对投入资产的索取权，在会计上成为权益，所以，由所有者和债权人投入的部分分别形成了所有者权益和负债。

资产、负债和所有者权益，实际上是同一价值运动的两个方面。一个是“来龙”，即资金的来源，一个是“去脉”，即资金的占用，这两方面之间必然存在着恒等关系。也就是说，一定数额的资产必然对应着相同数额的负债和所有者权益，而一定数额的负债和所有者权益也必然对应着相同数额的资产。资产和权益的恒等关系是复式记账法的理论依据，是企业编制资产负债表的理论基础。

（二）经济业务对基本会计等式的影响

企业在生产经营过程中，不断地发生各种经济业务。引起资产和权益发生增减变化的业务事项，称为经济业务事项。企业发生各种经济事项，资产和权益要素发生变化，基本会计等式是否保持平衡呢？答案是肯定的。一个企业的经济业务虽然数量多、花样繁，但归纳起来不外乎以下九种类型：

（1）经济业务的发生，导致资产项目此增彼减，但增减金额相等，故等式保持平衡。

（2）经济业务的发生，导致负债项目此增彼减，但增减金额相等，故等式保持平衡。

(3) 经济业务的发生，导致所有者权益项目此增彼减，但增减金额相等，故等式保持平衡。

(4) 经济业务的发生，导致负债项目增加、所有者权益项目减少相等金额，等式保持平衡。

(5) 经济业务的发生，导致所有者权益项目增加、负债项目减少相等金额，等式保持平衡。

(6) 经济业务的发生，导致资产项目和负债项目增加相等金额，等式保持平衡。

(7) 经济业务的发生，导致资产项目和所有者权益项目增加相等金额，等式保持平衡。

(8) 经济业务的发生，导致资产项目和负债项目减少相等金额，等式保持平衡。

(9) 经济业务的发生，导致资产项目和所有者权益项目减少相等金额，等式保持平衡。

【例 4-1】 2×21 年 12 月，华夏有限责任公司发生以下经济业务：

(1) 公司从银行提取现金 2 万元。

资产	=	负债	+	所有者权益
+2−2				

(2) 已到期的应付票据 1 万元因无力偿还转为应付账款。

资产	=	负债	+	所有者权益
		+1−1		

(3) 经批准将资本公积 50 万元转为实收资本。

资产	=	负债	+	所有者权益
				+50 −50

(4) 向投资者宣告分配现金股利 40 万元。

资产	=	负债	+	所有者权益
		+40		−40

(5) 经批准将已发行的公司债券 60 万元转为实收资本。

资产	=	负债	+	所有者权益
		−60		+60

(6) 从银行借入 6 个月期的短期借款 8 万元。

资产	=	负债	+	所有者权益
+8		+8		

(7) 接受投资者投入设备，价值 70 万元。

资产	=	负债	+	所有者权益
+70				+70

(8) 以银行存款 2 万元偿还前欠货款。

资产	=	负债	+	所有者权益
−2		−2		

(9) 股东大会决定减少注册资本，以银行存款 200 万元向投资者退还投资。

资产	=	负债	+	所有者权益
−200				−200

通过以上分析，我们可以得出如下结论：

(1) 一项经济业务的发生，可能仅涉及资产、负债和所有者权益中的一方，也可能涉及双方，但无论如何，结果一定是基本会计等式的恒等关系保持不变。

(2) 一项经济业务的发生，如果仅涉及资产、负债和所有者权益中的一方，则既不会影响到双方的恒等关系，也不会使双方的总额发生变动。

(3) 一项经济业务的发生，如果涉及资产和权益中的双方，则虽然不会影响到双方的恒等关系，但会使双方的总额发生同增或同减变动。

二、动态会计等式

动态会计等式又称经营成果等式，是由动态会计要素收入、费用和利润组成的反映企业在某一会计期间经营成果的会计等式。其表达式为：

$$收入-费用=利润 \tag{4-2}$$

企业经营的目标是从生产经营活动中获取收益。企业在取得收入的同时，必然要发生相应的费用。将一定期间收入和费用相比较，收入大于费用的差额为利润，收入小于费用的差额为亏损。动态会计等式是企业编制利润表的理论基础。

三、扩展会计等式

等式(4-1)反映的是企业某一时点的全部资产及其相应的来源情况，是反映资金运动的静态公式。等式(4-2)反映的是企业某一时期的盈利或亏损情况，是反映资金运动的动态公式。但仅从这两个等式还不能完整反映会计六大要素之间的关系。

由于利润属于所有者权益的一部分，所以将等式(4-1)与等式(4-2)合并为：

$$资产=负债+所有者权益+(收入-费用)$$

或者：

$$资产+费用=负债+所有者权益+收入 \tag{4-3}$$

以下举例说明对扩展会计等式的理解：

(1) 在期初的某一时点，资金运动表现为基本会计等式，即：

$$期初资产=期初负债+期初所有者权益 \tag{4-4}$$

(2) 在某一期间，企业收入的取得，或者表现为收入要素和资产要素同时等额增加，或者表现为收入要素增加和负债要素同时等额的减少，等式仍然保持平衡(这里假设收入增加了资产)。

（期初资产＋Δ资产）＝期初负债＋期初所有者权益＋收入　　（4-5）

（3）在某一期间，企业费用的发生，或者表现为费用要素和负债要素同时等额增加，或者表现为费用要素增加和资产要素同时等额减少，等式仍然保持平衡（这里假设费用增加了负债）。

（期初资产＋Δ资产）＝（期初负债＋Δ负债）＋期初所有者权益＋（收入－费用）　　（4-6）

（4）在会计期末，将收入与费用相减得出企业的利润。上述等式变形为：

期末资产＝期末负债＋期末所有者权益　　（4-7）

以上分析说明，资产、负债、所有者权益、收入、费用和利润这六大会计要素之间存在着一种恒等关系。会计等式反映了这种恒等关系，因而，它始终成立。任何经济业务的发生都不会破坏会计等式的平衡关系。

4-2 扫一扫
练一练

4-3 扫一扫
练一练答案

第二节　复式记账原理

一、记账方法

在会计工作中，为了有效地反映和监督会计对象，各会计主体除了要按照规定的会计科目设置账户，还应采用一定的记账方法。**记账方法**是指按照一定的规则，使用一定的符号，在账户中登记各项经济业务的技术方法。会计记账方法按记录方式不同，经历了由单式记账到复式记账的发展过程。

二、单式记账法

单式记账法是指对发生的每一项经济业务，只在一个账户中进行登记的一种记账方法。

单式记账法的主要特征是对于每项经济业务，通常只登记现金和银行存款的收付业务，以及应收款、应付款的结算业务，而不登记实物的收付。例如，企业以现金 1 000 元支付广告费，对于这项经济业务，在单式记账法下，就只在现金账户中作减少 1 000 元的登记，至于费用的发生情况，则不予反映。

单式记账法是一种比较简单、不完整的记账方法。单式记账法的优点是记账手续比较简单。但其账户的设置是不完整的，各个账户之间又互不联系，所以无法全面反映各项经济业务的来龙去脉，也不能正确核算成本和盈亏，更不便于检查账户记录的正确性。例如，采用单式记账法记录上述经济业务的过程中，账面上仅能反映库存现金减少 1 000 元，其减少的原因则无法得知。因此，这种记账方法只适用于经济业务非常简单的单位，目前已很少采用。

三、复式记账法

（一）复式记账法的含义

复式记账法是指对任何一项经济业务，都必须用相等的金额在两个或两个以上的有关账户中相互联系地进行登记，借以反映会计对象具体内容增减变化的一种记账方法。

复式记账法的主要特征是需要设置完整的账户体系，除了“库存现金”“银行存款”账户，还要设置实物性资产以及收入、费用和各种权益类账户；不仅记录货币资金的收付和债权债务的发生，而且要对所有财产和全部权益的增减变化，以及经营过程中所发生的费用和获得的收入作全面、系统的反映；对每项经济业务，都要在两个或两个以上的账户中进行等额双重记录，以便反映其来龙去脉。在上述的例子中，这项经济业务除了在“库存现金”账户中作减少 1 000 元的登记，还要在有关费用类账户中作增加 1 000 元的记录，这样登记的结果表明，企业现金的付出和费用的发生两者之间是相互联系的。

（二）复式记账的优点

4-4 视频：复式记账法的含义

每项经济业务都要在两个或两个以上的账户中进行等额双重记录，所以复式记账法的主要优点如下：

（1）可以全面、系统地反映经济业务，了解经济业务的来龙去脉，对经济业务的内容进行全面监督。

（2）可以根据会计等式的平衡关系，对一定时期所发生的全部经济业务的会计记录进行综合试算，以检查账户记录是否正确。

复式记账法具有单式记账法无法比拟的优势，因而它也是世界各国公认的一种记账方法。

（三）复式记账法的理论依据

企业发生的所有经济业务无非就是涉及资金增加和减少两个方面，并且某项资金在量上的增加或减少，总是与另一项资金在量上的增加或减少相伴而生。

换言之，在资金运动中，一部分资金的减少或增加，总是有另一部分资金的增减变动作为其变化的原因。这样就要求会计在记账的时候，必须要把每项经济业务所涉及的资金增减变化的原因和结果都记录下来，从而完整、全面地反映经济业务所引起的资金运动的来龙去脉。而复式记账方法恰恰就是适应了资金运动这一规律性的客观要求，把每一项经济业务所涉及的资金在量上的增减变化，通过两个或两个以上账户的记录予以全面反映。可见，资金运动的内在规律性是复式记账的理论依据。

目前，我国的企业和行政事业单位采用的记账方法都是复式记账法。复式记账法从其发展历史来看，它曾经有“借贷记账法”“增减记账法”“收付记账法”等。我国现行有关制度规定企业、事业等单位一律采用借贷记账法。

第三节 借贷记账法

4-5 思政课堂：复式记账法与我们的生活

借贷记账法是以“借”和“贷”作为记账符号的一种复式记账方法。借贷记账法的内容包括记账符号、账户结构、记账规则、试算平衡几个方面。

延伸阅读 4-1

借贷记账法的产生与发展

借贷记账法起源于 13～14 世纪的意大利。最初，意大利佛罗伦萨的“借贷资本家”对于收进来的存款，记在贷主(creditor)的名下，表示自身的债务即欠人的增加；对于付出去的放款，则记在借主(debtor)的名下，表示自身的债权即人欠的增加。这样，“借”“贷”两字分别表示借贷资本家的债权(人欠)、债务(欠人)及其增减变化。这时记账方法是单式，记账对象仅限于债权债务人。

在以后的几百年里，随着商品经济的发展，借贷记账法又经过了热那亚阶段和威尼斯阶段。借贷记账法也在不断地发展和完善，“借”“贷”两字逐渐失去其本来含义，变成了纯粹的记账符号。记录的内容也不仅仅局限于货币资金的借贷业务，而是逐步扩展到财产物资、经营损益和经营资本的增减变化，并广泛应用于许多行业。随后，借贷记账法传遍欧洲、美洲等地，成为世界通用的记账方法。1494年，意大利数学家卢卡·帕乔利的《算术、几何、比及比例概要》一书问世，标志着借贷记账法正式成为大家公认的复式记账法，同时，也标志着近代会计的开始。卢卡·帕乔利被称为“近代会计之父”。

一、借贷记账法的记账符号

借贷记账法是以“借”和“贷”作为记账符号，表明经济业务的增减和变动方向。“借”“贷”两个文字的字义与其在会计史上的最初含义无关，是会计的专门术语，并已经成为通用的国际商业语言。

“借”和“贷”两字作为记账符号，都具有增加和减少的双重含义。“借”和“贷”与具体账户结合，有两层含义：第一，表示记账的方向。在借贷记账法下，所有账户的左方为“借方”，所有账户的右方为“贷方”。至于哪一方表示增加还是减少，取决于账户的性质和核算的经济内容。第二，表示资金的增减。具体来看，“借”对会计等式左边的账户即资产、费用类账户表示增加，对会计等式右边的账户即负债、所有者权益、收入类账户则表示减少；“贷”对会计等式左边的资产、费用类账户表示减少，对会计等式右边的负债、所有者权益、收入类账户则表示增加。

资产＋费用	＝	负债＋所有者权益＋收入
借方增加，贷方减少		借方减少，贷方增加

二、借贷记账法的账户结构

根据上文介绍，对于资产、费用类账户借方表示增加，贷方表示减少；而对于负债、所有者权益、收入和利润类账户则贷方表示增加，借方表示减少。以下分别说明借贷记账法下各账户的结构。

(一) 资产类账户的结构

资产类账户的结构为：账户的借方登记资产的增加额，贷方登记资产的减少额，账户期末如有余额，一般在借方。资产类账户结构如图4-2所示。

借方　　　　资 产 类 账 户　　　　贷方

期初余额			
本期增加额	××× ……	本期减少额	××× ……
本期增加发生额	×××	本期减少发生额	×××
期末余额	×××		

图4-2　资产类账户结构

该类账户期末余额的计算公式如下：

资产类账户期末借方余额＝期初借方余额＋本期借方发生额－本期贷方发生额

(二) 负债和所有者权益类账户结构

负债和所有者权益类账户结构与资产类账户的结构正好相反。该类账户的结构是：账户的贷方登记负债和所有者权益的增加额，借方登记负债和所有者权益的减少额，账户期末如有余额，一般在贷方。负债和所有者权益类账户结构如图 4-3 所示。

借方	负债和所有者权益类账户		贷方
		期初余额	
本期减少额	×××	本期增加额	×××
	……		……
本期减少发生额	×××	本期增加发生额	×××
		期末余额	×××

图 4-3　负债和所有者权益类账户结构

该类账户期末余额的计算公式如下：

负债和所有者权益类账户期末贷方余额＝期初贷方余额＋本期贷方发生额－本期借方发生额

(三) 成本类账户结构

成本类账户的结构与资产类账户结构相同，账户的借方登记成本的增加额，贷方登记成本的减少额。账户期末如有余额，一般在借方，表示未完工的在产品成本。成本类账户结构如图 4-4 所示。

借方	成本类账户		贷方
期初余额			
本期增加额	×××	本期减少额	×××
	……		……
本期增加发生额	×××	本期减少发生额	×××
期末余额	×××		

图 4-4　成本类账户结构

该类账户期末余额的计算公式如下：

成本类账户期末借方余额＝期初借方余额＋本期借方发生额－本期贷方发生额

(四) 损益类账户结构

1. 费用类账户结构

费用类账户同于资产类账户，借方登记费用的增加，贷方登记费用的减少。借方登记的费用增加额一般都要通过贷方转出，所以该类账户期末通常没有余额。费用类账户结构如

图 4-5 所示。

借方	费用类账户		贷方
本期增加额	××× ……	本期减少额	××× ……
本期增加发生额	×××	本期减少发生额	×××

图 4-5　费用类账户结构

2. 收入类账户结构

收入类账户同于负债和所有者权益类账户，贷方登记收入的增加，借方登记收入的减少。由于贷方登记的收入增加额一般都要通过借方转出，所以该类账户期末通常没有余额。收入类账户结构如图 4-6 所示。

借方	收入类账户		贷方
本期减少额	××× ……	本期增加额	××× ……
本期减少发生额	×××	本期增加发生额	×××

图 4-6　收入类账户结构

（五）利润类账户结构

利润类账户的结构与负债和所有者权益类账户的结构大致相同，这里不再介绍。

三、借贷记账法的记账规则

不同的记账方法，具有不同的记账规则。借贷记账法属于复式记账法的一种，按照复式记账的原理，任何一笔经济业务都要以相等的金额，在两个或两个以上相互联系的账户中进行记录。以下将通过举例说明。

【例 4-2】　华夏有限责任公司 2×21 年 12 月 31 日资产、负债和所有者权益各账户的期末余额如表 4-1 所示。

表 4-1　　**资产、负债和所有者权益各账户的期末余额**　　单位：元

资产类账户	金额	负债和所有者权益类账户	金额
库存现金	1 000	短期借款	420 000
银行存款	76 000	应付账款	100 000
应收账款	80 000	应付职工薪酬	30 000
原材料	220 000	应付股利	40 000
固定资产	473 000	实收资本	180 000
		资本公积	80 000
总计	850 000	总计	850 000

华夏有限责任公司 2×22 年 1 月发生以下经济业务：

(1) 接受投资者投入资金 100 000 元，存入银行。

这项经济业务一方面使企业的银行存款增加，银行存款属于资产，资产的增加应记入借方；另一方面使实收资本增加，实收资本属于所有者权益，所有者权益的增加应记入贷方。其登账结果如图 4-7 所示。

银行存款

借方		贷方	
期初余额	76 000		
(1)	100 000		

实收资本

借方		贷方	
		期初余额	180 000
		(1)	100 000

图 4-7　登账(一)

(2) 以银行存款 50 000 元购买材料。

这项经济业务一方面使企业的银行存款减少，银行存款属于资产，资产的减少应记入贷方；另一方面使原材料增加，原材料属于资产，资产的增加应记入借方。其登账结果如图4-8 所示。

银行存款

借方		贷方	
期初余额	76 000	(2)	50 000
(1)	100 000		

原材料

借方		贷方	
期初余额	220 000		
(2)	50 000		

图 4-8　登账(二)

(3) 以银行存款 100 000 元偿还前欠货款。

这项经济业务一方面使企业的银行存款减少，银行存款属于资产，资产的减少应记入贷方；另一方面使应付账款减少，应付账款属于负债，负债的减少应记入借方。其登账结果如图 4-9 所示。

银行存款

借方		贷方	
期初余额	76 000	(2)	50 000
(1)	100 000	(3)	100 000

应付账款

借方		贷方	
(3)	100 000	期初余额	100 000

图 4-9　登账(三)

(4) 从银行提取现金 6 000 元。

这项经济业务一方面使企业的库存现金增加，库存现金属于资产，资产的增加应记入借方；另一方面使银行存款减少，银行存款属于资产，资产的减少应记入贷方。其登账结果如图 4-10 所示。

借方	银行存款		贷方
期初余额	76 000	(2)	50 000
(1)	100 000	(3)	100 000
		(4)	6 000

借方	库存现金	贷方
期初余额	1 000	
(4)	6 000	

图 4-10 登账(四)

从以上所举的几个例子可以看出,每一项经济业务发生之后,运用借贷记账法进行处理时都必须是在记入某一个账户借方的同时记入另一个账户的贷方,而且记入借方与记入贷方的金额总是相等。因此,我们可以总结出借贷记账法的记账规律(亦称记账规则)是:有借必有贷,借贷必相等。

四、账户对应关系和会计分录

运用复式记账法处理经济业务,一笔业务所涉及的几个账户之间必然存在着某种相互依存的对应关系,这种关系称为**账户对应关系**。存在着对应关系的账户称为**对应账户**。在上述[例 4-2]中,第(1)题中的“银行存款”和“实收资本”账户,第(2)题中的“银行存款”和“原材料”账户,第(3)题中的“银行存款”和“应付账款”账户,第(4)题中的“银行存款”和“库存现金”账户都分别是对应账户。采用借贷记账法登记某项经济业务时,应先通过编制会计分录来确定其所涉及的账户及其对应关系,从而保证账户记录的正确性。**会计分录**是指预先确定每笔经济业务所涉及的账户名称,以及记入账户的方向和金额的一种记录。

在实际运用借贷记账法的记账规则登记经济业务时,一般要按三个步骤进行:

第一步是科目。根据发生的经济业务设置相应的会计科目或账户。

第二步是增减。判断相应会计账户是增加还是减少。

第三步是借贷。根据账户的性质判断增减方向。如资产及费用类账户的增加是借方,减少是贷方;负债、所有者权益及收入类账户的增加是贷方,减少是借方。

【例 4-3】 承[例 4-2],编制华夏有限责任公司 2×22 年 1 月发生经济业务的会计分录。其过账并结余额结果如图 4-11 所示。

(1) 接受投资者投入资金 100 000 元,存入银行。

借:银行存款　　100 000
　　贷:实收资本　　100 000

(2) 以银行存款 50 000 元购买材料。

借:原材料　　50 000
　　贷:银行存款　　50 000

(3) 以银行存款 100 000 元偿还前欠货款。

借:应付账款　　100 000
　　贷:银行存款　　100 000

(4) 从银行提取现金 6 000 元。

借:库存现金　　6 000
　　贷:银行存款　　6 000

4-6 视频：借贷记账法的会计分录

借方	银行存款		贷方
期初余额	76 000	(2)	50 000
(1)	100 000	(3)	100 000
		(4)	6 000
本期发生额	100 000	本期发生额	156 000
期末余额	20 000		

借方	库存现金		贷方
期初余额	1 000		
(4)	6 000		
本期发生额	6 000		
期末余额	7 000		

借方	实收资本		贷方
		期初余额	180 000
		(1)	100 000
		本期发生额	100 000
		期末余额	280 000

借方	原材料		贷方
期初余额	220 000		
(2)	50 000		
本期发生额	50 000		
期末余额	270 000		

借方	应付账款		贷方
		期初余额	100 000
(3)	100 000		
本期发生额	100 000		
		期末余额	0

图 4-11　过账并结余额

会计分录按其所运用账户的多少分为简单会计分录和复合会计分录两种。简单会计分录是指由两个账户所组成的会计分录。以上每笔会计分录，都只有一借一贷，故均属于简单会计分录。复合会计分录是指由两个以上账户所组成的会计分录，实际上它是由几个简单会计分录组成的，因而必要时可将其分解为若干个简单会计分录。会计分录的种类如图 4-12 所示。

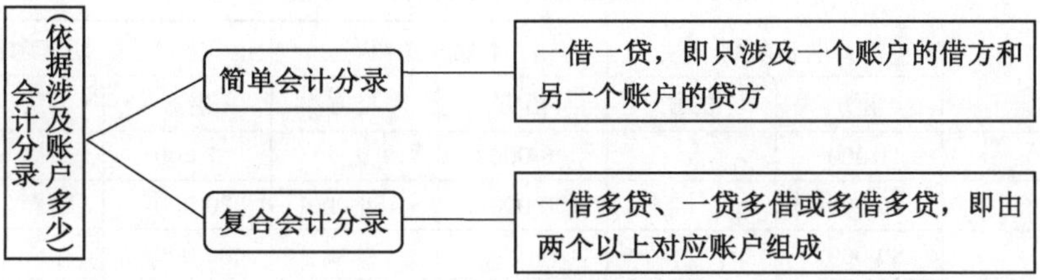

图 4-12　会计分录的种类

在借贷记账法下，为了使账户对应关系一目了然，只应编制一借一贷、一借多贷和一贷多借的会计分录，一般不编制多借多贷的会计分录。这是因为多借多贷的会计分录容易使账户之间的对应关系模糊不清，难以据此分析经济业务的实际情况。在实际工作中，不允许将多项经济业务合并编制为复合会计分录。

4-7 视频：借贷记账法的试算平衡

五、借贷记账法的试算平衡

企业对日常发生的经济业务都要记入有关账户，内容庞杂，次数繁多，记账稍有疏忽，便有可能发生差错。因此,对全部账户的记录必须定期进行试算,借以验证账户记录是否正确。**借贷记账法的试算平衡**是指根据会计等式的平衡原理,按照记账规律的要求,通过汇总计算和比较,来检查账户记录的正确性、完整性。借贷记账法的试算平衡包括账户发生额试算平衡及余额的试算平衡。

1. 发生额试算平衡

平衡公式:

全部账户借方发生额合计=全部账户贷方发生额合计

理论依据:借贷记账法的记账规则。

2. 余额试算平衡

平衡公式:

全部账户借方余额合计=全部账户贷方余额合计

理论依据:

资产=负债+所有者权益

试算平衡工作是通过编制试算平衡表来完成的,其结构如表 4-2 所示。试算平衡表是通过借贷金额是否平衡来检查账户记录是否正确。通过试算平衡表,若借贷不平衡,则肯定账户记录有错误,应认真查找,直到实现平衡为止。如果借贷平衡,则只能推断账簿记录或计算基本正确,而并不能说明账户记录绝对正确,因为有些错误对于借贷双方的平衡并不发生影响。例如,漏记某项经济业务;重记某项经济业务;某项经济业务记错有关账户;某项经济业务在账户记录中,颠倒了记账方向;借方或贷方发生额中,偶然发生多记或少记并相互抵销,借贷仍然平衡。

【例 4-4】 承[例 4-2]和[例 4-3],编制华夏有限责任公司 2×22 年 1 月的试算平衡表(表 4-2)。

表 4-2 **总分类账发生额及余额试算平衡表** 单位:元

账户名称	期初余额		本期发生额		期末余额	
	借方	贷方	借方	贷方	借方	贷方
库存现金	1 000		6 000		7 000	
银行存款	76 000		100 000	156 000	20 000	
应收账款	80 000				80 000	
原材料	220 000		50 000		270 000	
固定资产	473 000				473 000	
短期借款		420 000				420 000
应付账款		100 000	100 000			0
应付职工薪酬		30 000				30 000
应付股利		40 000				40 000
实收资本		180 000		100 000		280 000
资本公积		80 000				80 000
合计	850 000	850 000	256 000	256 000	850 000	850 000

本章小结

本章主要学习了：会计等式包括基本会计等式、动态会计等式和扩展会计等式；复式记账法的含义、特征及理论依据；借贷记账法的记账符号、账户结构、记账规则、试算平衡等相关内容。

4-8 扫一扫练一练

本章重要概念

4-9 扫一扫练一练答案

会计等式　单式记账法　复式记账法　借贷记账法　记账符号　记账规则　会计分录　试算平衡

4-10 复式记账法发展历史之增减记账法

4-11 复式记账法发展历史之收付记账法

4-12 扫一扫看课件

第五章　制造业企业主要经济业务的核算

- 内容简介
- 学习目的和要求
- 引例
- 第一节　制造业企业主要经济业务概述
- 第二节　资金筹集业务的核算
- 第三节　供应过程业务的核算
- 第四节　生产过程业务的核算
- 第五节　销售过程业务的核算
- 第六节　财务成果形成和分配业务的核算
- 本章小结
- 本章重要概念

内容简介

本章以制造业企业主要经济业务核算为例，依次从资金筹集、供应、生产、销售以及财务成果的形成和分配这五个环节，分别介绍每个环节涉及的主要经济业务的核算。本章的重点是运用已经学习并掌握的会计账户和借贷记账法的知识，对制造业企业发生的主要经济业务进行核算。

学习目的和要求

通过本章学习，学生应理解和掌握制造业企业资金筹集业务、供应过程业务、产品生产过程业务、产品销售过程业务以及财务成果业务的具体核算内容，从而提高运用设置账户、复式记账方法处理企业各种经济业务的熟练程度。

引例　借贷记账法真的那么科学吗

王刚大学毕业后想自主创业，于是他在某市最繁华的步行街开了一家儿童服装店。王刚通过固定的供应商采购服装，并在店里销售。王刚大学学的是市场营销专业，他通过深入了解消费者的心理，服务热情、周到，所以生意很红火。

王刚每天必须要做的一件事，就是在服装店关门后，仔细清点一天收到的现金，并记在账簿上。在账簿上，他用这一天的收入减去外出采购的支出(即收支的结余)就是这一天服装店赚取的利润。

某一天，王刚销售服装收入 6 000 元，采购花费 4 000 元，王刚的记账如下：

现金收入 6 000 元

现金支出 4 000 元

后来，王刚觉得这种记法只记录钱的变化，没有记录库存服装的变化，记录不全面，存在一定的缺陷。于是，王刚就向学习会计的同学李想咨询如何将把钱和物科学、方便地统一在一起。李想告诉王刚，借贷记账法是一种科学、精妙的记账方法，我国企业、事业单位都在用借贷记账法来记账。

王刚心想，到底怎么用借贷记账法记账呢，它真的那么科学吗？为了管理好自己的服装店，王刚决定向李想认真地学习借贷记账法。

第一节 制造业企业主要经济业务概述

企业主要是通过对各种资源的组合和处理向其他单位或个人(企业的顾客)提供他们所需要的商品或服务。企业能够将最原始的投入转变为顾客所需要的商品或服务,这个转变不仅需要自然资源、人力资源,而且还需要资本。

制造业企业是生产产品的单位,其完整的生产经营过程应由供应过程、生产过程和销售过程构成。企业为了进行生产经营活动,生产出适销对路的产品,就必须拥有一定数量的经营资金,而这些经营资金都是从一定的来源渠道取得的。在生产经营过程中,经营资金被具体运用时表现为不同的占用形态,而且随着生产经营过程的不断进行,其资金形态不断转化,形成经营资金的循环与周转。

企业要从各种渠道筹集生产经营所需要的资金,其筹资的渠道主要包括接受投资人的投资和向债权人借入各种款项,完成筹资业务即接受投资或形成负债,资金筹集业务的完成意味着将资金投入企业,然后企业就可以运用筹集到的资金开展正常的经营业务,进入供、产、销过程。

企业筹集到的资金最初一般表现为货币资金形态,也可以说,货币资金形态是资金运动的起点。企业筹集到的资金先进入供应过程。供应过程是企业产品生产的准备过程,在这个过程中,企业用货币资金购买机器设备等劳动资料形成固定资产,购买原材料等劳动对象形成储备资金,为生产产品做好物资上的准备,货币资金分别转化为固定资产形态和储备资金形态。固定资产一旦购买完成将长期供企业使用,因而供应过程的主要核算内容是用货币资金(或形成结算债务)购买原材料的业务,包括支付材料价款和税款、发生采购费用、计算采购成本、材料验收入库结转成本等,完成了供应过程的核算内容,为生产产品做好了各项准备,进入生产过程。

生产过程是制造业企业经营过程的中心环节。在生产过程中,劳动者借助劳动资料对劳动对象进行加工,生产出各种各样适销对路的产品,以满足社会的需要。生产过程既是产品的制造过程,又是物化劳动和活劳动的耗费过程,即费用、成本的发生过程。从消耗或加工对象的实物形态及其变化过程看,原材料等劳动对象通过加工形成在产品,随着生产过程的不断进行,在产品终究要转化为产成品;从价值形态来看,生产过程中发生的各种耗费,形成企业的生产费用,具体而言,为生产产品要耗费材料形成材料费用,耗费活劳动形成工资及福利等费用,使用厂房、机器设备等劳动资料形成折旧费用等,生产过程中发生的这些生产费用总和构成产品的生产成本(或称制造成本)。其资金形态从固定资金、储备资金和一部分货币资金形态转化为生产资金形态,随着生产过程的不断进行,产成品生产出来并验收入库之后,其资金形态又转化为成品资金形态。生产费用的发生、归集和分配,以及完工产品生产成本的计算等就构成了生产过程核算的基本内容。

销售过程是产品价值的实现过程。在销售过程中,企业通过销售产品,并按照销售价格与购买单位办理各种款项的结算,收回货款,从而使成品资金形态转化为货币资金形态,回到了资金运动的起点状态,完成了一次资金的循环。另外,销售过程中还要发生各种诸如包装、广告等销售费用,计算并及时缴纳各种销售税金,结转销售成本,这些都属于销售过程的核算内容。

对于制造业企业而言，生产产品并销售产品是其主要的经营业务即主营业务，但还不是其全部业务，除了主营业务，制造业企业还要发生一些其他诸如销售材料、出租固定资产等业务；在对外投资活动过程中还会产生投资损益，在非营业活动中产生营业外的收支净额等，这些业务内容综合在一起，形成制造业企业的全部会计核算内容。

企业在生产经营过程中所获得的各项收入遵循配比原则抵偿了各项成本、费用之后的差额，形成企业的所得即利润。企业实现的利润，一部分要以所得税的形式上缴国家，形成国家的财政收入；另一部分即税后利润，要按照规定的程序在各有关方面进行合理的分配。如果是发生了亏损，还要按照规定的程序进行弥补。通过利润分配，一部分资金要退出企业，另一部分资金要以公积金等的形式继续参加企业的资金周转。

综合上述内容，企业在经营过程中发生的主要经济业务内容包括：①资金筹集业务；②资金循环与周转业务；③资金退出业务。制造业企业资金周转循环图如图 5-1 所示。

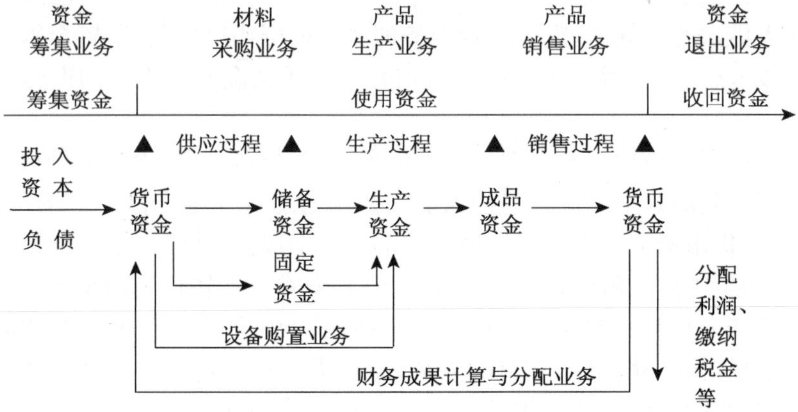

图 5-1　制造业企业资金周转循环图

第二节　资金筹集业务的核算

一个企业的生存和发展，离不开资产要素的存在，资产是企业进行生产经营活动的物质基础。对于任何一个企业而言，其资产形成的资金来源主要有两条渠道：一是投资人的投资及其增值，形成投资人的权益，该部分业务可以称为权益资金筹集业务；二是债权人的借入，形成债权人的权益，该部分业务可以称为负债资金筹集业务。制造业企业资金来源图如图 5-2 所示。

投资者将资金投入企业进而对企业资产的要求权形成企业的所有者权益，债权人将资金借给企业进而对企业资产的要求权形成企业的负债。所有者权益是指企业的所有者在企业资产中所享有的经济利益，其金额为资产减去负债后的差额。在会计上，我们一般将债权人的要求权和投资人的要求权统称为权益。但是，这两种权益又存在着一定的区别：两者性质不同、是否需要偿还和偿还期限不同、享受的权利不同、对象不同。所以两种权益在会计处理上也存在显著的差异。

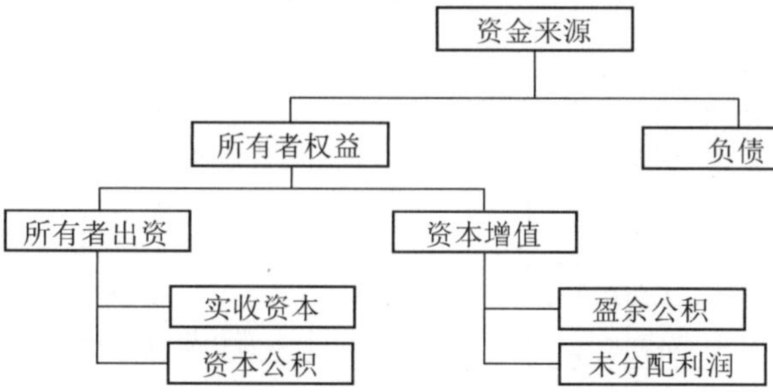

图 5-2 制造业企业资金来源图

一、所有者权益筹集资金业务的核算

企业从投资者处筹集到的资金形成企业所有者权益的重要组成部分，企业的所有者权益包括实收资本、资本公积、盈余公积和未分配利润四部分。其中，实收资本和资本公积是所有者直接投入企业的资本和资本溢价等，一般也将实收资本和资本公积称为投入资本，盈余公积和未分配利润则是企业在经营过程中所实现的利润留存于企业的部分，也称为留存收益。在本部分内容的学习中，我们将着重介绍所有者权益中的实收资本和资本公积业务的核算，盈余公积和未分配利润（即留存收益）的内容将在本章第六节中进行阐述。

（一）实收资本业务的核算

1. 实收资本的含义

5-1 视频：实收资本与注册资本

实收资本是指企业的投资者按照企业章程或合同、协议的约定，实际投入企业的资本金以及按照有关规定由资本公积、盈余公积转为资本的资金。实收资本代表着一个企业的实力，是创办企业的“本钱”，也是一个企业维持正常的经营活动、以本求利、以本负亏的最基本条件和保障，是企业独立承担民事责任的资金保证。它反映了企业的不同所有者通过投资而投入企业的外部资金来源，这部分资金是企业进行经营活动的原动力，正是有了这部分资金的投入，才有了企业的存在和发展。

需要注意的是，注册资本和实收资本是两个不同的概念。注册资本是公司的法定资本；实收资本是指公司已收缴入账的股本，只有足额缴入后，实收资本才能等于注册资本。

2. 实收资本的分类

所有者向企业投入资本，即形成企业的资本金。企业的资本金按照投资主体的不同可以分为：国家资本——企业接受国家投资而形成的资本金；法人资本——企业接受其他企业单位的投资而形成的资本金；个人资本——企业接受个人包括企业内部职工的投资而形成的资本金；外商资本——企业接受外国及我国香港、澳门、台湾地区的投资而形成的资本金。

实收资本按照投入资本不同可以分为货币资金和非货币资金。企业的资本金按照投资者投入资本的不同物质形态又可以分为接受货币资金投资、接受实物投资、接受有价证券投资和接受无形资产投资等。实收资本分类图如图 5-3 所示。

3. 实收资本核算账户的设置

为了反映实收资本的形成及其以后的变化情况，在会计核算中应设置“实收资本”账户。“实收资本”账户的性质是所有者权益类，用来核算所有者投入企业的本金变化过程及结果，

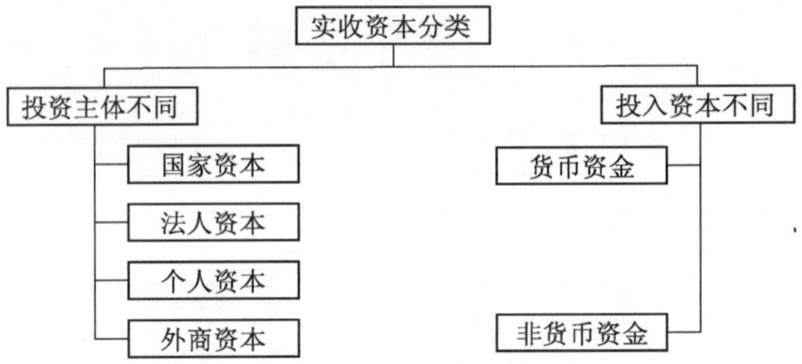

图 5-3　实收资本分类图

其贷方登记所有者投入企业资本金的增加，其借方登记所有者投入企业资本金的减少，期末余额在贷方，表示所有者投入企业资本金的结余。“实收资本”账户设置如图 5-4 所示。企业按照投资者的不同设置明细账，进行明细核算。需要说明的是，股份有限公司要设置“股本”账户，来核算投资者投入的资本。

借方　　　　实　收　资　本	贷方
所有者投入企业资本金的减少	所有者投入企业资本金的增加
	期末余额：所有者投入企业资本金的结余

图 5-4　“实收资本”账户设置示意图

4. 实收资本入账价值的确定

投入资本应当按照实际收到的投资额入账。对于收到的货币资金投资，应以实际收到的货币金额入账；对于收到的实物等其他形式投资，应以投资各方确认的价值入账。

延伸阅读 5-1

会 计 准 则

《企业会计准则第 4 号——固定资产》第十一条规定，投资者投入固定资产的成本，应当按照投资合同或协商约定的价值确定，但合同或协议不公允的除外。

相关思考 5-1

确认所有者投入资产的成本？

(1) 华夏有限责任公司接受了某投资者投入的 300 000 元银行存款，作为投资。

(2) 华夏有限责任公司接受了某投资者投入一台价值 50 000 元的设备，但双方协商入账价值 45 000 元。

相关思考解析 5-1：

(1) 投入资产的成本为 300 000 元。对于收到的货币资金投资，应以实际收到的货币资金的金额入账。

(2) 投入资产的成本为 45 000 元。对于收到的实物等其他形式的投资，应以投资各方确认的价值入账。

下面举例说明实收资本的核算。

【例 5-1】 2×21 年 12 月 16 日，华夏有限责任公司收到甲投资方投入的设备一台，价值 800 000 元，但投资合同约定价值为 500 000 元。

借：固定资产　　500 000
　　贷：实收资本——甲　　500 000

【例 5-2】 2×21 年 12 月 20 日，华夏有限责任公司收到乙投资方投入银行存款 600 000 元。

借：银行存款　　600 000
　　贷：实收资本——乙　　600 000

【例 5-3】 2×21 年 12 月 22 日，华夏有限责任公司收到丙投资方一块土地作为投资，经投资双方协商确认价值为 4 000 000 元。

借：无形资产　　4 000 000
　　贷：实收资本——丙　　4 000 000

（二）资本公积业务的核算

1. 资本公积的含义

资本公积是投资者或者他人投入企业、所有权归属投资者并且金额上超过法定资本部分的资本（即资本投入过程中形成的溢价），是企业所有者权益的重要组成部分。资本公积的主要用途就在于转增资本，即在办理增资手续后用资本公积转增股本，按股东原有股份比例发给新股或增加每股面值。

2. 资本公积核算账户的设置

为了反映和监督资本公积的增减变动及其结余情况，会计上应设置“资本公积”账户，“资本公积”账户属于所有者权益类，其贷方登记取得的资本公积即资本公积的增加数，借方登记用资本公积转增资本即资本公积的减少数，期末余额在贷方，表示资本公积的期末结余数。“资本公积”账户设置如图 5-5 所示。

借方　　资本公积	贷方
资本公积的减少	资本公积的增加
	期末余额：资本公积的结余

图 5-5 “资本公积”账户设置示意图

延伸阅读 5-2

资本公积和实收资本

资本公积从本质上讲属于投入资本的范畴，其形成的主要原因是我国采用注册资本制度，限于法律的规定而无法将资本公积直接以实收资本（或股本）的名义出现。所以，资本公积从其实质上看是一种准资本，它是资本的一种储备形式。但是，资本公积与实收资本又有一定的区别，实收资本是所有者为谋求价值增值而对公司的一种原始投入，从法律上讲属于公司的法定资本，而资本公积可以来源于投资者的额外投入，也可以来源于除了投资者的直接计入资本公积的利得和损失等。可以说，实收资本无论是在来源上，还是在金额上，都有着比较严格的限制，而不同来源形成的资本公积却归所有投资者共同享有。

下面举例说明资本公积的核算。

【例 5-4】 2×21 年 12 月 16 日，华夏有限责任公司接受某公司投资 1 500 000 元存入银行，该公司按出资比例享有华夏有限责任公司注册资本为 1 000 000 元。

借：银行存款　　1 500 000

　贷：实收资本——某公司　　1 000 000

　　　资本公积　　500 000

【例 5-5】 2×21 年 12 月 20 日，华夏有限责任公司将 500 000 元资本公积转增为资本。

借：资本公积　　500 000

　贷：实收资本　　500 000

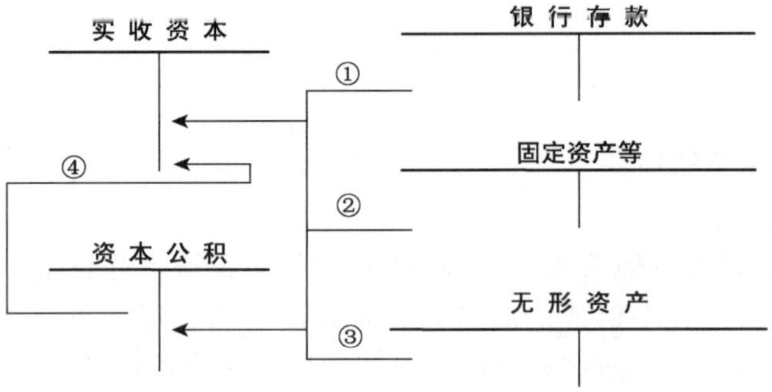

图 5-6　所有者权益筹集资金业务核算示意图

所有者权益资金筹集业务核算示意图(图 5-6)说明：①企业接受所有者投入的货币资金投资；②企业接受所有者投入的固定资产等实物投资；③企业接受所有者投入的无形资产投资；④企业将资本公积转增资本。

二、负债筹集资金业务的核算

企业从债权人那里筹集到的资金形成企业的负债，表示企业的债权人对企业资产的要求权，即债权人权益。当企业为了取得生产经营需要的资金、商品或劳务等，向银行借款或其他单位赊购材料、商品或服务时，就形成了企业同其他单位主体之间的债务关系。

负债按照其偿还期限可以分为流动负债和非流动负债。我们这里仅以流动负债中的短期借款和非流动负债中的长期借款为例介绍负债筹集资金的核算。

(一) 短期借款业务的核算

1. 短期借款的含义

短期借款是指企业为了满足其生产经营对资金的临时需要而向银行或其他金融机构等借入的偿还期限在 1 年以内(含 1 年)的各种借款。一般情况下企业取得短期借款是为了维持正常的生产经营所需的资金或者为了抵偿某项债务而借入的。

5-2 视频：短期借款的账务处理

2. 短期借款利息的确认和计量

短期借款必须按期归还本金并按时支付利息。短期借款的利息支出属于企业在经营活动过程中为筹集资金而发生的一项耗费，在会计核算中，企业应将其作为期间费用(财务费用)加以确认。短期借款利息的计算公式为：

$$短期借款利息 = 借款本金 \times 利率 \times 时间$$

延伸阅读 5-3

短期借款利息时间的确定

短期借款利息＝借款本金×利率×时间。由于按照权责发生制原则的要求，应于每月末确认当月的利息费用，因而这里的“时间”是 1 个月，利率往往都是年利率，所以应将其转化为月利率，方可计算出 1 个月的利息额，年利率除以 12 即为月利率。如果在月内的某一天取得的借款，该日作为计息的起点时间，对于借款当月和还款月则应按实际经历天数计算（不足整月），计算实际天数时要求算头不算尾，算尾不算头。在将月利率转化为日利率时，为简化起见，1 个月一般按 30 天计算，1 年按 360 天计算。

相关思考 5-2

确认短期借款利息的时间?

华夏有限责任公司 2×21 年 12 月 16 日向银行借入了 6 个月期的短期借款 100 000 元，存入银行，那么华夏有限责任公司计算 12 月份短期借款利息时，时间要算多少天呢?

相关思考解析 5-2:

算头不算尾，算尾不算头。如果 16 号这天算，31 号这天则不计算；如果 31 号这天算、16 号这天不算。所以算 15 天。

3. 短期借款核算账户的设置

对于短期借款本金和利息的核算需要设置以下账户：

（1）“短期借款”账户。“短期借款”账户属于负债类账户，核算取得借款的本金，该账户的贷方登记取得的短期借款即短期借款本金的增加，借方登记短期借款的偿还即短期借款本金的减少，期末余额在贷方，表示企业尚未偿还的短期借款的本金。短期借款应按照债权人的不同设置明细账户，并按照借款种类进行明细分类核算。“短期借款”账户设置如图 5-7 所示。

借方　　短期借款	贷方
短期借款本金的减少	短期借款本金的增加
	期末余额：尚未偿还的短期借款本金

图 5-7 “短期借款”账户设置示意图

（2）“财务费用”账户。“财务费用”账户属于损益类账户，核算发生的借款费用，该账户的借方登记发生的财务费用，贷方登记发生的应冲减财务费用的利息收入以及期末转入“本年利润”账户的财务费用净额，经过结转之后，该账户期末没有余额。“财务费用”账户应按照费用项目设置明细账户，进行明细分类核算。“财务费用”账户设置如图 5-8 所示。

借方	财 务 费 用 贷方
财务费用的增加额	财务费用的减少额或转入“本年利润”账户金额
结转后，期末无余额	

图 5-8 “财务费用”账户设置示意图

(3)“应付利息”账户。“应付利息”账户属于负债类账户，核算企业已经发生但尚未实际支付的借款利息，该账户的贷方登记预先按照一定的标准提取的应由本期负担而尚未支付的利息债务，借方登记实际支付的利息债务。期末余额在贷方，表示已经预提但尚未支付的利息债务。“应付利息”账户设置如图 5-9 所示。

借方	应 付 利 息 贷方
本期偿还的借款利息	本期增加的未付利息
	期末余额：尚未偿还的借款利息

图 5-9 “应付利息”账户设置示意图

下面举例说明短期借款的借入、计息和归还的核算。

【例 5-6】 2×21 年 4 月 15 日，华夏有限责任公司因生产经营临时性需要，向银行申请取得期限为 6 个月的借款 1 000 000 元，存入银行。

借：银行存款 1 000 000

　　贷：短期借款 1 000 000

【例 5-7】 承[例 5-6]，假如华夏有限责任公司取得借款利息年利率 6%，利息按季度结算，经计算其 4 月份应负担的利息为 2 500 元。

4 月短期借款利息＝1 000 000×15×6%÷360＝2 500(元)

借：财务费用 2 500

　　贷：应付利息 2 500

【例 5-8】 承[例 5-7]，计算华夏有限责任公司 5 月末应负担的短期借款利息。

5 月短期借款利息＝1 000 000×30×6%÷360＝5 000(元)

借：财务费用 5 000

　　贷：应付利息 5 000

6 月份短期借款利息计算和处理方法与 5 月份相同。

【例 5-9】 承[例 5-8]，华夏有限责任公司于 6 月末用银行存款 12 500 元支付本季度短期借款利息。

借：应付利息　　12 500

　　贷：银行存款　　12 500

【例 5-10】 华夏有限责任公司在 10 月 16 日用银行存款 1 002 500 元偿还到期的临时借款本金及当月利息。

10 月短期借款利息＝1 000 000×15×6%÷360＝2 500(元)

借：短期借款　　1 000 000

　　贷：银行存款　　1 000 000

借：财务费用　　2 500

　　贷：银行存款　　2 500

(同一天结算，可一个分录完成)

(二) 长期借款业务的核算

1. 长期借款的含义

长期借款是指企业向银行及其他金融机构借入的偿还期限在 1 年以上(不含 1 年)的各种借款。一般来说，企业举借长期借款，主要是为了增添大型固定资产、购置地产、增添或补充厂房等，也就是为了扩充经营规模而增加各种长期耐用的固定资产的需要。

2. 长期借款核算账户的设置

为了核算长期借款本金及利息的取得和偿还情况，需要设置"长期借款"账户。该账户的性质属于负债类，是用来核算企业从银行或其他金融机构取得的长期借款的增减变动及其结余情况的账户。其贷方登记长期借款的增加数，借方登记长期借款的减少数。期末余额在贷方，表示尚未偿还的长期借款结余。该账户应按贷款单位设置明细账户，并按贷款种类进行明细分类核算。"长期借款"账户设置如图 5-10 所示。

借方　　长期借款	贷方
长期借款本息的减少	长期借款本息的增加
	期末余额：尚未偿还的长期借款本金及利息

图 5-10 "长期借款"账户设置示意图

下面举例说明长期借款取得和偿还的核算。

【例 5-11】 华夏有限责任公司为了建造一座新的厂房，于 2×21 年 1 月 1 日向银行取得期限为 3 年的借款 3 000 000 元存入银行。

借：银行存款　　3 000 000

　　贷：长期借款　　3 000 000

【例 5-12】 承[例 5-11]，华夏有限责任公司于 2×21 年 12 月 31 日向银行全部偿还该笔借款。

借：长期借款　　3 000 000

　　贷：银行存款　　3 000 000

负债筹集资金业务核算示意图(图 5-11)说明:①企业取得借款;②企业按期计算或计提借款的利息;③企业偿还应付而未付的利息;④企业偿还借款本金。

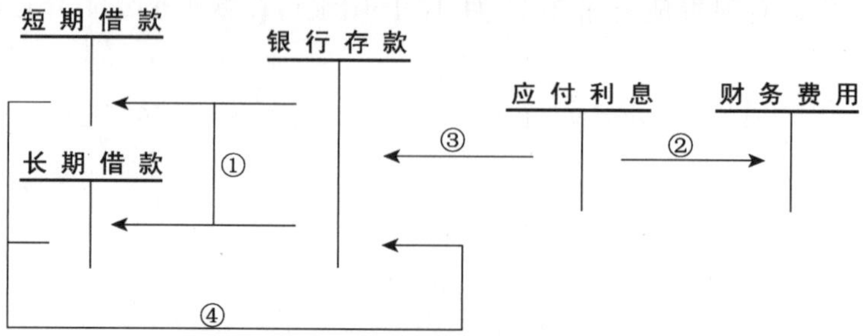

图 5-11 负债筹集资金业务核算示意图

第三节 供应过程业务的核算

供应过程是生产产品做准备的过程,为了生产产品,就需要做好多方面的物资准备工作,其中最为重要的是构建固定资产和购买原材料。

一、固定资产购置业务的核算

(一) 固定资产的含义

固定资产是指企业为生产产品、提供劳务、出租或经营管理而持有的,使用的期限超过 1 个会计年度的房屋、建筑物、机器设备、运输工具以及其他与生产、经营有关的设备、工具、器具等。

相关思考 5-3

判断下列各项是否属于企业的固定资产?

(1) 华夏有限责任公司正在生产产品的机床。

(2) 华夏有限责任公司生产的机床。

相关思考解析 5-3:

(1) 正在生产产品的机床属于企业的固定资产。

(2) 企业生产的机床属于企业的产品。

(二) 固定资产入账价值的确定

固定资产入账价值是指记入"固定资产"账户的成本金额。固定资产按照来源的不同可以分为外来的和自建的两种。固定资产应当按照取得时的实际成本入账,固定资产取得时的实际成本是指企业单位购建固定资产达到预定可使用状态前所发生的一切合理、必要的支出。一般来说,构成固定资产取得时的实际成本具体包括买价、运输费、保险费、包装费、装卸费、相关税费、安装成本等,但不包括采购人员的工资薪酬、增值税。

相关思考 5-4

固定资产的入账价值是多少?

华夏有限责任公司购入一台设备合同价款 100 000 元,同时现金支付保险费 3 000 元、运输费 2 500 元、采购人员工资 3 000 元，则该设备的入账价值是多少？

相关思考解析 5-4：

入账价值＝100 000＋3 000＋2 500＝105 500(元)

(三) 固定资产核算账户的设置

为了核算企业购买和自行建造完成固定资产价值的变动过程及结果，需要设置以下账户：

5-3 视频：固定资产的账务处理

(1)“固定资产”账户。该账户的性质属于资产类，用来核算企业固定资产取得成本的增减变动及其结余情况。该账户的借方登记固定资产取得成本的增加，贷方登记固定资产取得成本的减少，期末余额在借方，表示固定资产原价结余。注意：固定资产使用发生的磨损价值不在本账户中反映。该账户应按照固定资产的种类设置明细账户，进行明细分类核算。在使用该账户时，必须注意只有固定资产达到预定可使用状态，其取得成本已经形成，才可以记入“固定资产”账户。“固定资产”账户设置如图5-12所示。

借方　　　　固　定　资　产	贷方
固定资产取得成本的增加	固定资产取得成本的减少
期末余额：固定资产原价结余	

图 5-12 “固定资产”账户设置示意图

(2)“在建工程”账户。该账户的性质属于资产类，用来核算企业单位为进行固定资产基建、安装、技术改造以及大修理等工程而发生的全部支出(包括安装设备的价值)，并据以计算确定各该工程成本的账户。该账户的借方登记工程支出的增加，贷方登记结转完工工程的成本。期末余额在借方，表示未完工工程的成本。“在建工程”账户设置如图 5-13 所示。在构建过程中发生的全部支出，都应归集在“在建工程”账户，待工程达到预定可使用状态形成固定资产之后，方可将该工程成本从“在建工程”账户转入“固定资产”账户，注意：该账户当工程完工结转后余额应为零。“在建工程”账户应按工程内容来设置明细账户，进行明细核算。

借方　　　　在　建　工　程	贷方
工程支出的增加包括安装设备的价值	结转完工工程的成本
期末余额：未完工工程的成本	

图 5-13 “在建工程”账户设置示意图

企业购买的固定资产，有的购买完成之后当即可以投入使用，也就是当即达到预定可使用状态，因而可以当即形成固定资产；而有的固定资产，在购买之后，还需要安装方可投入使用，这两种情况在核算上是有区别的，所以在对固定资产进行核算时，一般将其区分为不需要安装的固定资产和需要安装的固定资产，分别进行处理。

以下分别举例说明企业购买不需要安装和需要安装的固定资产的核算。

【例 5-13】 华夏有限责任公司于 2×21 年 12 月 11 日购入一台不需要安装的设备，该设备买价125 000元，增值税税额16 250元，包装、运杂费2 000元，全部款项通过银行付讫，设备当即投入使用。

借：固定资产【买价＋相关费用】　　127 000
　　应交税费——应交增值税(进项税额)　(买价×13%)　　16 250
　　贷：银行存款【价税合计】　　143 250

延伸阅读5-4

增　值　税

增值税是以商品(含应税劳务)在流转过程中产生的增值额作为计税依据而征收的一种流转税。从计税原理上说，增值税是对商品生产、流通、劳务服务中多个环节的新增价值或商品的附加值征收的一种流转税。实行价外税，也就是由消费者负担，有增值才征税，没增值不征税。

一般纳税人销售货物或者提供加工、修理修配劳务、进口货物以及提供有形动产租赁服务适用的增值税税率为13%。

一般纳税人当期应纳税额＝当期销项税额－当期进项税额

销项税额是指纳税人提供应税服务按照销售额和增值税税率计算的增值税额，即销项税额＝卖价×13%。

进项税额是指纳税人购进货物或者接受加工、修理修配劳务和应税服务，支付或者负担的增值税额，即进项税额＝买价×13%。

【例5-14】　承[例5-13]，上述设备若需要安装，同日，华夏有限责任公司另以银行存款3 000元支付安装费。

(1) 设备交付安装时：

借：在建工程【买价＋相关费用】　　127 000
　　应交税费——应交增值税(进项税额)　(买价×13%)　　16 250
　　贷：银行存款　　143 250

(2) 支付安装费时：

借：在建工程　　3 000
　　贷：银行存款　　3 000

【例5-15】　承[例5-13]、[例5-14]，2×21年12月20日，上述设备安装完工，达到预定可使用状态，同日交付使用，结转完工设备的成本。

借：固定资产　　130 000
　　贷：在建工程　　130 000

二、材料采购业务的核算

企业要进行正常的产品生产经营活动，就必须购买和储备一定品种和数量的原材料，原材料是产品制造企业生产产品不可缺少的物质要素。

(一) 外购材料入账价值的确定

关于取得原材料成本的确定，不同方式取得的原材料，其成本的确定方法不同，成本构成内容也不同。其中购入的原材料，其实际采购成本由买价和采购费用构成：

（1）买价是指购货发票所注明的货款金额。

（2）采购费用是指采购过程中发生的运输费、包装费、装卸费、保险费、仓储费、入库之前发生的整理挑选费用以及按规定应计入材料采购成本中的各种税金。需要注意的是市内零星运杂费、采购人员的差旅费以及采购机构的经费、增值税等不构成材料的采购成本。

相关思考 5-5

外购的材料采购成本是多少?

（1）华夏有限责任公司从外地购买回 A 材料 1 000 千克，单价为每千克 1 元，共发生运杂费 800 元，问该批材料的采购成本是多少?

（2）华夏有限责任公司从外地购买回 A 材料 1 000 千克，单价为每千克 1 元；B 材料 1 000 千克，单价为每千克 3 元，共发生运杂费 800 元，问该批 A 材料和 B 材料的采购成本各是多少?

相关思考解析 5-5：

（1）该批材料采购成本＝1 000＋800＝1 800(元)。

（2）该批材料采购成本＝买价＋采购费用，因采购费用是 A、B 材料共同发生的，需按一定标准在 A、B 材料间分配，具体分配方法见下文。

（二）外购材料采购费用的分配

采购费用是为采购一种材料所发生的支出，则直接计入该材料的采购成本，如果采购费用是为采购几种材料共同发生的，则必须按一定的标准和方法在有关材料之间进行分配。

分配时，首先根据材料的特点确定分配的标准，一般来说可以选择的分配标准有材料的重量、体积、买价等；其次计算材料采购费用分配率；最后计算各种材料的采购费用负担额，即：

材料采购费用分配率 ＝ 共同性采购费用额 ÷ 分配标准的合计

某材料应负担的采购费用额 ＝ 采购费用分配率 × 该材料的分配标准

下面举例说明采购成本的计算。

【例 5-16】 华夏有限责任公司在一次采购中购入 A、B、C 三种材料。其中，A 材料 100 吨，单价 500 元；B 材料 200 吨，单价 100 元；C 材料 300 吨，单价 100 元；共支付运费 5 000 元，装卸费 500 元，保险费 500 元，采购费用由三种材料共同承担并按重量分配，计算 A、B、C 三种材料的采购成本。

共同性采购费用＝5 000＋500＋500＝6 000(元)

材料总重＝100＋200＋300＝600(吨)

采购费用分配率＝6 000÷600＝10(元/吨)

A 材料分配的采购费用＝100×10＝1 000(元)

B 材料分配的采购费用＝200×10＝2 000(元)

C 材料分配的采购费用＝300×10＝3 000(元)

A 材料的采购成本＝50 000＋1 000＝51 000(元)

B 材料的采购成本＝20 000＋2 000＝22 000(元)

C 材料的采购成本＝30 000＋3 000＝33 000(元)

（三）材料采购核算账户的设置

原材料在按照实际成本核算时，应设置以下几个账户：

(1)“在途物资”账户。该账户的性质属于资产类,是用来核算企业外购的尚未验收入库的各类材料实际采购成本的账户。其借方登记购入材料的买价和采购费用,贷方登记结转完成,验收入库材料的实际采购成本。期末余额在借方,表示尚未运达企业或已到达企业但尚未验收入库的在途材料的成本。“在途物资”账户设置如图 5-14 所示。注意:该账户当材料验收入库结转后余额为零。“在途物资”账户按照购入材料的品种或种类设置明细账户。

借方　　在途物资	贷方
购入材料的买价和采购费用	验收入库材料的实际采购成本
期末余额:尚未运达企业或尚未验收入库的材料的成本	

图 5-14 “在途物资”账户设置示意图

(2)“原材料”账户。该账户的性质属于资产类,是用来核算企业库存材料实际成本的增减变动及其结存情况的账户。其借方登记已验收入库材料实际成本的增加,贷方登记发出材料的实际成本(即库存材料成本的减少),期末余额在借方,表示库存材料实际成本的期末结余额。“原材料”账户应按照材料的保管地点、材料的种类或类别设置明细账户,进行明细分类核算。“原材料”账户设置如图 5-15 所示。

借方　　原材料	贷方
已验收入库材料实际成本的增加	发出材料的实际成本
期末余额:库存材料实际成本结余	

图 5-15 “原材料”账户设置示意图

(3)“应付账款”账户。该账户的性质属于负债类,是用来核算企业单位因购买材料物资、接受劳务供应而与供应单位发生的结算债务的增减变动及其结余情况的账户。其贷方登记应付供应单位款项(买价、税金和代垫运杂费等)的增加,借方登记应付供应单位款项的减少(即偿还),期末余额一般在贷方,表示尚未偿还的应付款的结余额。该账户应按照供应单位的名称设置明细账户,进行明细分类核算。“应付账款”账户设置如图 5-16 所示。

借方　　应付账款	贷方
应付供应单位款项的减少	应付供应单位款项的增加
	期末余额:尚未偿还的应付款的结余

图 5-16 “应付账款”账户设置示意图

(4)“预付账款”账户。该账户的性质属于资产类,是用来核算企业按照合同规定向供应单位预付购料款而与供应单位发生的结算债权的增减变动及其结余情况的账户。其借方登记结算债权的增加即预付款的增加,贷方登记收到供应单位提供的材料物资而应冲销的预付款债权(即预付款的减少),期末余额一般在借方,表示尚未结算的预付款的结余额。该账户应按照供应单位的名称设置明细账户,进行明细分类核算。“预付账款”账户设置如图 5-17 所示。

借方　　　预 付 账 款	贷方
预付供应单位款项的增加	冲销预付供应单位款项
期末余额:尚未结算的预付款的结余	

图 5-17 “预付账款”账户设置示意图

(5)“应交税费”账户。该账户的性质属于负债类,是用来核算企业按税法规定应缴纳的各种税款(印花税等不需要预计税额的税种除外)的计算与实际缴纳情况的账户。其贷方登记计算出的各种应交而未交税费的增加,包括计算出的增值税、消费税、城市维护建设税、所得税、资源税等,借方登记实际缴纳的各种税费,包括支付的增值税进项税额。其期末余额方向不固定,如果在贷方,表示未交税费的结余额;如果在借方,表示多交的税费,“应交税费”账户应按照税种设置明细账户,进行明细分类核算。“应交税费”账户设置如图 5-18 所示。

借方　　　应 交 税 费	贷方
实际缴纳的各种税费包括支付的增值税进项税额	计算出的各种应交而未交税费包括计算出的增值税
期末余额:多交的税费	期末余额:未交的税费

图 5-18 “应交税费”账户设置示意图

下面举例说明原材料的核算。

【例 5-17】 2×21 年 12 月 1 日,华夏有限责任公司向友谊工厂购进材料一批,材料尚未验收入库,全部款项已用银行存款支付:其中,甲材料 12 吨,单价 150 元,货款总计 1 800 元,增值税额 234 元;乙材料 400 吨,单价 20 元,货款总计8 000 元,增值税额1 040 元。

借:在途物资——甲材料	1 800	
——乙材料	8 000	
应交税费——应交增值税(进项税额)	1 274	
贷:银行存款		11 074

【例 5-18】 承[例 5-17],2×21 年 12 月 4 日,华夏有限责任公司用银行存款支付上述购入甲、乙材料的运杂费 4 120 元,按材料重量比例分配。

采购费用分配率＝4 120÷412＝10(元/吨)

甲材料分配的采购费用＝12×10＝120(元)

乙材料分配的采购费用＝400×10＝4 000(元)

借：在途物资——甲材料	120	
——乙材料	4 000	
贷：银行存款		4 120

【例 5-19】 承[例 5-16]、[例 5-17]，2×21 年 12 月 10 日，华夏有限责任公司购入的甲、乙材料运抵仓库，结转入库材料成本。

借：原材料——甲材料	1 920	
——乙材料	12 000	
贷：在途物资——甲材料		1 920
——乙材料		12 000

【例 5-20】 2×21 年 12 月 14 日，华夏有限责任公司向胜利公司购入丙材料一批，价税合计数为 3 390 元，材料已验收入库，货款尚未支付。

借：原材料——丙材料	3 000	
应交税费——应交增值税(进项税额)	390	
贷：应付账款——胜利公司		3 390

【例 5-21】 2×21 年 12 月 17 日，华夏有限责任公司向利和公司预付购货款 56 500 元。

借：预付账款——利和公司	56 500	
贷：银行存款		56 500

相关思考 5-6

利和公司发货时华夏有限责任公司应该如何做账务处理？

2×21 年 12 月 17 日，华夏有限责任公司向利和公司预付购货款 56 500 元。

(1) 21 日，利和公司发来了 50 000 元的货物。

(2) 21 日，利和公司发来了 60 000 元的货物。

(3) 21 日，利和公司发来了 40 000 元的货物。

相关思考解析 5-6：

(1) 借：在途物资	50 000	
应交税费——应交增值税(进项税额)	6 500	
贷：预付账款		56 500
(2) 借：在途物资	60 000	
应交税费——应交增值税(进项税额)	7 800	
贷：预付账款		67 800
(3) 借：在途物资	40 000	
应交税费——应交增值税(进项税额)	5 200	
贷：预付账款		45 200

供应过程业务核算示意图(图 5-19)说明：①企业购入原材料和设备(当即付款和赊购)；②结转入库材料的成本；③结转安装完工设备的成本。

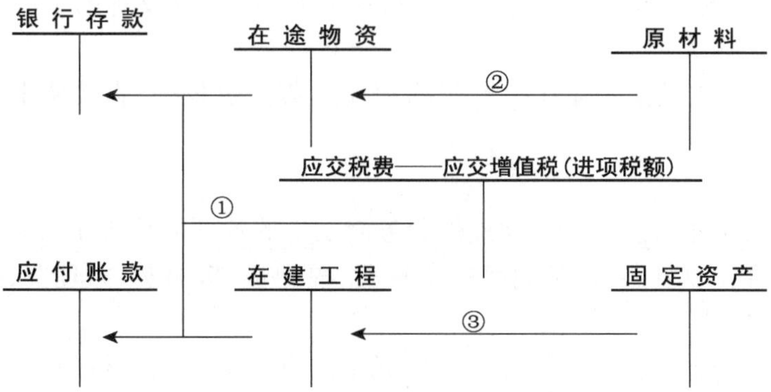

图 5-19　供应过程业务核算示意图

第四节　生产过程业务的核算

制造业企业的主要经济活动是生产符合社会需要的产品，产品的生产过程同时也是生产的耗费过程。企业在生产经营过程中发生的各项耗费，是企业为获得收入而预先垫支并需要得到补偿的资金耗费，因而也是收入形成、实现的必要条件。

相关思考 5-7

判断下列各项商品成本应该由哪些要素构成？

(1) 某商场销售的海尔牌冰箱的成本。

(2) 海尔公司生产的海尔牌冰箱的成本。

相关思考解析 5-7：

(1) 某商场销售冰箱的成本可称之为商品成本，应由进价及相关费用构成。

(2) 公司生产的冰箱成本可称之为生产成本，具体构成见下文。

一、生产过程业务概述

企业要生产产品就要发生各种生产耗费，包括生产资料中的劳动手段(如机器设备)和劳动对象(如原材料)的耗费，以及劳动力等方面的耗费。

(一) 生产费用的含义

生产费用是指制造业企业在生产过程中发生的、用货币额表现的生产耗费。这些费用最终都要归集、分配到一定种类的产品上去，从而形成各种产品的成本。也就是说，企业为生产一定种类、一定数量产品所支出的各种生产费用的总和对象化于产品就形成了这些产品的成本。

(二) 生产费用的构成

生产费用按其计入产品成本的方式的不同，可以分为直接费用和间接费用。

1. 直接费用

直接费用是指企业生产产品过程中实际消耗的直接材料和直接人工。

(1) 直接材料。它是指企业在生产产品和提供劳务的过程中所消耗的、直接用于产品

5-4 视频：生产费用的构成

生产，构成产品实体的各种原材料及主要材料、外购半成品以及有助于产品形成的辅助材料等。

(2) 直接人工。它是指企业在生产产品和提供劳务过程中，直接从事产品生产的工人工资、津贴、补贴等。

2. 间接费用

间接费用是指企业为生产产品和提供劳务而发生的各项间接支出，也称为制造费用，制造费用其构成内容比较复杂，包括间接的工资费、福利费、折旧费、修理费、办公费、水电费、机物料消耗、季节性停工损失等。

上述各个项目是生产费用按其计入产品成本的方式的不同进行的分类，在会计上我们一般将其称为成本项目。

二、生产过程业务的核算

(一) 生产过程核算账户的设置

为了归集产品生产过程中所发生的各项费用，正确计算产品成本，应设置以下账户：

(1)“生产成本”账户，该账户的性质属于成本类，是用来归集和分配产品生产过程中所发生的各项生产费用，正确地计算产品生产成本的账户。其借方登记应计入产品生产成本的各项费用，包括直接计入产品生产成本的直接材料费、直接人工费和其他直接支出，以及期末按照一定的方法分配计入产品生产成本的制造费用；贷方登记结转完工入库产成品的生产成本。期末如有余额在借方，表示尚未完工的产品（在产品）的成本即生产资金的占用额。该账户应按产品种类或类别设置明细账户，进行明细分类核算。“生产成本”账户设置如图 5-20 所示。

借方　　　　生产成本	贷方
发生的生产费用： ①直接材料 ②直接人工 ③分配的制造费用	结转完工入库产成品的生产成本
期末余额：尚未完工产品（在产品）的成本	

图 5-20 “生产成本”账户设置示意图

(2)“制造费用”账户，该账户的性质属于成本类，是用来归集和分配企业生产车间为组织和管理产品的生产活动而发生的各项间接生产费用的账户，包括车间范围内发生的间接工资（车间管理人员的工资）及福利费、折旧费、修理费、办公费、水电费、机物料消耗等。其借方登记实际发生的各项制造费用，贷方登记期末经分配转入“生产成本”账户借方应计入产品生产成本的制造费用额。期末在费用结转后该账户一般没有余额。该账户应按不同车间设置明细账户，按照费用项目设置专栏进行明细分类核算。“制造费用”账户设置如图 5-21 所示。

借方	制造费用	贷方
归集车间内发生的各项间接费用		期末分配转入“生产成本”账户的制造费用
结转后，期末无余额		

图 5-21 “制造费用”账户设置示意图

(3)“应付职工薪酬”账户，该账户的性质属于负债类，用来核算企业应付给职工各种薪酬总额与实际发放情况，并反映和监督企业与职工薪酬的结算情况。该账户的贷方登记本月计算的应付职工薪酬总额，包括各种工资、奖金、津贴和福利费等；借方登记本月实际支付的职工薪酬数额。月末余额在贷方，表示本月应付职工薪酬大于实付职工薪酬的数额，即应付而未付的职工薪酬。“应付职工薪酬”账户可以按照“工资”“职工福利”“社会保险”“住房公积金”等进行明细核算。“应付职工薪酬”账户设置如图 5-22 所示。

借方	应付职工薪酬	贷方
实际支付的职工薪酬数额		本月计算的应付职工薪酬总额
		期末余额：应付而未付的职工薪酬

图 5-22 “应付职工薪酬”账户设置示意图

(4)“管理费用”账户，该账户的性质属于损益类，用来核算企业为组织和管理生产经营活动所发生的各项费用，包括企业在筹建期间内发生的开办费、董事会费和行政管理部门在企业的经营管理中发生的应由企业统一负担的公司经费、工会经费、董事会费、聘请中介机构费、咨询费、诉讼费、业务招待费、研究费、排污费等。其借方登记发生的各项管理费用，贷方登记期末转入“本年利润”账户的管理费用，经过结转之后，本账户期末没有余额。管理费用账户应按照费用项目设置明细账中的专栏，进行明细分类核算。“管理费用”账户设置如图 5-23 所示。

借方	管理费用	贷方
发生的各项管理费用		管理费用的减少额或转入“本年利润”账户金额
结转后，期末无余额		

图 5-23 “管理费用”账户设置示意图

(5)“累计折旧”账户，该账户的性质是资产类，用来核算企业固定资产因磨损而减少的价值。由于管理的需要，“固定资产”账户要始终反映企业现有固定资产的原值，其因磨损而减少的金额应通过“累计折旧”账户来核算。“累计折旧”账户是“固定资产”账户的抵减账户，累计折旧的发生是固定资产价值的减少，所以其贷方登记按月提取的折旧额即累计折旧的增加，借方登记因减少固定资产而减少的累计折旧。期末余额在贷方，表示已提折旧的累计额。该账户只进行总分类核算，不进行明细分类核算。如果要查明某项固定资产已提折旧的具体情况，可以通过固定资产卡片(台账)来了解。“累计折旧”账户设置如图 5-24 所示。

借方　　　　　　　　　　**累 计 折 旧**　　　　　　　　　　贷方

累计折旧的减少	累计折旧的增加
	期末余额:现有固定资产累计折旧

图 5-24　“累计折旧”账户设置示意图

(6)“库存商品”账户，该账户的性质是资产类，是用来核算企业库存的外购商品、自制产品(产成品)、自制半成品等的实际成本(或计划成本)的增减变动及其结余情况的账户。其借方登记验收入库商品成本的增加，包括外购、自产、委外加工等;贷方登记库存商品成本的减少(发出)，期末余额在借方，表示库存商品成本的期末结余额。“库存商品”账户应按照商品的种类、名称以及存放地点等设置明细账，进行明细分类核算。“库存商品”账户设置如图 5-25 所示。

借方　　　　　　　　　　**库 存 商 品**　　　　　　　　　　贷方

验收入库商品成本的增加	库存商品成本的减少
期末余额:结存的库存商品成本	

图 5-25　“库存商品”账户设置示意图

(二) 生产过程的具体核算

1. 材料费用的归集和分配

企业在生产活动中耗用的材料费用，是由会计部门在月末，根据领退料等各种原始凭证，按照材料的用途进行归集，编制发出材料汇总表。根据编制好的发出材料汇总表，采用适当的分配方法，将消耗的各项材料费用分配计入各有关产品成本计算单中的“直接材料”成本项目。然后根据编制的发出材料汇总表编制相应的会计分录。

下面举例说明材料费用归集和分配的核算。

【例 5-22】　2×21 年 12 月 31 日，华夏有限责任公司发出材料汇总表如表 5-1 所示。

表 5-1　　　　发出材料汇总表　　　　金额单位:元

领料部门和用途	A 材料		B 材料		金额合计
	数量(千克)	金额	数量(千克)	金额	
生产产品耗用:					
甲产品耗用	10 000	80 000	20 000	40 000	120 000
乙产品耗用	6 000	48 000	4 000	8 000	56 000
车间一般耗用	200	1 600			1 600
管理部门耗用			800	1 600	1 600
合计	16 200	129 600	24 800	49 600	179 200

借:生产成本——甲产品　　120 000
　　　　　——乙产品　　56 000
　制造费用　　1 600
　管理费用　　1 600
　贷:原材料——A 材料　　129 600
　　　　　——B 材料　　49 600

2. 人工费用的归集和分配

企业人工费用的归集和分配主要通过编制工资结算汇总表和工资费用分配表来完成。由会计部门在月末,根据各种原始凭证,按照工资的用途进行归集,在工资结算汇总表中登记各岗位职工工资薪酬具体金额。根据编制好的工资结算汇总表,采用适当的分配方法,将计算的工资费用分配计入各有关产品成本计算单中的"直接人工"成本项目。通过归集和分配之后,根据分配的结果编制工资费用分配表,然后根据工资结算汇总表和工资费用分配表编制会计分录。

下面举例说明人工费用的归集和分配的核算。

【例 5-23】 2×21 年 12 月 31 日,华夏有限责任公司工资结算汇总表如表 5-2 所示。工资费用分配表如表 5-3 所示。

表 5-2　　　　工资结算汇总表　　　　单位:元

部门名称	基本工资	岗位工资	应发金额
生产工人	100 000	60 000	160 000
车间管理人员	30 000	15 000	45 000
管理部门	120 000	84 000	204 000
合计	250 000	159 000	409 000

表 5-3　　　　工资费用分配表　　　　金额单位:元

分配对象			工资			工资费用合计
会计科目		成本费用项目	生产工时	分配率	分配金额	
生产成本	甲产品	直接工资	10 000		100 000	100 000
	乙产品	直接工资	6 000		60 000	60 000
	小计		16 000	10	160 000	160 000

（续表）

分配对象			工资			工资费用合计
会计科目		成本费用项目	生产工时	分配率	分配金额	
制造费用		工资			45 000	45 000
管理费用		工资			204 000	204 000
合计					160 000	409 000

注：生产甲乙产品工人工资分配率＝160 000÷16 000＝10。

借：生产成本——甲产品　　100 000
　　　　　　——乙产品　　60 000
　　制造费用　　45 000
　　管理费用　　204 000
　　贷：应付职工薪酬　　409 000

【例 5-24】 2×21 年 12 月 31 日，华夏有限责任公司开出现金支票，从银行提取现金 409 000 元，以备发放工资。

借：库存现金　　409 000
　　贷：银行存款　　409 000

【例 5-25】 2×21 年 12 月 31 日，华夏有限责任公司用现金 409 000 元，发放工资。

借：应付职工薪酬　　409 000
　　贷：库存现金　　409 000

3. 制造费用的归集和分配

制造费用是指企业为生产产品和提供劳务而发生的各项间接费用，包括生产车间发生的机物料消耗，管理人员的工资、福利费等职工薪酬，折旧费，办公费，水电费，季节性的停工损失等。制造费用属于应计入产品成本但不专设成本项目的各项成本。

（1）制造费用的归集。制造费用归集应当通过“制造费用”账户进行。该账户应按不同车间设置明细账户，按照费用项目设置专栏进行明细分类核算。应当根据有关付款凭证、转账凭证和前述各种成本分配表借记“制造费用”账户，贷记“原材料”“应付职工薪酬”“累计折旧”“银行存款”等账户。

下面举例说明制造费用归集的核算。

【例 5-26】 2×21 年 12 月 31 日，华夏有限责任公司按照固定资产原价规定的折旧率，计算本月应计提的固定资产折旧额为 4 100 元，其中，车间 3 400 元，管理部门 700 元。

借：制造费用　　3 400
　　管理费用　　700
　　贷：累计折旧　　4 100

【例 5-27】 2×21 年 12 月 31 日，华夏有限责任公司以银行存款支付本月的水电费 5 000 元，其中，车间 4 000 元，管理部门 1 000 元。

借：制造费用　　4 000
　　管理费用　　1 000
　　贷：银行存款　　5 000

（2）制造费用的分配。生产过程中发生的制造费用在平时发生时归集到“制造费用”账户，月末通过适当的分配方法，根据制造费用分配表将归集的制造费用分配计入生产产品的成本中，即转入“生产成本”账户，然后根据制造费用分配表编制会计分录。

企业发生的制造费用属于间接费用，所以需要采用一定的标准在各种产品之间进行合理分配，常用的分配标准有生产工人工时比例、生产工人工资比例、机器工时比例、耗用原材料的数量比例等。

$$\text{制造费用的分配率}=\frac{\text{制造费用的总和}}{\text{分配标准之和}}$$

$$\text{某产品应分配的制造费用}=\text{某产品标准}\times\text{分配率}$$

下面举例说明制造费用分配的核算。

【例 5-28】 2×21 年 12 月 31 日，华夏有限责任公司本月制造费用共计 13 500元，编制的制造费用分配表如表 5-4 所示，根据该表将制造费用分配计入相关产品成本。

表 5-4　**制造费用分配表**　金额单位：元

项目	定额工时（小时）	制 造 费 用	
		分配率	分配金额
甲产品	600	10	6 000
乙产品	750	10	7 500
合计	1 350		13 500

借：生产成本——甲产品　　6 000
　　　　　　——乙产品　　7 500
　贷：制造费用　　13 500

4. 完工产品生产成本的计算和结转

（1）完工产品生产成本的计算。在将制造费用分配由各种产品成本负担之后，“生产成本”账户的借方归集了各种产品所发生的直接材料、直接人工、其他直接支出和制造费用的全部内容。在此基础上，就可以进行产品成本的计算。产品生产成本的计算应在生产成本明细账中进行。

如果月末不存在未完工产品的情况下，各种产品生产成本明细账所归集的费用总额，就是该种完工产品的总成本，用完工产品总成本除以该种产品的完工总产量即可计算出该种产品的单位成本。

如果月末存在未完工产品的情况下，各种产品生产成本明细账所归集的费用总额需要采取适当的分配方法在完工产品和在产品之间进行分配，然后根据完工产品的总成本来计算单位成本。

$$\text{完工产品成本}=\text{期初在产品成本}+\text{本期发生的生产费用}-\text{期末在产品成本}$$

（2）完工产品生产成本的结转。在计算出当期完工产品成本后，对验收入库的产成品，应结转成本。根据计算的完工产品成本，应编制产品成本计算单，将完工产品的生产成本从“生产成本”账户的贷方，转入“库存商品”账户的借方。

下面举例说明完工产品成本结转的核算。

【例 5-29】 2×21 年 12 月 31 日，华夏有限责任公司的完工产品成本计算单如表 5-5 所示。

表 5-5 **完工产品成本计算单** 金额单位：元

成本项目	甲产品	乙产品
直接材料	60 000	2 800
直接人工	50 000	30 000
制造费用	3 000	3 750
合计	113 000	36 550
产量	1 000	500
单位成本	113	73.1

借：库存商品——甲产品　　113 000
　　　　　——乙产品　　36 550
　贷：生产成本——甲产品　　113 000
　　　　　　——乙产品　　36 550

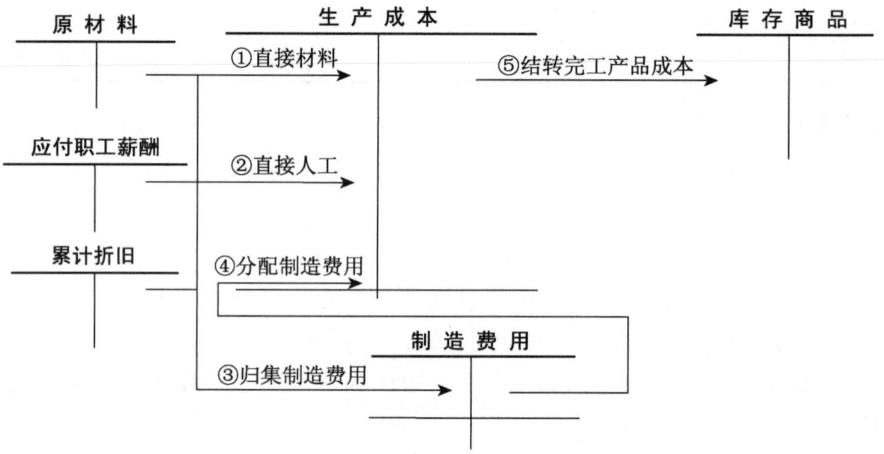

图 5-26 生产过程业务核算示意图

生产过程业务核算示意图(图 5-26)说明：①企业生产产品领用材料；②企业计算生产产品工人的工资；③归集制造费用(车间一般耗用原材料、车间管理人员工资、车间固定资产折旧)；④分配制造费用；⑤结转完工产品成本。

第五节 销售过程业务的核算

企业经过了产品生产过程，生产出符合要求、可供对外销售的产品，形成了存货，接下来就要进入销售过程。通过销售过程，将生产出来的产品销售出去，实现它们的价值。销售过程是企业经营过程的最后一个阶段。

一、销售过程业务概述

产品制造企业在销售过程中，通过销售产品，按照销售价格收取产品价款，形成商品销售收入，在销售过程中结转的商品销售成本，以及发生的运输、包装、广告等销售费用，按照国家税法的规定计算缴纳的各种销售税金等都应该从销售收入中得到补偿，补偿之后的差额即为企业销售商品的业务成果即利润或亏损。

企业在销售过程中除了发生销售商品、自制半成品以及提供工业性劳务等业务即主营业务，还可能发生一些其他业务如销售材料、出租包装物、出租固定资产等，所以，我们在这一节中主要介绍企业主营业务收支和其他业务收支的核算内容。

二、销售过程业务核算账户的设置

1.“主营业务收入”账户

该账户的性质是损益类，是用来核算企业销售商品和提供工业性劳务所实现的收入的账户。其贷方登记企业实现的主营业务收入即主营业务收入的增加，借方登记发生销售退回和销售折让时应冲减本期的主营业务收入和期末转入“本年利润”账户的主营业务收入额（按净额结转），结转后该账户月末应没有余额。“主营业务收入”账户应按照主营业务的种类设置明细账，进行明细分类核算。“主营业务收入”账户设置如图5-27所示。

借方　　　　　　主营业务收入	贷方
主营业务收入的减少或转入“本年利润”账户的净收入	主营业务收入的增加
	结转后，期末无余额

图 5-27 “主营业务收入”账户设置示意图

2.“主营业务成本”账户

该账户的性质是损益类，是用来核算企业主营业务而发生的实际成本及其结转情况的账户。其借方登记主营业务发生的实际成本，贷方登记期末转入“本年利润”账户的主营业务成本。经过结转之后，该账户期末没有余额。“主营业务成本”账户应按照主营业务的种类设置明细账户，进行明细分类核算。“主营业务成本”账户设置如图 5-28 所示。

借方　　　　　　主营业务成本	贷方
主营业务发生的实际成本	转入“本年利润”账户的主营业务成本
结转后，期末无余额	

图 5-28 “主营业务成本”账户设置示意图

3."税金及附加"账户

该账户的性质是损益类,是用来核算企业经营主要业务(包括销售商品、提供劳务等)而应由主营业务和附营业务负担的各种税金及附加的计算及其结转情况的账户。其借方登记按照有关的计税依据计算出的各种税金及附加额,贷方登记期末转入"本年利润"账户的税金及附加额。经过结转之后,该账户期末没有余额。"税金及附加"账户设置如图 5-29 所示。

借方 税金及附加	贷方
计算出的各种税金及附加额	转入"本年利润"账户的税金及附加额
结转后,期末无余额	

图 5-29 "税金及附加"账户设置示意图

4."销售费用"账户

该账户的性质是损益类,是用来核算企业在销售商品产品过程中发生的各项销售费用及其结转情况的账户。其借方登记发生的各项销售费用,贷方登记期末转入"本年利润"账户的销售费用,经结转后,该账户期末没有余额。"销售费用"账户应按照费用项目设置明细账户,进行明细分类核算。"销售费用"账户设置如图 5-30 所示。

借方 销售费用	贷方
发生的各项销售费用	销售费用的减少额或转入"本年利润"账户金额
结转后,期末无余额	

图 5-30 "销售费用"账户设置示意图

5."其他业务收入"账户

该账户的性质是损益类,是用来核算企业除了主营业务的其他业务收入的实现及其结转情况的账户。其贷方登记其他业务收入的实现即增加,借方登记期末转入"本年利润"账户的其他业务收入额,经过结转之后,期末没有余额。本账户应按照其他业务的种类设置明细账户,进行明细分类核算。"其他业务收入"账户设置如图 5-31 所示。

借方 其他业务收入	贷方
其他业务收入的减少或转入"本年利润"账户的净收入	其他业务收入的增加
	结转后,期末无余额

图 5-31 "其他业务收入"账户设置示意图

6.“其他业务成本”账户

该账户的性质属于损益类，是用来核算企业除了主营业务的其他业务支出的发生及其转销情况的账户。其借方登记其他业务支出包括材料销售成本、提供劳务的成本费用即其他业务支出的增加，贷方登记期末转入“本年利润”账户的其他业务支出额，经过结转后，期末没有余额。本账户应按照其他业务的种类设置明细账户，进行明细分类核算。“其他业务成本”账户设置如图 5-32 所示。

借方　　　　　　　　　　**其他业务成本**　　　　　　　　　　贷方

借方	贷方
其他业务发生的实际成本	转入“本年利润”账户的其他业务成本
结转后，期末无余额	

图 5-32　“其他业务成本”账户设置示意图

7.“应收账款”账户

该账户的性质是资产类，是用来核算因销售商品和提供劳务等而应向购货单位或接受劳务单位收取货款的结算情况（结算债权）的账户，代购买单位垫付的各种款项也在该账户中核算。其借方登记由于销售商品以及提供劳务等而发生的应收账款（即应收账款的增加），包括应收取的价款、税款和代垫款等，贷方登记已经收回的应收账款（即应收账款的减少）。期末余额如在借方，表示尚未收回的应收账款。该账户应按不同的购货单位或接受劳务单位设置明细账户，进行明细分类核算。“应收账款”账户设置如图 5-33 所示。

借方　　　　　　　　　　**应 收 账 款**　　　　　　　　　　贷方

借方	贷方
应收账款的增加	应收账款的减少
期末余额：尚未收回的应收账款	

图 5-33　“应收账款”账户设置示意图

8.“预收账款”账户

该账户的性质是负债类，用来核算企业按照合同的规定预收购买单位订货款的增减变动及其结余情况。其贷方登记预收购买单位订货款的增加，借方登记销售实现时冲减的预收货款。期末余额如在贷方，表示企业预收款的结余。本账户应按照购货单位设置明细账户，进行明细分类核算。“预收账款”账户设置如图 5-34 所示。

借方　　　　　　　　　　**预 收 账 款**　　　　　　　　　　贷方

借方	贷方
冲销预收的购买单位的款项	预收购买单位款项的增加
	期末余额：尚未结算的预收款的结余

图 5-34　“预收账款”账户设置示意图

下面举例说明主营业务收支和其他业务收支以及其他相关款项结算的核算。

【例 5-30】 2×21 年 12 月 5 日，华夏有限责任公司向东明公司销售甲产品 80 台，每台售价 600 元，价款共计 48 000 元，增值税额 6 240 元，产品已发出，货款收到，存入银行。

借：银行存款 （价税合计） 54 240
　　贷：主营业务收入——甲产品 （卖价） 48 000
　　　　应交税费——应交增值税（销项税额） （卖价×13%） 6 240

5-5 视频：主营业务收入的账务处理

【例 5-31】 2×21 年 12 月 8 日，华夏有限责任公司销售给大明商场甲产品 500 台，单价 600 元，发票注明货款 300 000 元，增值税额 39 000 元，合计 339 000 元，货已发出，货款尚未收到。

借：应收账款——大明商场 339 000
　　贷：主营业务收入——甲产品 300 000
　　　　应交税费——应交增值税（销项税额） 39 000

【例 5-32】 2×21 年 12 月 14 日，华夏有限责任公司收到大明商场归还的款项 339 000 元。

借：银行存款 339 000
　　贷：应收账款——大明商场 339 000

【例 5-33】 2×21 年 12 月 16 日，华夏有限责任公司向东方工厂销售乙产品，价税合计 16 950 元，款项尚未收到。

借：应收账款——东方工厂 16 950
　　贷：主营业务收入——乙产品 15 000
　　　　应交税费——应交增值税（销项税额） 1 950

【例 5-34】 2×21 年 12 月 20 日，华夏有限责任公司收到正大公司预付的购货款 113 000 元，存入银行。

借：银行存款 113 000
　　贷：预收账款 113 000

相关思考 5-8

华夏有限责任公司日后发货时，应该如何做账务处理？

2×21 年 12 月 20 日，华夏有限责任公司收到正大公司预付的购货款 113 000 元，存入银行。

(1) 23 日，华夏有限责任公司发出了 100 000 元的货物。

(2) 23 日，华夏有限责任公司发出了 90 000 元的货物。

(3) 23 日，华夏有限责任公司发出了 120 000 元的货物。

相关思考解析 5-8：

(1) 借：预收账款 113 000
　　　贷：主营业务收入 100 000
　　　　　应交税费——应交增值税（销项税额） 13 000

(2) 借：预收账款 101 700
　　　贷：主营业务收入 90 000
　　　　　应交税费——应交增值税（销项税额） 11 700

(3) 借：预收账款　135 600
　　贷：主营业务收入　120 000
　　　　应交税费——应交增值税(销项税额)　15 600

【例 5-35】 2×21 年 12 月 20 日，华夏有限责任公司用银行存款支付销售产品的广告费 20 000 元。

借：销售费用——广告费　20 000
　　贷：银行存款　20 000

【例 5-36】 2×21 年 12 月 30 日，华夏有限责任公司结转本月已销售的甲、乙产品的销售成本。其中甲产品 20 000 元，乙产品 8 000 元。

借：主营业务成本——甲产品　20 000
　　　　　　　　——乙产品　8 000
　　贷：库存商品——甲产品　20 000
　　　　　　　　——乙产品　8 000

【例 5-37】 2×21 年 12 月 30 日，华夏有限责任公司根据规定计算本月应缴纳的城市维护建设税 2 884 元，教育费附加 1 236 元。

借：税金及附加　4 120
　　贷：应交税费——应交城市维护建设税　2 884
　　　　　　　　——应交教育费附加　1 236

【例 5-38】 2×21 年 12 月 30 日，华夏有限责任公司出售多余 A 材料一批，售价 20 000 元，增值税税率 13%，材料已发出，款项已存入银行。

借：银行存款　22 600
　　贷：其他业务收入——A 材料　20 000
　　　　应交税费——应交增值税(销项税额)　2 600

【例 5-39】 2×21 年 12 月 30 日，华夏有限责任公司出售多余 A 材料成本为12 000 元，结转材料的销售成本。

借：其他业务成本——A 材料　12 000
　　贷：原材料——A 材料　12 000

销售过程业务核算示意图(图 5-35)说明：①销售商品及原材料(当即收款和赊销)；②结转销售商品的成本；③结转销售原材料的成本。

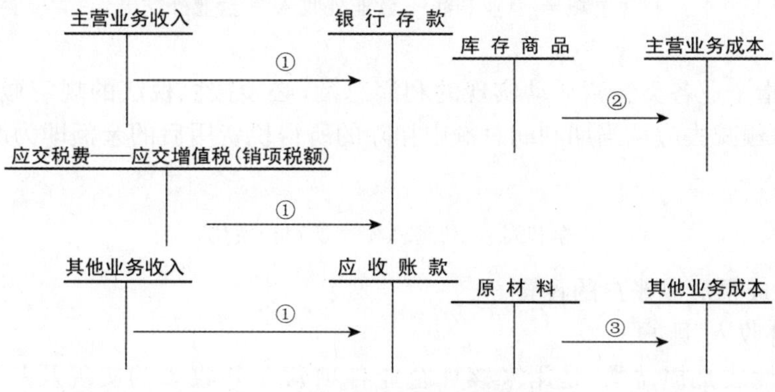

图 5-35 销售过程业务核算示意图

第六节 财务成果形成和分配业务的核算

财务成果是指企业在一定会计期间所实现的最终经营成果，也就是企业所实现的利润或亏损总额。利润是按照配比原则的要求，将一定时期内的收入与费用进行因果配比和期间配比而产生的结果，收入大于费用支出的差额部分为利润；反之，则为亏损。利润是综合反映企业在一定时期生产经营成果的重要指标，因此获取利润就成为企业生产经营的主要目的之一。一个企业的获利与否，不仅关系到企业的稳定发展和职工生活水平的提高问题，而且也会影响到社会的积累与发展。

一、财务成果形成的核算

利润是一个综合指标，它综合了企业在经营过程中的所费与所得，因而对于利润的确认与计量，是以企业生产经营活动过程中所实现的收入和发生的费用的确认与计量为基础，同时还要包括通过投资活动而获得的投资收益，以及与生产经营活动没有直接关系的营业外收支等。由此可见，反映企业财务成果的利润，就其构成内容来看，既有通过生产经营活动而获得的，也有通过投资活动而获得的，还有那些与生产经营活动没有直接关系的各项利得和损失等。

（一）利润的构成

1. 营业利润

营业利润是指企业日常经营活动所产生的利润，是企业利润总额和净利润的主要来源。

营业利润 = 营业收入 − 营业成本 − 税金及附加 − 销售费用 − 管理费用 − 研发费用 − 财务费用 + 其他收益 + 投资收益(− 投资损失) + 净敞口套期收益(− 净敞口套期损失) + 公允价值变动收益(− 公允价值变动损失) − 信用减值损失 − 资产减值损失 + 资产处置收益(− 资产处置损失)

其中：
营业收入 = 主营业务收入 + 其他业务收入
营业成本 = 主营业务成本 + 其他业务成本

2. 利润总额

利润总额是指企业通过日常的经营活动实现的营业利润，再加减营业外收支，即为企业的利润总额或亏损总额。

利润总额 = 营业利润 + 营业外收入 − 营业外支出

3. 净利润

净利润是指企业各类经营活动实现的利润总额，必须按照税法的规定缴纳所得税。所以，企业利润总额减去应从当期利润总额中扣除的所得税费用后的余额即为净利润，也称为税后利润。

净利润 = 利润总额 − 所得税费用

（二）财务成果形成账户的设置

1. “营业外收入”账户

该账户的性质是损益类，是用来核算企业各项营业外收入的实现及其结转情况的账户。其贷方登记营业外收入的实现即营业外收入的增加，借方登记会计期末转入“本年利润”账户的营业外收入，经过结转之后，该账户期末没有余额。“营业外收入”账户应按照收入的具体项目设置明细账户，进行明细分类核算。“营业外收入”账户设置如图 5-36 所示。

借方	营业外收入	贷方
转入“本年利润”账户的金额	营业外收入的增加	
	结转后，期末无余额	

图 5-36 “营业外收入”账户设置示意图

2.“营业外支出”账户

该账户的性质是损益类，是用来核算企业各项营业外支出的发生及其转销情况的账户。其借方登记营业外支出的发生即营业外支出的增加，贷方登记期末转入“本年利润”账户的营业外支出，经过结转之后，期末没有余额。“营业外支出”账户应按照支出的具体项目设置明细账户，进行明细分类核算。“营业外支出”账户设置如图 5-37 所示。

借方	营业外支出	贷方
营业外支出的增加	转入“本年利润”账户的金额	
结转后，期末无余额		

图 5-37 “营业外支出”账户设置示意图

3.“所得税费用”账户

5-6 营业外收入和营业外支出

该账户的性质是损益类，是用来核算企业按照有关规定应在当期损益中扣除的所得税费用的计算及其结转情况的账户。其借方登记按照应纳税所得额计算出的所得税费用额，贷方登记期末转入“本年利润”账户的所得税费用额，经过结转之后，该账户期末没有余额。“所得税费用”账户设置如图 5-38 所示。

借方	所得税费用	贷方
计算出的所得税费用	转入“本年利润”账户的金额	
结转后，期末无余额		

图 5-38 “所得税费用”账户设置示意图

延伸阅读 5-5

所 得 税

所得税是企业按照税法的有关规定，对企业某一经营年度实现的经营所得和其他所得，按照规定的所得税税率计算缴纳的一种税款。所得税是企业使用政府所提供的各种服务而向政府履行的应尽的义务。

企业的所得税通常是按年计算，分期预交，年末汇算清缴的，其计算公式为：

$$所得税额 = 应纳税所得额 \times 所得税税率$$

$$应纳税所得额 = 利润总额 \pm 所得税前利润中予以调整的项目$$

公式中的所得税前利润中予以调整的项目包括纳税调整增加项目和纳税调整减少项目两部分。纳税调整增加项目主要包括税法规定允许扣除项目，企业已计入当期费用但超过税法规定扣除标准的金额，如超过税法规定标准的工资支出、业务招待费支出、税收罚款滞纳金、捐赠支出等；纳税调整减少项目主要包括按税法规定允许弥补的亏损和准予免税的项目，如 5 年内未弥补完的亏损、国债的利息收入等。

由于纳税调整项目的内容比较复杂，在本课程中，为了简化核算，我们一般假设纳税调整项目为零，因而就可以以会计上的利润总额为基础计算所得税额。企业的所得税税率通常为 25%。其计算公式为：

$$应纳所得税额 = 利润总额 \times 所得税税率$$

4. “本年利润”账户

该账户的性质是所有者权益类，是用来核算企业一定时期内净利润的形成或亏损的发生情况的账户。其贷方登记会计期末转入的各项收入，包括主营业务收入、其他业务收入、公允价值变动收益、营业外收入和投资净收益等，借方登记会计期末转入的各项支出，包括主营业务成本、税金及附加、其他业务成本、资产减值损失、信用减值损失、公允价值变动损失、管理费用、财务费用、销售费用、营业外支出、投资净损失和所得税费用等。该账户年内期末余额如果在贷方，表示实现的累计净利润，如果在借方，表示累计发生的亏损。年末应将该账户的余额转入“利润分配”账户，经过结转之后，该账户年末没有余额。“本年利润”账户设置如图 5-39 所示。

借方　　本 年 利 润	贷方
期末转入的各项支出	期末转入的各项收入
累计发生的亏损	累计净利润

结转后，期末无余额

图 5-39　“本年利润”账户设置示意图

下面举例说明期间费用的核算。

【例 5-40】　2×21 年 12 月 20 日，华夏有限责任公司管理部门员工张某出差，预借差旅费 3 000 元，以现金支票给付。

借：其他应收款——张某	3 000	
贷：银行存款		3 000

【例 5-41】 2×21 年 12 月 23 日，张某出差归来报销差旅费 2 600 元，退回现金 400 元。

借：管理费用　　2 600
　　库存现金　　400
　　贷：其他应收款——张某　　3 000

下面举例说明营业外收支的核算。

【例 5-42】 2×21 年 12 月 25 日，华夏有限责任公司收到利和公司合同违约罚款 30 000 元，存入银行。

借：银行存款　　30 000
　　贷：营业外收入　　30 000

【例 5-43】 2×21 年 12 月 25 日，华夏有限责任公司通过银行存款转账 50 000元捐赠给希望小学。

借：营业外支出　　50 000
　　贷：银行存款　　50 000

下面举例说明利润总额形成的核算。

【例 5-44】 2×21 年 12 月 31 日，华夏有限责任公司有关损益类账户发生额分别为：主营业务收入 2 274 000 元、其他业务收入 134 000 元、营业外收入164 080元、主营业务成本 1 526 400元、其他业务成本 25 680 元、管理费用 395 690 元、财务费用 2 500 元、销售费用 46 810元、营业外支出 20 000 元。编制期末结转的会计分录。

5-7 视频：结转损益的账务处理

结转收入类账户：

借：主营业务收入　　2 274 000
　　其他业务收入　　134 000
　　营业外收入　　164 080
　　贷：本年利润　　2 572 080

结转费用类账户：

借：本年利润　　2 017 080
　　贷：主营业务成本　　1 526 400
　　　　其他业务成本　　25 680
　　　　管理费用　　395 690
　　　　财务费用　　2 500
　　　　销售费用　　46 810
　　　　营业外支出　　20 000

利润总额＝2 572 080－2 017 080＝555 000(元)

下面举例说明所得税费用的核算。

【例 5-45】 2×21 年 12 月 31 日，华夏有限责任公司适用的所得税税率为 25％，计算当期应缴纳的所得税。

应交所得税＝555 000×25％＝138 750(元)

借：所得税费用　　138 750
　　贷：应交税费——应交所得税　　138 750

【例 5-46】 2×21 年 12 月 31 日，华夏有限责任公司开出支票，缴纳当期所得税。

借：应交税费——应交所得税　　138 750
　　贷：银行存款　　138 750

下面举例说明净利润形成的核算。

【例 5-47】 结转当期的所得税费用。

借：本年利润　　138 750
　　贷：所得税费用　　138 750

结转后，所得税账户余额为零，净利润（税后利润）＝555 000－138 750＝416 250（元）。

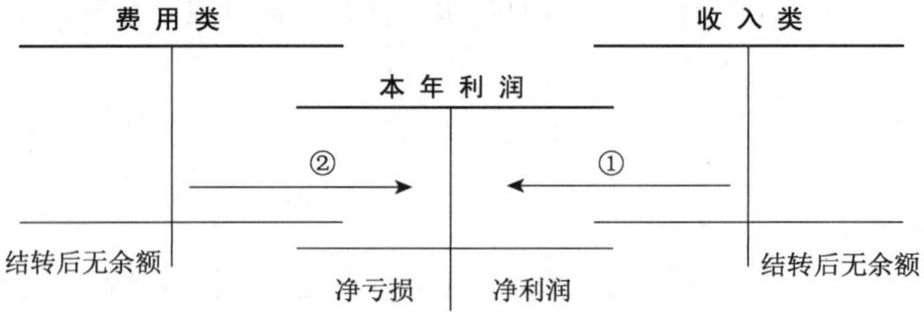

图 5-40 财务成果形成核算示意图

财务成果形成核算示意图（图 5-40）说明：①期末结转收入类账户；②期末结转费用类账户。

二、财务成果分配的核算

财务成果的分配即利润的分配，就是企业根据董事会或类似权力机构提请股东大会或类似批准机构批准的，对企业可供分配利润指定其特定用途和分配给投资者的行为。

（一）利润分配的顺序

企业实现的净利润，应按照国家的规定和投资者的决议进行合理的分配。企业净利润的分配涉及各个方面的利益关系，包括投资人、企业以及企业内部职工的经济利益，所以必须遵循兼顾投资人利益、企业利益以及企业职工利益的原则对净利润进行分配。根据《中华人民共和国公司法》等有关法规的规定，企业当年实现的净利润，首先应弥补以前年度尚未弥补的亏损，对于剩余部分，应按照下列顺序进行分配：

（1）提取法定盈余公积。法定盈余公积应按照本年实现净利润的一定比例提取，公司法规定公司制企业按净利润的 10％提取；其他企业可以根据需要确定提取比例，但不得低于 10％。企业提取的法定盈余公积累计额超过注册资本 50％以上的，可以不再提取。

（2）提取任意盈余公积。公司从税后利润中提取法定公积后，经股东会或者股东大会决议，还可以从税后利润中提取任意公积。非公司制企业经类似权力机构批准，也可提取任意盈余公积。

（3）向投资者分配利润或股利。企业实现的净利润在扣除上述项目后，再加上年初未分配利润和其他转入数（公积金弥补的亏损等），形成可供投资者分配的利润。

利润经过上述分配之后，剩余的部分为企业的未分配利润（或未弥补亏损），未分配利润是企业留待以后年度进行分配的利润或等待分配的利润，它是所有者权益的一个重要组成部分。相对于所有者权益的其他部分来说，企业对于未分配利润的使用分配有较大的自主权。

5-8 思政课堂：未分配利润的税务风险

（二）财务成果分配账户的设置

为了核算企业利润分配的具体过程及结果，全面贯彻企业利润分配政策，以便于更好地进行利润分配业务的核算，需要设置以下几个账户。

1.“利润分配”账户

该账户的性质是所有者权益类，是用来核算企业一定时期内净利润的分配或亏损的弥补以及历年结存的未分配利润（或未弥补亏损）情况的账户。其借方登记实际分配的利润额，包括提取的盈余公积和分配给投资人的利润以及年末从“本年利润”账户转入的全年累计亏损额；贷方登记年末从“本年利润”账户转入的全年实现的净利润。年内期末余额如果在借方，表示已分配的利润，年末余额如果在借方，表示未弥补的亏损；期末余额如果在贷方，表示未分配利润。“利润分配”账户设置如图 5-41 所示。

借方　利润分配	贷方
年末转入的净亏损 实际分配的利润额： ①提取的盈余公积 ②向投资者分配的股利	从“本年利润”账户转入的净利润
年内余额：已分配的利润 年末余额：未弥补的亏损	未分配利润

图 5-41 “利润分配”账户设置示意图

2.“盈余公积”账户

该账户的性质是所有者权益类，是用来核算企业从税后利润中提取的盈余公积包括法定盈余公积、任意盈余公积的增减变动及其结余情况的账户。其贷方登记提取的盈余公积即盈余公积的增加，借方登记实际使用的盈余公积即盈余公积的减少。期末余额在贷方，表示结余的盈余公积。“盈余公积”账户应设置“法定盈余公积”“任意盈余公积”明细账户。“盈余公积”账户设置如图 5-42 所示。

借方　盈余公积	贷方
盈余公积的减少	盈余公积的增加
	期末余额：结余的盈余公积

图 5-42 “盈余公积”账户设置示意图

3.“应付股利”账户

该账户的性质是负债类，是用来核算企业按照董事会或股东大会决议分配给投资者股利（现金股利）或利润的增减变动及其结余情况的账户。其贷方登记应付给投资者股利（现金股利）或利润的增加，借方登记实际支付给投资者的股利（现金股利）或利润，即应付股利的减少。期末余额在贷方，表示尚未支付的股利（现金股利）或利润。这里需要注意的是企业分配给投资者的股票股利不在本账户核算。“应付股利”账户设置如图 5-43 所示。

借方　　应付股利	贷方
应付股利的减少	应付股利的增加
	期末余额：尚未支付的股利

图 5-43　“应付股利”账户设置示意图

下面举例说明利润分配业务的核算。

【例 5-48】　2×21 年 12 月 31 日，经计算华夏有限责任公司本年实现的净利润为 416 250元，结转本期实现的净利润。

借：本年利润　　416 250
　　贷：利润分配　　416 250

【例 5-49】　2×21 年 12 月 31 日，华夏有限责任公司按净利润的 10%提取法定盈余公积。

借：利润分配　　41 625
　　贷：盈余公积——法定盈余公积　　41 625

【例 5-50】　2×21 年 12 月 31 日，华夏有限责任公司经股东大会决议，向投资者分配 50 000 元现金股利。

借：利润分配　　50 000
　　贷：应付股利　　50 000

期末未分配利润＝416 250－41 625－50 000＝324 625(元)

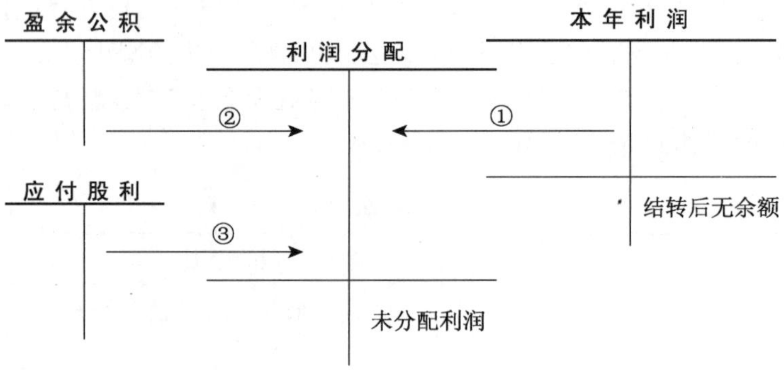

图 5-44　财务成果分配核算示意图

财务成果分配核算示意图(图 5-44)说明：①期末结转“本年利润”账户；②计提盈余公积；③分配现金股利。

本章小结

本章主要学习了：制造业企业依次从资金筹集、供应、生产、销售以及财务成果的形成和分配这五个环节所涉及的主要账户及相关的会计核算。

本章重要概念

实收资本　生产成本　制造费用　管理费用　财务费用　营业外收入　本年利润　利润分配

5-9 扫一扫看课件

第六章　账户的分类

➤ 内容简介
➤ 学习目的和要求
➤ 引例
➤ 第一节　账户分类的意义
➤ 第二节　账户按经济内容分类
➤ 第三节　账户按用途和结构分类
➤ 第四节　账户按与会计报表的关系分类
➤ 本章小结
➤ 本章重要概念

内容简介

本章主要介绍了账户分类的意义、账户按经济内容分类、账户按用途和结构分类等内容。

学习目的和要求

通过本章学习，学生应通过研究账户的分类，加深对这些账户内在联系的深刻认识；应明确各个账户在整个账户体系中的地位和作用，进一步提高运用账户处理各种经济业务的能力。

引例　你能帮助李冰吗

李冰是一名会计学专业大一的新生。在初学会计时，他总是有几个问题搞不清楚，于是他想找个同学来咨询一下：

(1) 账户与科目是不是一回事？

(2) 账户结构是否与不同的记账方法有关系？

(3) 对于同一个账户来说，期末余额是不是永远固定在一方？

(4) 每一个账户是不是都反映一种具体的经济业务？

你可以回答李冰提出的问题吗？

第一节　账户分类的意义

一、账户分类的目的

为了满足会计信息使用者使用会计信息的需求，需要运用会计科目在账簿中开设一系列的账户。每一个账户都有其特定的核算内容，只能运用于特定的经济业务的核算，只能对某项经济业务中某一方面的会计数据进行分类记录，只从某一个侧面来反映会计要素的变化及其结果。一个账户一般不能用其他账户来替代，每个账户都有它独特的经济性质、用途和结构。正因为这样，每个账户才有区别于其他账户的特征。但我们知道，就某一个会计要素而言，它不是孤立存在的，它与自身同要素的对应账户或其他五个会计要素中的对应账户是不可分割的统一体。六大会计要素之间虽有区别，但联系密切，无论是在静止状态还是在运动状态，会计要素内部或相互之间都存在着联系。对六大会计要素的科学核算，能提供完整而有体系的会计信息。因此，作为反映各种会计要素手段的账户之间，也必然不是相互孤立的，它们之间必然相互依存、互为条件，它们的增减变动在数量金额上是互相关联的关系。也就是说，账户之间存在着某种共性。账户的整体集合，构成一个完整的有机体系。只有完整地运用这个体系，才能反映和监督会计对象的全部内容。为了正确地设置和运用账户，就需要从理论上进一步认识各个账户的经济内容、用途结构及其在整个账户体系中的地位和作用。在了解各账户特性的基础上，了解各账户的共性和相互之间的联系，掌握各账户在提供核算指标方面的规律性。会计应按账户的共性有机地进行分类，以进一步了解各账户的具体内容，明确和掌握各账户之间的内在联系与区别，掌握账户的使用方法，正确地设置和运用账户，进而满足会计信息使用者的信息需求。

二、账户分类的作用

具体来说，科学地进行账户分类，具有以下作用。

（一）便于设置完整的账户体系，全面反映企业经营活动和资金运动情况

由于各单位的经营活动的特点不同，资金运动的内容不同，所涉及的账户体系也就不同。要想有效地反映和监督单位的经营活动，就要从本单位经营活动的特点出发，选择能够反映本单位经营活动的账户体系。它要求会计工作者必须了解不同类型的企业单位应该设置哪些具体的账户，它们反映的具体经济内容是什么，这些账户之间应该建立什么样的相互关系，又能提供什么样的核算资料。只有这样，才能选择并建立适合本单位的账户体系，使它们能全面、系统地记录本单位的经济活动过程和结果，为会计信息使用者提供所需的信息。

（二）便于设计会计账簿的格式

在单位内部会计管理中，由于不同经营活动各具其特点，对不同性质的会计要素的信息披露方式是不一样的。例如，对于一般的有形资产的增减变动以及结余额，不仅要向有关管理当局披露有关金额方面的信息，而且还应适当地披露有关实物量方面的信息；对于像负债和所有者权益类的会计要素，只需要披露有关时间和金额方面的信息就可以了；另外，对于一些费用类要素，不仅要反映费用的总额，还要按项目反映费用构成的详细情况。上述不同的会计信息，要通过账户在会计账簿中体现出来。对于既要提供金额又要提供实物方面信息的账户，在相应的会计账簿格式设计时，应设置和运用“数量金额式”账页格式；对于只要披露有关时间和金额方面信息的账户，在相应的会计账簿格式设计时，应设置和运用“三栏式”账页格式；对于不仅要反映费用的总额，还要反映费用的构成的详细情况方面信息的账户，在相应的会计账簿格式设计时，应设置和运用“多栏式”账页格式。会计账户的设置，应考虑便于设计会计账簿格式的问题。

（三）便于编制会计报表

会计六要素的增减变动过程及其结果，最终要以会计报表的形式反映出来。编制会计报表所需的相关数据资料是由各个相应的账户提供的。不同的会计报表，反映的经济内容不同，其相关数据资料的来源也不相同。为了及时、正确地编制会计报表，要根据特定会计报表所反映的经济内容，确定编制每张会计报表所需的数据资料是来自哪些账户，这些账户能提供什么样的会计信息。例如，资产负债表是用来反映某一时点上的财务状

况的，是对某一时点上企业现存经济资源及其来源的说明。它的数据资料由资产、负债和所有者权益三类账户提供。若不能确定为编制会计报表提供数据资料的账户，就不能正确编制会计报表。因此，掌握账户分类及账户的经济内容、用途和结构，有利于编制会计报表。

第二节 账户按经济内容分类

一、账户按经济内容分类的意义

账户的经济内容是指账户所反映的会计对象的具体内容，按账户的经济内容对账户进行分类，就是按账户所反映的会计对象的具体内容对账户进行分类。在借贷记账法下，不同会计对象增减变动的记账方向是不同的，不同的会计对象有不同的账户结构和用途。明确了账户的经济内容，就为明确账户的用途、结构打下了一个好的基础。另外，不同的会计报表，包含不同的会计要素。明确了账户的经济内容，就能正确掌握会计账户和相应会计报表之间的关系。因此，通过对账户按经济内容的分类，可以更好地运用借贷记账法，确切地了解每类和每个账户具体应核算和监督的内容，设置出适应本单位经营管理需要的、科学完整的账户体系，同时为学习账户的其他分类打下基础。

二、账户按经济内容的分类

（一）资产类账户

6-1 视频：资产类账户

资产类账户是核算企业各种资产增减变动及结余额的账户。资产按流动性不同，可以分为流动资产和非流动资产两类，因而资产类账户也可以分为反映流动资产的账户和反映非流动资产的账户两类。反映流动资产的账户有“库存现金”“银行存款”“应收账款”“其他应收款”“原材料”和“库存商品”账户等，反映非流动资产的账户有“长期股权投资”“债权投资”“固定资产”“累计折旧”“无形资产”和“长期待摊费用”账户等。

（二）负债类账户

负债类账户是核算企业各种负债增减变动及结余额的账户。按照负债的还款期不同，负债类账户可以分为核算流动负债的账户和核算非流动负债的账户两类。核算流动负债的账户有“短期借款”“应付账款”“其他应付款”“应付职工薪酬”“应交税费”和“应付股利”账户等，核算非流动负债的账户有“长期借款”“应付债券”和“长期应付款”账户等。

（三）所有者权益类账户

所有者权益类账户是核算企业所有者权益增减变动及结余额的账户。按照所有者权益的来源和构成，所有者权益类账户分为核算所有者原始投资的账户、核算经营积累的账户和核算所有者权益其他来源的账户三类。核算所有者原始投资的账户有“实收资本”账户等，核算经营积累的账户有“盈余公积”账户等，核算所有者权益其他来源的账户有“资本公积”账户等。

（四）成本类账户

成本类账户是用来反映企业存货在取得或形成的过程中，其成本归集和计算过程的账户。成本类账户按照是否需要分配，可以分为直接计入类成本账户和分配计入类成本账户两类。直接计入类成本账户主要有“生产成本”账户，分配计入类成本账户主要有“制造费用”账户。

（五）收入类账户

这里的收入是指广义的收入。收入类账户是核算企业在生产经营过程中所取得的各种经济利益的账户。按照收入的不同性质和内容，收入类账户可以分为核算营业收入的账户和核算非营业收入的账户两类。核算营业收入的账户有“主营业务收入”“其他业务收入”账户等，核算非营业收入的账户有“营业外收入”“投资收益”账户等。

（六）费用类账户

这里的费用是指广义的费用。费用类账户是核算企业在生产经营过程中发生的各种费用支出的账户。按照费用的不同性质和内容，费用类账户又可以分为核算经营费用的账户和核算非经营费用的账户两类。核算经营费用的账户有“主营业务成本”“税金及附加”“其他业务成本”“管理费用”“销售费用”“财务费用”和“所得税费用”账户等，核算非经营费用的账户有“营业外支出”账户等。

（七）利润类账户

利润类账户是核算利润的形成和分配情况的账户，可分为核算利润形成情况的账户和核算利润分配情况的账户两类。核算利润形成情况的账户有“本年利润”账户，核算利润分配情况的账户有“利润分配”账户。

账户按经济内容分类示意图如图 6-1 所示。

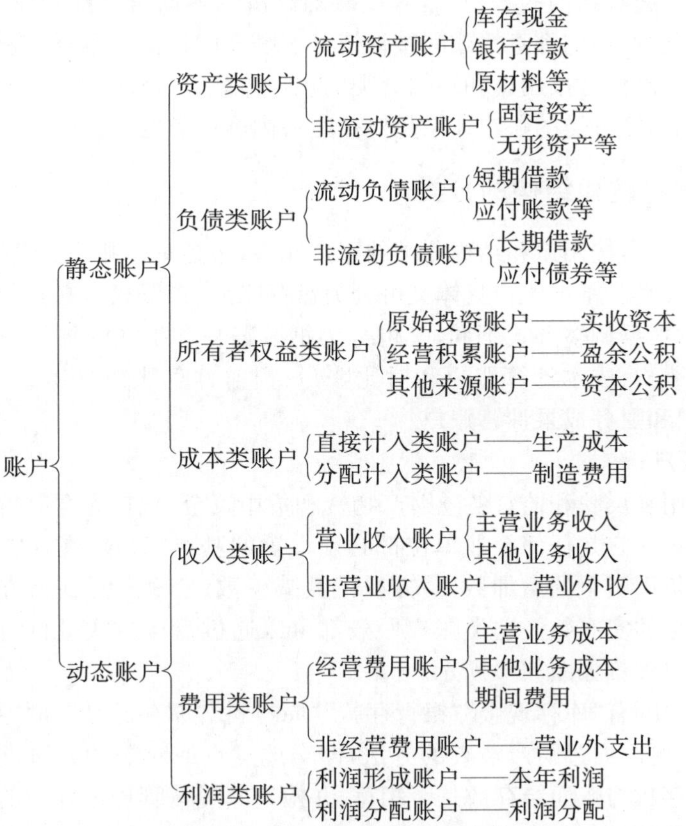

图 6-1　账户按经济内容分类示意图

第三节 账户按用途和结构分类

一、账户按用途和结构分类的意义

账户按经济内容分类,可以使我们了解完整的账户体系包括哪些账户,各类账户所核算的会计对象的具体内容是什么。这对于正确区分账户的经济性质,合理地设置和运用账户,以满足经营管理的需要具有重要意义。但是仅按经济内容对账户进行分类,还不能使我们了解各种账户的作用,以及它们是如何向会计信息的使用者提供所需的信息。为了运用账户来记录经济业务,掌握账户在提供核算指标方面的规律性,就需要在按经济内容分类的基础上,进一步研究账户按用途和结构的分类。

账户的用途是指设置和运用账户的目的是什么,通过账户记录能够提供什么核算指标。账户的结构是指在账户中如何记录经济业务,以取得各种必要的核算指标。

企业错综复杂的经济活动所涉及的会计数据资料都需要通过账户来加以记录和反映,而每一个账户都是根据经营管理和对外报告会计信息的需要而设置的,都有其特定的用途和结构。因而按账户的用途和结构分类的账户体系与按经济内容分类的账户体系,就可能不完全一致。一方面,按经济内容归为一类的账户,可能具有不同的用途和结构;另一方面,具有相同或相似用途和结构的账户,就其反映的经济内容而言可能归属于不同的类别。因此,尽管账户的用途和结构都直接或间接地依存于账户的经济内容,但按账户的经济内容分类的账户体系并不能代替按用途和结构分类的账户体系。按经济内容分类是账户的基本分类方法,按用途和结构分类的账户体系是对按经济内容分类的账户体系的必要补充。

二、账户按用途和结构的分类

6-2 视频:账户两种分类方法的比较

在借贷记账法下,按用途和结构分类的账户体系,包括基本账户、调整账户、成本账户和损益计算账户四大类。基本账户具体又可分为盘存账户、投资权益账户、结算账户和跨期摊配账户;调整账户根据调整方式不同,又可分为抵减账户和抵减附加账户;成本账户具体又可分为集合分配账户、成本计算账户和对比账户;损益计算账户具体又可分为收入计算账户、费用计算账户和财务成果计算账户。

(一) 盘存账户

盘存账户是用来反映和监督各项财产物资和货币资金(包括库存有价证券)的增减变动及其实有数的账户。它是任何企业单位都必须设置的基本账户。在这类账户中,借方登记各项财产物资和货币资金的增加数,贷方登记其减少数;余额总是在借方,表示期末各项财产物资和货币资金的实有数。这类账户一般都可以通过盘点方式进行清查,核对账实是否相符。盘存类账户设置如图 6-2 所示。

属于盘存账户的有“库存现金”“银行存款”“原材料”“库存商品”“固定资产”账户等。盘存账户的特点是:可以通过财产清查的方法,即实地盘点或对账的方法,核对货币资金和实物资产的实际结存数与账面结存数是否相符,并检查其经营管理上存在的问题。除了“库存现金”和“银行存款”账户,其他盘存账户普遍运用数量金额式等明细分类账,可以提供实物和价值两种指标。

盘存类账户

借方	贷方
期初余额:财产物资或货币资金的期初实有数	
本期发生额:财产物资或货币资金的增加数	本期发生额:财产物资或货币资金的减少数
期末余额:财产物资或货币资金的期末实有数	

图 6-2　盘存类账户设置示意图

(二) 投资权益账户

投资权益账户是用来反映和监督投资者投资的增减变动及其实有额的账户。它是任何企业单位都必须设置的基本账户。在这类账户中,贷方登记投资者投资的增加数或其他所有者权益的增加额,借方登记投资者投资的减少数或其他所有者权益的抵减额,其余额若在贷方,表示投资者权益的实有数额;没有余额或其余额若在借方,在有限责任公司的企业组织形式下,表示投资者的权益已降至零。投资权益类账户设置如图 6-3 所示。

投资权益类账户

借方	贷方
	期初余额:所有者权益期初余额
本期发生额:所有者权益的减少额	本期发生额:所有者权益的增加额
	期末余额:所有者权益期末余额

图 6-3　投资权益类账户设置示意图

属于投资权益账户的有“实收资本”“资本公积”“盈余公积”账户等。

资本公积一般包括资本溢价或股本溢价等原因形成的公积金,资本公积产生的根本原因在于维持投资者的原有股权结构,是资本的非经营性积累;盈余公积是留存收益而形成的公积金,是企业经营活动中产生的资本增值。这两部分,由于所有权属于企业的投资者,本质上是投资者对企业的一种权益性投入,因此,将“资本公积”“盈余公积”账户等归入投资权益账户。

投资权益账户的特点是:有的账户(如实收资本)应按照企业的投资者分别设置明细账户;投资权益账户只提供价值指标。

(三) 结算账户

结算账户是用来核算和监督企业与其他单位和个人之间往来账款结算业务的账户。由于结算业务性质的不同,决定了结算账户具有不同的用途和结构,结算账户按用途和结构分类,具体又可分为债权结算账户、债务结算账户和债权债务结算账户三类。

6-3 视频:债权债务关系

1. 债权结算账户

债权结算账户也称资产结算账户,是用来反映和监督企业债权的增减变动和实有数额的账户。在这类账户中,借方登记债权的增加数,贷方登记其减少数;余额在借方,表示债权的实有数。债权结算账户设置如图 6-4 所示。

借方	债权结算账户　　贷方
期初余额:债权的期初实有数	
本期发生额:债权的本期增加数	本期发生额:债权的本期减少数
期末余额:债权的期末实有数	

图 6-4　债权结算账户设置示意图

属于债权结算账户的有“应收账款”“其他应收款”“应收票据”“预付账款”账户等。

2. 债务结算账户

债务结算账户也称负债结算账户，是用来反映和监督本企业债务的增减变动和实有数额的账户。在这类账户中，贷方登记债务的增加数，借方登记其减少数；余额在贷方，表示债务的实有数。债务结算账户设置如图 6-5 所示。

借方	债务结算账户　　贷方
	期初余额:债务的期初实有数
本期发生额:债务的本期减少数	本期发生额:债务的本期增加数
	期末余额:债务的期末实有数

图 6-5　债务结算账户设置示意图

属于债务结算账户的有“应付账款”“其他应付款”“应付职工薪酬”“应交税费”“应付股利”“短期借款”“长期借款”“应付债券”和“长期应付款”账户等。

3. 债权债务结算账户

债权债务结算账户也称资产负债结算账户，是用来反映和监督本企业与其他单位或个人以及企业内部各单位相互往来结算业务的账户。由于这种相互之间往来结算业务经常发生变动，企业有时处于债权人的地位，有时则处于债务人的地位。为了能在同一账户中反映本企业与其他单位的债权债务的增减变化，借以减少会计科目的使用，简化核算手续，在借贷记账法下，可设置同时具有债权债务双重性质的结算账户，在这类账户中，借方登记债权的增加数或债务的减少数，贷方登记债务的增加数或债权的减少数，期末余额在借方，为企业债权减掉债务后的净债权；期末余额在贷方，为企业债务减掉债权后的净债务。债权债务结算账户设置如图 6-6 所示。

借方	债权债务结算账户　　贷方
期初余额:债权大于债务的期初差额数	期初余额:债务大于债权的期初差额数
本期发生额:债权的增加或债务的减少数	本期发生额:债权的减少数或债务的增加数
期末余额:净债权数	期末余额:净债务数

图 6-6　债权债务结算账户设置示意图

这类账户所属的各明细账，有时是借方余额，表示尚未收回的净债权；有时是贷方余额，表示尚未收回的净债务。所有明细账借方余额之和与贷方余额之和的差额，应同有关总账的余额相等。由于在总分类账户中，债权和债务能自动抵减，所以总分类账户的余额不能明确反映企业与其他单位债权债务的实际结余情况。这样，在编制资产负债表的有关项目时，必须根据总分类账户所属明细账的余额分析计算填列，将属于债权部分的余额列在资产负债表的资产方，将属于债务部分的余额列在资产负债表的负债和所有者权益方，以便如实反映债权债务的实际状况。

如果企业不单独设置"预收账款"账户，而用"应收账款"账户同时核算企业应收账款和预收账款的增减变动情况和结果。此时，"应收账款"账户就是一个债权债务结算账户。同理，如果企业不单独设置"预付账款"账户，而用"应付账款"账户同时核算企业应付账款和预付账款的增减变动情况和结果，则此时"应付账款"账户就是一个债权债务结算账户。

结算账户的特点是：按照结算业务的对方单位或个人，设置明细分类账户，以便及时进行结算和核对账目；结算账户只提供价值指标；结算账户要根据期末的方向来判断其性质，当余额在借方时，是债权结算账户，当余额在贷方时是债务结算账户。

相关思考 6-1

债权债务结算账户余额的计算

华夏有限责任公司 2×21 年年末有关账户期末余额如下：

"应收账款"总账借方余额 200 万元，有两个明细账：

其中：甲公司 300 万元（借方余额）

乙公司 100 万元（贷方余额）

"应付账款"总账贷方余额 500 万元，有两个明细账：

其中：丙公司 800 万元（贷方余额）

丁公司 300 万元（借方余额）

则反映在资产负债表上，应收账款余额（　）万元，预收款项余额（　）万元，应付账款（　）万元，预付款项（　）万元。

相关思考解析 6-1：

反映在资产负债表上，应收账款余额 300 万元，预收款项余额 100 万元，应付账款余额 800 万元，预付款项余额 300 万元。

（四）跨期摊配账户

跨期摊配账户是用来反映和监督应由若干个会计期间共同负担的费用，并将这些费用摊配于各个相应的会计期间的账户。企业在生产经营过程中所发生的费用，有些是应由几个会计年度共同负担的，按权责发生制原则，必须严格划分费用的归属期，把应由若干个会计年度共同负担的费用，合理地分摊到各个会计年度。为此，需要设置跨期摊配账户来实现权责发生制的要求，跨期摊配账户有"长期待摊费用"账户。该账户的借方都是用来登记跨期费用的实际支出数，贷方都是用来登记由各个会计期间负担的费用的摊配数。跨期摊配账户设置如图 6-7 所示。

借方	跨期摊配账户 贷方
期初余额:已支付但尚未摊配的待摊费用数	
本期发生额:待摊费用的增加数	本期发生额:待摊费用的减少数
期末余额:已支付但尚未摊配的待摊费用数	

图 6-7 跨期摊配账户设置示意图

跨期摊配账户的特点是:只提供价值指标。

(五) 抵减账户

抵减账户亦称备抵账户,是用来抵减相关被调整账户金额的方法以表示被调整账户的实际余额的账户。其调整可用下列公式表示:

被调整账户余额 − 备抵调整账户余额 = 被调整账户的实际余额

由于备抵账户对被调整账户的调整,实际上是对被调整账户余额的抵减,因此,被调整账户余额的方向与备抵账户的余额方向必定相反。

如果被调整账户的余额方向在借方(或贷方),则备抵账户的余额方向一定在贷方(或借方)。

"累计折旧""固定资产减值准备""坏账准备"和"存货跌价准备"等账户是较典型的抵减账户,"累计折旧""固定资产减值准备"账户是用来调整"固定资产"账户的。用"固定资产"账户的账面余额(原始价值)与"累计折旧""固定资产减值准备"账户的账面余额相抵减,可以取得有关固定资产耗损和减值方面的数据,其差额就是固定资产现有的实际价值(净额)。通过这三个账户余额的对比分析,可以了解固定资产的新旧程度、资金占用状况、减值情况和生产能力。"坏账准备"账户是用来抵减"应收账款"账户的,用"应收账款"账户的账面余额与"坏账准备"账户的账面余额相抵减,可以取得有关可收回应收账款方面的数据,其差额就是可收回的应收账款金额。"存货跌价准备"账户是用来抵减存货项目的,用存货项目的账面余额与"存货跌价准备"账户的账面余额相抵减,可以取得有关存货的实际价值方面的数据,其差额就是存货的实际价值。

"利润分配"账户也属于抵减账户。

相关思考 6-2

计算固定资产的实际价值

华夏有限责任公司 2×21 年年末有关账户期末余额如下:

固定资产总账期末余额为 800 000 元,累计折旧期末余额为 6 200 元,固定资产减值准备余额为 20 000 元,则固定资产期末的实际价值是多少?

相关思考解析 6-2:

固定资产期末实际价值=800 000−6 200−20 000=773 800(元)

(六) 抵减附加账户

抵减附加账户亦称备抵附加账户,是既用来抵减,又可用来增加被调整账户的余额,以求得被调整账户的实际余额的账户。抵减附加账户既可以作为抵减账户，又可以作为附加账户来发挥作用，兼有两种账户的功能(附加账户，是用来增加被调整账户的余额，以求得被调整账户的实际余额的账户。在实际工作中，很少设置单纯的附加账户)。这类账户在某一时刻执行的是哪种功能，取决于该账户的余额与被调整账户的余额在方向上是否一致，余额与被调整账户余额在不同方向时，它所起的是抵减作用；当其余额与被调整账户余额在相同方向时，它所起的是附加的作用。

"材料成本差异"账户就是"原材料"账户的抵减附加调整账户。当"材料成本差异"账户是借方余额时，表示实际成本大于计划成本的超支数。用"原材料"账户的借方余额加上"材料成本差异"账户的借方余额，就是材料的实际成本；当"材料成本差异"账户是贷方余额时，表示实际成本小于计划成本的节约数，用"原材料"账户的借方余额减去"材料成本差异"账户的贷方余额，其差额为材料的实际成本。

(七) 集合分配账户

集合分配账户是用来汇集和分配经营过程中某一阶段所发生的某种间接费用，借以反映和监督有关间接费用计划执行情况，以及间接费用分配情况的账户。设置这类账户，一方面可以将某一经营过程中实际发生的间接费用和计划指标进行比较，考核间接费用的超支和节约情况；另一方面也便于将这些费用摊配出去。集合分配账户，借方登记费用的发生额，贷方登记费用的分配额，在一般情况下，登记在这类账户中的费用，期末应全部分配出去，通常没有余额。集合分配账户设置如图 6-8 所示。

借方　　　　集合分配账户	贷方
本期发生额:汇集的间接费用本期发生额	本期发生额:分配到成本计算对象的间接费用
期末分配后无余额	

图 6-8　集合分配账户设置示意图

属于这类的账户有"制造费用"账户。

集合分配账户的特点是:具有明显的过渡性质，平时用它来归集那些不能直接计入某个成本计算对象的间接费用，期末将费用全部分配出去，由有关成本计算对象负担；这类账户期末费用分配后一般应无余额。

(八) 成本计算账户

成本计算账户是用来反映和监督经营过程中应计入特定成本计算对象的经营费用，并确定各成本计算对象实际成本的账户。设置和运用成本计算账户，对于正确计算材料采购、产品生产和产品销售的实际成本，考核有关成本计划的执行和完成情况具有重要的作用。成本计算账户的借方汇集应计入特定成本计算对象的全部费用(其中，一部分是在费用发生时直接计入的，另一部分是先计入集合分配账户，在会计期末通过一定的分配方法转到成本计算账户)；贷方反映转出的某一成本计算对象的实际成本。期末余额一般在借方，表示尚未完成的某一阶段成本对象的实际成本。如"生产成本"账户，借方余额表示尚未完成生产过程的在产品的实际成本。成本计算账户设置如图 6-9 所示。

借方 成本计算账户	贷方
期初余额：未转出成本计算对象的实际成本	
本期发生额：应由成本计算对象承担的费用	本期发生额：转出成本计算对象的实际成本
期末余额：未转出的成本计算对象的实际成本	

图 6-9　成本计算账户设置示意图

属于成本计算账户的有“材料采购”“生产成本”账户等。

成本计算账户的特点是：除了设置总分类账户，还应按照各个成本计算对象设置明细分类账户，并按成本项目设置专栏进行明细分类核算；既提供实物指标，又提供价值指标。

6-4 思政课堂：成本核算出失误，领导一批就辞职

（九）对比账户

对比账户是用来核算经营过程中某一阶段某项经济业务按照两种不同的计价标准进行对比，借以确定其业务成果的账户。

按计划成本进行材料日常核算的企业所设置的“材料采购”账户，就属于对比账户。该账户的借方登记材料的实际成本，贷方登记按照计划价格核算的材料的计划成本，通过借贷双方两种计价对比，可以确定材料采购业务成果。对比账户设置如图 6-10 所示。

借方 对比账户	贷方
期初余额：未入库材料的实际成本	
本期发生额：未入库材料实际成本及转入“材料成本差异”账户的节约差	本期发生额：入库材料的计划成本及转入“材料成本差异”账户的超支差
期末余额：在途材料的实际成本	

图 6-10　对比账户设置示意图

对比账户的特点是：借贷两方的计价标准不一致；期末确定业务成果转出后，该账户的借方余额是剔除了计价差异后按借方计价方式计价的资产价格。例如，“材料采购”账户的借方余额表示按实际成本计价的在途材料实际成本。

（十）收入计算账户

收入计算账户是用来反映和监督企业在一定时期（月、季或年）内所取得的各种收入和收益的账户。收入计算账户的贷方登记取得的收入和收益，借方登记收入数和收益的减少数和期末转入“本年利润”账户的收入和收益额。收入计算账户设置如图 6-11 所示。

借方 收入计算账户	贷方
本期发生额：收入和收益的减少数和期末转入“本年利润”账户的收入和收益额	本期发生额：取得的收入和收益额

图 6-11　收入计算账户设置示意图

由于当期实现的全部收入和收益都要在期末转入“本年利润”账户，所以收入计算账户期末无余额。

属于收入计算账户的有“主营业务收入”“其他业务收入”账户等。

收入计算账户的特点是：除了设置总分类账户，还应按照业务类别设置明细分类账，进行明细分类核算；收入计算账户只提供价值指标。

（十一）费用计算账户

费用计算账户是用来反映和监督企业在一定时期（月、季或年）内所发生的应计入当期损益的各项费用、成本和支出的账户。费用计算账户的借方登记费用支出的增加额，贷方登记费用支出的减少数和期末转入“本年利润”账户的费用支出数。由于当期发生的全部费用支出数都要于期末转入“本年利润”账户，所以该类账户期末无余额。费用计算账户设置如图 6-12 所示。

借方　　　　费用计算账户	贷方
本期发生额：费用支出的增加额	本期发生额：费用支出的减少数和期末转入“本年利润”账户的费用支出数

图 6-12　费用计算账户设置示意图

属于费用计算账户的有“主营业务成本”“税金及附加”“销售费用”“其他业务成本”“管理费用”“营业外支出”和“所得税费用”账户等。

费用计算账户的特点是：除了设置总分类账户，还应按业务内容、费用支出项目等设置明细分类账户，进行明细分类核算；费用计算账户只提供价值指标。

（十二）财务成果计算账户

财务成果计算账户是用来反映和监督企业在一定时期（月、季或年）内全部经营活动最终成果的账户。“本年利润”账户属于财务成果计算账户，财务成果计算账户的贷方登记期末从收入计算账户转入的各种收入和收益数，借方登记期末从费用计算账户转入的各种费用支出数。平常月份（1～11 月份），贷方余额表示企业所实现的利润数，借方余额表示企业所发生的亏损数。年终时将实现的利润或亏损转入“利润分配”账户，结转后应无余额。财务成果计算账户设置如图 6-13 所示。

借方　　　　财务成果计算账户	贷方
本期发生额：从费用计算账户转入的各种费用支出数	本期发生额：从收入计算账户转入的各种收入和收益数
期末余额：（1～11 月份）发生的亏损数	期末余额：（1～11 月份）实现的利润数
	年末无余额

图 6-13　财务成果计算账户设置示意图

财务成果计算账户的特点是：借方和贷方所登记的内容，应遵循权责发生制和配比原则。贷方所登记的各项收入、收益数与借方所登记的各项费用支出数，一方面要与相应的会计期间相配合，另一方面从事某类业务活动所得的收入与相应的成本费用相配比。也就是说，借方登记的各项费用、成本，是为取得贷方所登记的各项收入、收益而发生的；相反，贷方登记的各项收入、收益数是因为支付了借方所登记的各项费用、成本而取得的，两者在时间和受益关系上相互配比，会计期间的财务成果才是真实准确的。财务成果计算账户只提供价值指标。1～11 月份期末有余额，在贷方即是利润数，在借方则是亏损数，年终结账后无余额。

以上重点介绍了按经济内容和按用途结构分类的账户体系，这对于我们正确地设置和运用账户来核算、监督经营过程和经营成果，为管理提供有用的会计资料具有重要意义。

账户按结构和用途分类示意图如图 6-14 所示。

- 账户
  - 基本账户
    - 盘存账户
      - 库存现金
      - 银行存款
      - 原材料
      - 库存商品
      - 固定资产等
    - 投资权益账户
      - 实收资本
      - 资本公积
      - 盈余公积等
    - 结算账户
      - 债权结算账户
        - 应收账款
        - 其他应收款等
      - 债务结算账户
        - 应付账款
        - 应付职工薪酬
        - 应交税费
        - 短期借款等
      - 债权债务结算账户——往来账户
    - 跨期摊配账户——长期待摊费用
  - 调整账户
    - 抵减账户
      - 累计折旧
      - 坏账准备等
    - 抵减附加账户——材料成本差异
  - 成本账户
    - 集合分配账户——制造费用
    - 成本计算账户——生产成本等
    - 对比账户——材料采购
  - 损益计算账户
    - 收入计算账户
      - 主营业务收入
      - 其他业务收入等
    - 费用计算账户
      - 主营业务成本
      - 其他业务成本
      - 期间费用
      - 营业外支出等
    - 财务成果计算账户——本年利润

图 6-14 账户按结构和用途分类示意图

第四节 账户按与会计报表的关系分类

按账户与会计报表的关系分类，账户可分为资产负债表账户和利润表账户两类。

资产负债表是反映企业某一特定日期财务状况的会计报表，表中各项目所反映的是企业某一特定日期资产、负债和所有者权益的实有数额，是根据资产类账户、负债类账户和所有者权益类账户的期末余额直接填列或分析计算填列的，资产类账户、负债类账户和所有者权益类账户是编制资产负债表的主要依据。为此，在会计上把资产类账户、负债类账户和所有者权益类账户称为资产负债表账户。

利润表是反映企业在一定时期的财务成果及分配情况的报表。表中各项目所反映的是企业一定会计期间所取得的收入、发生的费用，以及实现的利润(或亏损)与分配(或弥补)，是根据收入类账户、费用类账户和利润类账户的本期发生额直接填列或分析计算填列的。收入类账户、费用类账户和利润类账户是编制利润表的主要依据。为此，在会计上把收入类账户、费用类账户和利润类账户称为利润表账户。

账户按与会计报表的关系分类，对于正确运用各类账户所提供的数据资料编制会计报表具有重要作用。在会计主体假设下，企业应当对其本身发生的交易或者事项进行会计确认、计量和报告，反映企业本身所从事的各项生产经营活动。明确界定会计主体是开展会计确认、计量和报告工作的重要前提。

账户按与会计报表的关系分类示意图如图 6-15 所示。

- 账户
  - 资产负债表账户
    - 资产类账户
    - 负债类账户
    - 所有者权益类账户
  - 利润表账户
    - 收入类账户
    - 费用类账户
    - 利润类账户

图 6-15　账户按与会计报表的关系分类示意图

本章小结

本章主要学习了：账户按照经济内容、按照用途和结构、按照与会计报表的关系这三种类型的分类。

本章重要概念

账户的经济内容　账户的用途　账户的结构　盘存账户　债权债务结算账户　集合分配账户　抵减账户

6-5 扫一扫看课件

第七章　会 计 凭 证

- 内容简介
- 学习目的和要求
- 引例
- 第一节　会计凭证概述
- 第二节　原始凭证
- 第三节　记账凭证
- 第四节　会计凭证的传递与保管
- 本章小结
- 本章重要概念

内容简介

本章主要讲述了会计凭证的有关内容，包括会计凭证的含义、分类、基本内容及填制方法和审核以及会计凭证的传递与保管；本章重点为会计凭证的分类、填制和审核方法；本章难点为记账凭证的填制和审核。

学习目的和要求

通过本章的学习，学生应掌握填制和审核会计凭证的基本技能；熟悉会计凭证的含义和种类，熟练掌握原始凭证和记账凭证的填制要求和方法。

引例　销毁会计凭证，当事人被判刑

2×21 年 9 月，东化厂群众举报该厂法人代表顾某涉嫌侵占东化厂资金。为逃避查处，顾某与会计师徐某合谋，指使会计员朱某销毁该厂真实的年终分配清单；又指使会计员朱某烧毁该厂真实的年终分配签收簿，并将其余签收簿隐匿于家中。上述销毁、隐匿的会计资料涉及金额达人民币 9 389 291.38 元。

同年 11 月，相关部门立案侦查。被告人朱某于同年 11 月 22 日向公安机关主动交代了被告人顾某、徐某指使其销毁、隐匿会计资料的犯罪事实。

检察机关指控顾某、徐某和朱某的行为均已触犯了《中华人民共和国刑法修正案》第一条第一款、《中华人民共和国刑法》第一百六十二条之规定，构成隐匿、销毁会计资料罪，且顾某、徐某在共同犯罪中起主要作用，系主犯，朱某起次要作用，系从犯，3 名被告人依法均应予刑事处罚。

法院经审理认为，被告人顾某、徐某和朱某，为了逃避司法机关的依法查处，隐匿、销毁依法应当保存的会计资料，涉及金额约人民币 900 万元，情节严重，其行为均构成隐匿、销毁会计资料罪。在隐匿、销毁会计资料共同犯罪中，被告人顾某、徐某起主要作用，系主犯；被告人朱某起次要作用，系从犯，且在案发后能投案自首，依法从轻处罚。法院根据上述认定的事实、证据和判案理由，依照《中华人民共和国刑法修正案》第一条第一款、《中华人民共和国刑法》第一百六十二条、第七十二条、第七十三条、第二十五条、第二十六条第一、第四款、第二十七条、第五十三条之规定，作出判决：被告人顾某犯隐匿、销毁会计资料罪，判处有期徒刑 1 年，罚金人民币 3 万元；被告人徐某犯隐匿、销毁会计资料罪，判处有期徒刑 1 年，罚金人民币 3 万元；被告人朱某犯隐匿、销毁会计资料罪，判处有期徒刑 6 个月，缓刑 1 年，罚金人民币 2 万元。

（资料来源：www.360doc10.net。）

第一节 会计凭证概述

一、会计凭证的含义

会计凭证简称凭证，是记录经济业务、明确经济责任和据以登记账簿的书面证明。

会计主体办理任何一项经济业务，都必须办理凭证手续，由执行和完成该项经济业务的有关人员取得或填制会计凭证，记录经济业务的发生日期、具体内容以及数量和金额，并在凭证上签名或盖章，对经济业务的合法性、真实性和正确性负完全责任。所有会计凭证都要由会计部门审核无误后才能作为记账的依据。因此，填制和审核会计凭证，是会计信息处理的重要方法之一，同时也是整个会计核算工作的起点和基础。

二、会计凭证的作用

会计凭证具有以下几个方面的作用。

(一) 会计凭证是提供原始资料、传导经济信息的工具

会计信息是经济信息的重要组成部分。它一般是通过数据，以凭证、账簿、报表等形式反映出来的。随着生产的发展，及时准确的会计信息在企业管理中的作用越来越重要。任何一项经济业务的发生，都要编制或取得会计凭证。会计凭证是记录经济活动的最原始资料，是经济信息的载体。会计凭证的加工、整理和传递可以直接取得和传导经济信息，既协调了会计主体内部各部门、各单位之间的经济活动，保证生产经营各个环节的正常运转，又为会计分析和会计检查提供了基础资料。

(二) 会计凭证是登记账簿的依据

任何单位每发生一项经济业务，如现金的收付、商品的进出，以及往来款项的结算等，都必须通过填制会计凭证，如实记录经济业务的内容、数量和金额，然后经过审核无误，才能登记入账。如果没有合法的凭证作依据，任何经济业务都不能登记到账簿中去。因此，做好会计凭证的填制和审核工作，是保证会计账簿资料真实性、正确性的重要条件。

(三) 会计凭证是加强经济责任制的手段

由于会计凭证记录了每项经济业务的内容，并要由有关部门和经办人员签章，这就要求有关部门和有关人员对经济活动的真实性、正确性、合法性负责。这样，无疑会增强有关部门和有关人员的责任感，促使他们严格按照有关政策、法令、制度、计划或预算办事。如有发生违法乱纪或经济纠纷事件，也可借助于会计凭证确定各经办部门和人员所负的经济责任，并据以进行正确的裁决和处理，从而加强经营管理的岗位责任制。

(四) 会计凭证是实行会计监督的条件

会计凭证的审核可以查明各项经济业务是否符合法规、制度的规定，有无贪污盗窃、铺张浪费和损公肥私行为，从而发挥会计的监督作用，保护各会计主体所拥有资产的安全完整，维护投资者、债权人和有关各方面的合法权益。

7-1 视频：会计凭证的判断

三、会计凭证的种类

会计凭证按其填制程序和用途的不同，可以分为原始凭证和记账凭证两大类。

(一) 原始凭证

原始凭证又称单据，是在经济业务发生时取得或填制，载明经济业务具体内容和完成情况的书面证明。它是进行会计核算的原始资料和主要依据。

原始凭证的作用主要是记载经济业务的发生过程和具体内容。原始凭证记载的信息是整个企业会计信息系统运行的起点，原始凭证的质量将决定会计信息的质量。常用的原始凭证有现金收据、发货票、银行进账单、差旅费报销单、产品入库单、领料单等。

(二) 记账凭证

记账凭证是根据原始凭证进行归类、整理编制的会计分录凭证。它是登记账簿的直接依据。由于原始凭证种类繁多、格式不一，不便于在原始凭证上编制会计分录，据以记账，所以有必要将各种原始凭证反映的经济内容加以归类整理，确认为某一会计要素后，编制记账凭证。从原始凭证到记账凭证是经济信息转换成会计信息的过程，是会计的初始确认阶段。

记账凭证介于原始凭证和会计账簿的中间环节。

记账凭证的主要作用是确定会计分录，进行账簿登记。记账凭证是登记总分类账户和明细分类账户的依据，能反映经济业务的发生和完成情况，监督企业经济活动，明确相关人员的责任。

第二节 原始凭证

一、原始凭证的种类

原始凭证按其来源不同，可分为自制原始凭证和外来原始凭证。

(一) 自制原始凭证

自制原始凭证是指由本单位经办业务的部门和人员在执行或完成某项经济业务时所填制的凭证。自制原始凭证按其填制手续和内容不同，又可分为一次凭证、累计凭证和汇总原始凭证三种。

(1) 一次凭证亦称一次有效凭证，是指只记载一项经济业务或同时记载若干项同类经济业务，填制手续一次完成的凭证。例如，领料单(表 7-1)、发票等(表 7-2)都是一次凭证。一次凭证只能反映一笔业务的内容，使用方便灵活，但数量较多，核算较麻烦。

表 7-1 领　料　单

领料部门：　　　　　　　　　　　　　　　　　　　　发货仓库：
用　　途：　　　　　　　　年　　月　　日　　　　　编　　号：

编号	材料名称	规格	单位	请领数量	实发数量	单价	金额	备注

制单：　　　　　　审核：　　　　　　领料人：　　　　　　发料人：

表 7-2 ××市工商企业统一发票

购货单位： 年 月 日 NO：

货号	品名规格	单位	数量	单价	金额									
					千	百	十	万	千	百	十	元	角	分
合计														

开票单位： 开票人：

(2) 累计凭证亦称多次有效凭证，是指连续记载一定时期内不断重复发生的同类经济业务，填制手续是在一张凭证中多次进行才能完成的凭证。例如，限额领料单(表 7-3)就是一种累计凭证。使用累计凭证，由于平时随时登记发生的经济业务，并计算累计数，期末计算总数后作为记账的依据，所以能减少凭证数量，简化凭证填制手续。

(3) 汇总原始凭证亦称原始凭证汇总表，是根据许多同类经济业务的原始凭证定期加以汇总而重新编制的凭证。例如，月末根据月份内所有领料单汇总编制的领料单汇总表(表 7-4)，就是汇总原始凭证。汇总原始凭证可以简化编制记账凭证的手续。但它本身不具备法律效力。

表 7-3 限 额 领 料 单

领料部门： 发货仓库：

用　　途： 年 月 日 编　　号：

材料编号	材料名称	规格	计量单位	计划单价	领用限额	全月实领	
						数量	单价
领用日期	请领数量	实发数量		领料人签章	发料人签章	限额结余数量	

仓库负责人： 生产计划部门负责人：

表 7-4 领料单汇总表

年 月

借方科目 / 材料	生产成本	制造费用	管理费用	销售费用	合计

(二) 外来原始凭证

外来原始凭证是指在经济业务发生时，从其他单位或个人取得的凭证。例如，供货单位开来的发货票，运输部门开来的运费收据、银行开来的收款或支款通知等都属于外来原始凭证。外来原始凭证一般都是一次凭证。

原始凭证分类示意图如图 7-1 所示。

- 原始凭证——按取得来源不同
  - 自制原始凭证——按填制方法不同
    - 一次凭证
    - 累计凭证
    - 汇总凭证
  - 外来原始凭证——一次凭证

图 7-1 原始凭证分类示意图

7-2 视频：原始凭证

二、原始凭证的基本内容

经济业务的内容是多种多样的，记录经济业务的原始凭证所包括的具体内容也各不相同。但每一种原始凭证都必须客观地、真实地记录和反映经济业务的发生、完成情况，都必须明确有关单位、部门及人员的经济责任。每种原始凭证都必须具备以下几个方面的基本内容：

(1) 原始凭证的名称。

(2) 填制凭证的日期及编号。

(3) 接受凭证的单位名称。

(4) 经济业务的内容(含摘要、数量、单价和金额)。

(5) 填制凭证单位的名称和有关人员的签章。

三、原始凭证的填制

自制原始凭证的填制有三种形式：一是根据实际发生或完成的经济业务，由经办人员直接填制，如入库单、领料单等；二是根据账簿记录对有关经济业务加以归类、整理填制，如月末编制的制造费用分配表、利润分配表等；三是根据若干张反映同类经济业务的原始凭证定期汇总填制，如各种汇总原始凭证等。

外来原始凭证，虽然是由其他单位或个人填制，但它同自制原始凭证一样，也必须具备为证明经济业务完成情况和明确经济责任所必需的内容。

尽管各种原始凭证的具体填制依据和方法不尽一致，但就原始凭证应反映经济业务、明确经济责任而言，其填制的一般要求有以下几个方面。

(一) 记录真实

凭证上记载的经济业务，必须与实际情况相符合，绝不允许有任何歪曲或弄虚作假。对于实物的数量、质量和金额，都要经过严格的审核，确保凭证内容真实可靠。从外单位取得的原始凭证如有丢失，应取得原签发单位盖有“财务专用章”的证明，并注明原凭证的号码、所载金额等内容，由经办单位负责人批准后，可代作原始凭证；对于确实无法取得证明的，如火车票、轮船票、飞机票等，可由当事人写出详细情况，由经办单位负责人批准后，也可代作原始凭证。

(二) 手续完备

原始凭证的填制手续，必须符合内部牵制原则的要求。凡是填有大写和小写金额的原始凭证，大写与小写金额必须相符；购买实物的原始凭证，必须有实物的验收证明；支付款项的原始凭证，必须有收款方的收款证明。一式几联的凭证，必须用双面复写纸套写，单页凭证必须用钢笔填写；销货退回时，除填制退货发票外，必须取得对方的收款收据或开户行的汇款凭证，不得以退货发票代替收据；各种借出款项的收据，必须附在记账凭证上，收回借款时，应另开收据或退回收据副本，不得退回原借款收据。经有关部门批准办理的某些特殊业务，应将批准文件作为原始凭证的附件或在凭证上注明批准机关名称、日期和文件字号。

(三) 内容齐全

凭证中的基本内容和补充内容都要详尽地填写齐全，不得漏填或省略不填。如果项目填写不全，则不能作为经济业务的合法证明，也不能作为有效的会计凭证。为了明确经济责任，原始凭证必须由经办部门和人员签章。从外单位取得的原始凭证，必须有填制单位的公章或财务专用章；从个人取得的原始凭证，必须有填制人员的签名或盖章。自制原始凭证必须有经办部门负责人或其指定人员的签名或盖章。对外开出的原始凭证，必须加盖本单位的公章或财务专用章。

(四) 书写规范

原始凭证上的文字，要按规定书写，字迹要工整、清晰，易于辨认，不得使用未经国务院颁布的简化字。合计的小写金额前要冠以人民币符号“¥”，币值符号与阿拉伯数字之间不得留有空白；金额数字，一律填写到角分，无角分的写“00”或符号“—”，有角无分，分位写“0”，不得用符号“—”。汉字大写金额数字，一律用正楷字或行书字书写，如壹、贰、叁、肆、伍、陆、柒、捌、玖、拾、佰、仟、万、亿、元(圆)、角、分、零、整(正)。大写金额最后为“元”或“角”的应加写“整”(或“正”)字断尾。

例如，小写金额¥1 580.00，应写成人民币壹仟伍佰捌拾元整；又如，¥107 000.53，应写成人民币壹拾万柒仟元零伍角叁分，或者写成人民币壹拾万零柒仟元伍角叁分；再如，¥16 409.02，应写成人民币壹万陆仟肆佰零玖元零贰分。

原始凭证记载的各项内容均不得涂改。原始凭证有错误的应当由出具单位重开或者更正，更正处应当加盖出具单位印章。对于支票等重要的原始凭证若填写错误，一律不得在凭证上更正，应按规定的手续注销留存，另行重新填写。

(五) 填制及时

每笔经济业务发生或完成后，经办业务的有关部门和人员必须及时填制原始凭证，做到不拖延、不积压，并要按规定的程序将其送交会计部门。

四、原始凭证的审核

为了保证原始凭证内容的真实性和合法性，防止不符合填制要求的原始凭证影响会计信息的质量，必须由会计部门对一切外来的和自制的原始凭证进行严格的审核。审核内容主要包括以下两个方面。

(一) 书面审核

书面审核的主要内容包括以下几个方面：

(1) 审核原始凭证的真实性。企业按照实际发生的业务取得和填制原始凭证。

(2) 审核原始凭证的完整性。审核原始凭证各项要素是否齐全，是否有漏项情况，日期是否完整，数字是否清晰，有关人员签章是否齐全，凭证联次是否齐全等。

(3) 审核原始凭证的准确性。审核原始凭证在计算方面是否存在失误；书写方面是否存在错误；金额的大小写是否相符等。

（二）实质审核

实质审核的主要内容包括以下几个方面：

（1）审核原始凭证的合法性。审核所发生的经济业务是否符合国家法律、法规的要求，是否有贪污腐败等行为。

（2）审核原始凭证的合理性。审核所发生的经济业务是否符合厉行节约、反对浪费、有利于提高经济效益的原则，有否违反该原则的现象。

五、原始凭证审核后的处理

原始凭证的审核，是一项十分细致而严肃的工作，必须坚持原则，依法办事。对于完全符合要求的原始凭证，应及时编制记账凭证入账；对于真实、合法、合理但内容不完整，填写错误的原始凭证，应退回给有关经办人员，由其负责将有关凭证补充完整、更正错误或重开；对于不真实、不合法的原始凭证，会计人员有权不予接受，并向单位负责人报告。

第三节 记账凭证

7-3 视频：记账凭证的种类

一、记账凭证的种类

（一）按照用途不同的分类

记账凭证按其用途不同或按照其反映的经济内容的不同，可以分为专用记账凭证和通用记账凭证两类。

1. 专用记账凭证

专用记账凭证是指分类反映经济业务的记账凭证。这种记账凭证按其反映经济内容的不同，又可以分为收款凭证、付款凭证和转账凭证。

（1）收款凭证是指用来记录现金和银行存款收款业务的专用记账凭证。

（2）付款凭证是指用来记录现金和银行存款付款业务的专用记账凭证。

（3）转账凭证是指用来记录不涉及现金和银行存款业务的专用记账凭证。

2. 通用记账凭证

通用记账凭证是指用来反映所有经济业务的记账凭证。在实际工作中，规模小，业务简单的单位一般使用该种凭证。

收款凭证、付款凭证、转账凭证、通用凭证的格式分别如表 7-5 至表 7-8 所示。

表 7-5 收 款 凭 证

借方科目： 年 月 日 字第 号

摘要	贷方科目		金额										记账
	一级科目	二级或明细科目	千	百	十	万	千	百	十	元	角	分	
合计													

附件 张

财务主管： 记账： 出纳： 审核： 制单：

表 7-6　　付款凭证

贷方科目：　　　　年　　月　　日　　　　字第　　号

摘要	借方科目		金额										记账
	一级科目	二级或明细科目	千	百	十	万	千	百	十	元	角	分	
合计													

附件　　张

财务主管：　　记账：　　出纳：　　审核：　　制单：

表 7-7　　转账凭证

年　　月　　日　　　　字第　　号

摘要	一级科目	二级或明细科目	借方金额							贷方金额							记账
			万	千	百	十	元	角	分	万	千	百	十	元	角	分	
合计																	

附件　　张

财务主管：　　记账：　　审核：　　制单：

表 7-8　　记账凭证

年　　月　　日　　　　字第　　号

摘要	一级科目	二级或明细科目	借方金额							贷方金额							记账
			万	千	百	十	元	角	分	万	千	百	十	元	角	分	
合计																	

附件　　张

财务主管：　　记账：　　审核：　　制单：

（二）按照填列科目数目的分类

记账凭证按其填列会计科目的数目不同，可分为单式记账凭证和复式记账凭证两类。

1. 单式记账凭证

单式记账凭证是在一张记账凭证上只填列每笔会计分录中的一方科目，其对应科目只作参考，不据以记账。填列借方科目的称为借项记账凭证，填列贷方科目的称为贷项记账凭证。这样，每笔会计分录至少要填制两张单式记账凭证，用编号将其联系起来，以便查对。设置单式记账凭证的目的：一是便于汇总，即每张凭证只汇总一次，并且可减少差错；二是为了实行会计部门内部的岗位责任制，即每个岗位人员都应对与其有关的账户负责；三是利于贯彻内部控制制度，防止差错和舞弊。但由于凭证张数多，不易保管，填制凭证的工作量较大，故使用的单位较少。单式记账凭证的一般格式，如表 7-9、表 7-10 所示。

表 7-9　　借项记账凭证

对应科目：　　　　年　　月　　日　　　　字第　　号

摘要	借方科目		金额										记账
	一级科目	二级或明细科目	千	百	十	万	千	百	十	元	角	分	
合计													

附件　　张

财务主管：　　记账：　　审核：　　制单：

表 7-10　　贷项记账凭证

对应科目：　　　　年　　月　　日　　　　字第　　号

摘要	贷方科目		金额										记账
	一级科目	二级或明细科目	千	百	十	万	千	百	十	元	角	分	
合计													

附件　　张

财务主管：　　记账：　　审核：　　制单：

2. 复式记账凭证

复式记账凭证是在一张凭证上完整地列出每笔会计分录所涉及的全部科目。上述专用记账凭证和通用记账凭证均为复式记账凭证。复式记账凭证的优点是在一张凭证上就能完整地反映一笔经济业务的情况，且填写方便，附件集中，便于凭证的分析及审核，其缺点是不便于分工记账及科目汇总。

(三) 按照包含内容的分类

记账凭证按其包括的内容不同，可以分为单一记账凭证、汇总记账凭证和科目汇总表三类。

1. 单一记账凭证

单一记账凭证是指只包括一笔会计分录的记账凭证。上述的专用记账凭证和通用记账凭证，均为单一记账凭证。

2. 汇总记账凭证

汇总记账凭证是指根据一定时期内同类单一记账凭证定期加以汇总而重新编制的记账凭证。其目的是简化总分类账的登记手续。汇总记账凭证又可进一步分为汇总收款凭证、汇总付款凭证和汇总转账凭证。其一般格式如表 7-11、表7-12、表 7-13 所示。

表 7-11　　汇总收款凭证

借方科目：　　　　汇收第　　号

贷方科目	金额			
	(1)	(2)	(3)	合计
合计				

附注：(1) 自____日至____日　　收款凭证共计____张
(2) 自____日至____日　　收款凭证共计____张
(3) 自____日至____日　　收款凭证共计____张

表 7-12　　**汇总付款凭证**

贷方科目：　　　　　　　　　　　　　　　　　　汇付第　　号

借方科目	金额			
	(1)	(2)	(3)	合计
合计				

附注：(1) 自____日至____日　　付款凭证共计____张
　　　(2) 自____日至____日　　付款凭证共计____张
　　　(3) 自____日至____日　　付款凭证共计____张

表 7-13　　**汇总转账凭证**

贷方科目：　　　　　　　　　　　　　　　　　　汇转第　　号

借方科目	金额			
	(1)	(2)	(3)	合计
合计				

附注：(1) 自____日至____日　　转账凭证共计____张
　　　(2) 自____日至____日　　转账凭证共计____张
　　　(3) 自____日至____日　　转账凭证共计____张

3. 科目汇总表

科目汇总表是指根据一定时期内所有的记账凭证定期加以汇总而重新编制的记账凭证，其目的也是简化总分类账的登记手续。科目汇总表的一般格式，如表 7-14 所示。

表 7-14　　**科目汇总表**

年　　月　　日至　　日　　　　　　科汇字第　　号

会计科目	本期发生额														记账
	借方金额							贷方金额							
	万	千	百	十	元	角	分	万	千	百	十	元	角	分	
合计															

财务主管：　　　　记账：　　　　审核：　　　　制单：

记账凭证分类示意图如图 7-2 所示。

- 记账凭证
  - 按用途分类
    - 专用记账凭证
      - 收款凭证
      - 付款凭证
      - 转账凭证
    - 通用记账凭证
  - 按填列科目的数目分类
    - 单式记账凭证
      - 借项记账凭证
      - 贷项记账凭证
    - 复式记账凭证
  - 按包含的内容分类
    - 单一记账凭证
    - 汇总记账凭证
      - 汇总收款凭证
      - 汇总付款凭证
      - 汇总转账凭证
    - 科目汇总表

图 7-2　记账凭证分类示意图

二、记账凭证的基本内容

记账凭证虽然种类不一，编制依据各异，但各种记账凭证的主要作用都在于对原始凭证进行归类整理，运用账户和复式记账方法，编制会计分录，为登记账簿提供直接依据。因此，所有记账凭证都应满足记账的要求，都必须具备下列基本内容：

(1) 记账凭证的名称。

(2) 填制凭证的日期和凭证的编号。

(3) 经济业务的内容摘要。

(4) 记账符号、账户(包括一级、二级或明细账户)名称和金额。

(5) 所附原始凭证的张数。

(6) 填制单位的名称及有关人员的签章。

三、记账凭证的填制

(一) 记账凭证填制的基本要求

1. 摘要简明

记账凭证的摘要应用简明扼要的语言，概括出经济业务的主要内容，既要防止简而不明，又要避免过于繁琐。为了满足登记明细分类账的需要，对不同性质的账户，其摘要填写应有所区别。例如，反映原材料等实物资产的账户，摘要中应注明品种、数量、单价；反映现金、银行存款或借款的账户，摘要中应注明收付款凭证和结算凭证的号码，以及款项增减原因、收付款单位名称等。

2. 科目运用准确

必须按会计制度统一规定的会计科目填写，不得任意简化或改动，不得只写科目编号，不写科目名称；同时，二级和明细科目也要填列齐全。应借、应贷的记账方向和账户对应关系必须清楚；编制复合会计分录，应是一借多贷或一贷多借，一般不编多借多贷的会计分录。

3. 编号连续

采用通用记账凭证，可按全部经济业务发生的先后顺序编号，每月从第 1 号编起；采用专用记账凭证，可按凭证类别分类编号，每月从收字第 1 号、付字第 1 号和转字第 1 号编起。

若一笔经济业务需填制多张记账凭证的，可采用“分数编号法”，即按该项经济业务的记账凭证数量编列分号。例如，某笔经济业务需编制三张转账凭证，凭证的顺序号为3时，这三张凭证的编号应分别为转字第 $3\frac{1}{3}$、$3\frac{2}{3}$、$3\frac{3}{3}$ 号。每月月末最后一张记账凭证的号旁边要加注“全”字，以免凭证散失。

4. 附件齐全

记账凭证所附的原始凭证必须完整无缺，并在凭证上注明所附原始凭证的张数，以便核对摘要及所编会计分录是否正确无误。若两张或两张以上的记账凭证依据同一原始凭证，则应在未附原始凭证的记账凭证上注明“原始凭证×张，附于第×号凭证之后”，以便日后查阅。除了结账和更正错账的记账凭证可以不附原始凭证，其他记账凭证必须附有原始凭证。

延伸阅读 7-1

专用记账凭证的编号

专用记账凭证的编号有三种编号法和五种编号法两种。三种编号法下，专用记账凭证对应的凭证编号分别为收字第×号、付字第×号和转字第×号，每月从第1号编起；五种编号法下，专用记账凭证对应的凭证编号分别为现收字第×号、银收字第×号；现付字第×号、银付字第×号以及转字第×号，各种凭证每月从第1号编起。

（二）记账凭证的填制

1. 收款凭证的填制

收款凭证是根据有关现金和银行存款收入业务的原始凭证填制的。

收款凭证左上角“借方科目”，应填“库存现金”或“银行存款”科目；右上角应填写凭证的分类编号，如“银收字第×号”或是“现收字第×号”等；“摘要”栏应填写经济业务的简要内容；“贷方科目”栏内填写与现金或银行存款收入相对应的一级科目和明细科目；“金额”栏填写于同一行科目相对应的发生额；“合计金额”栏则填写各发生额和合计数；凭证右边填写所附原始凭证的张数；凭证下边各处分别由相关人员签章；在记账人员过账后，在“记账”栏注明划“√”号。

【例7-1】 2×21年12月1日，华夏有限责任公司向银行借入400 000元存入银行，借款期限为3个月，原始凭证1张，该业务是本月银行存款收款业务的第1笔，则填制的收款凭证如表7-15所示。

表7-15 **收款凭证**

借方科目：银行存款 2×21年12月1日 银收字第1号

摘要	贷方科目		金额										记账
	一级科目	二级或明细科目	千	百	十	万	千	百	十	元	角	分	
向银行借款	短期借款				4	0	0	0	0	0	0	0	
合计				¥	4	0	0	0	0	0	0	0	

附件1张

财务主管： 记账： 出纳： 审核： 制单：

7-4 视频：付款凭证

2. 付款凭证的填制

付款凭证是根据有关现金和银行存款付款业务的原始凭证填制的。付款凭证的填制方法与收款凭证基本相同，不同的是在付款凭证左上角应填列相应的贷方科目，即“库存现金”或“银行存款”科目；右上角应填写凭证的分类编号，如“银付字第×号”或是“现付字第×号”等；“借方科目”栏内填写与现金或银行存款相对应的一级科目和明细科目。

出纳人员对于已经收讫或已经付讫的收款凭证及其所附的各种原始凭证，都要加盖“收讫”和“付讫”的戳记，以免重收重付。

【例 7-2】 2×21 年 12 月 4 日，华夏有限责任公司办公室职工李刚预借差旅费 3 000 元，财务部门以现金给付，李刚填制了借款单 1 张，该业务是本月现金付款业务的第 5 笔。该笔业务填制的付款凭证如表 7-16 所示。

表 7-16 **付 款 凭 证**

贷方科目：库存现金 2×21 年 12 月 4 日 现付字第 5 号

摘要	借方科目		金额										记账
	一级科目	二级或明细科目	千	百	十	万	千	百	十	元	角	分	
预借差旅费	其他应收款	李刚					3	0	0	0	0	0	
合计						¥	3	0	0	0	0	0	

附件 1 张

财务主管： 记账： 出纳： 审核： 制单：

相关思考 7-1

下列业务需要编制什么凭证？

(1) 2×21 年 12 月 6 日，华夏有限责任公司从银行提取 20 000 元作现金备用。

(2) 2×21 年 12 月 8 日，华夏有限责任公司将多余的现金 5 000 元存入银行。

请问：这两项业务应该编制什么凭证？

相关思考解析 7-1：

(1) 该业务应编制银行存款付款凭证。

(2) 该业务应编制现金付款凭证。

对于现金和银行存款之间的划转业务，为了避免重复，一般只编制付款凭证。例如，从银行提取现金，一般只编制银行存款付款凭证；将现金存入银行，一般只编制现金付款凭证。

3. 转账凭证的填制

转账凭证一般是根据转账业务（既不涉及现金和银行存款收支的业务）的原始凭证编制的。与收款凭证和付款凭证不同的是：不设主体科目栏，填制转账凭证时，某项业务设计的会计科目全部登记在会计科目栏内，用借方金额和贷方金额来确定科目的借贷关系。右上角应填写凭证的分类编号，为“转字第×号”。转账凭证中“总账科目”和“明细科目”栏应填写应借、应贷的总账科目和明细科目，借方科目应计金额应在同一行的“借方金额”栏内填写，贷方科目应计金额应在同一行的“贷方金额”栏内填列，“借方金额”合计与“贷方金额”合计应相等。

【例 7-3】 2×21 年 12 月 10 日，华夏有限责任公司办公室职工李刚出差回来，报销差旅费 3 000 元，李刚填制了报销单 1 张，该业务是本月转账业务的第 8 笔。该笔业务填制的转账凭证如表 7-17 所示。

表 7-17 **转账凭证**

2×21 年 12 月 10 日 转字第 8 号

摘要	一级科目	二级或明细科目	借方金额							贷方金额							记账
			万	千	百	十	元	角	分	万	千	百	十	元	角	分	
报销差旅费	管理费用	差旅费		3	0	0	0	0	0								
	其他应收款	李刚									3	0	0	0	0	0	
合计			¥	3	0	0	0	0	0	¥	3	0	0	0	0	0	

附件 1 张

财务主管： 记账： 审核： 制单：

相关思考 7-2

下列业务需要编制什么凭证？

2×21 年 12 月 10 日，华夏有限责任公司办公室职工李刚出差回来，报销差旅费 2 500 元，多余的 500 元，现金退回。李刚填制了报销单 1 张，出纳人员填制收款单 1 张。本月除本笔业务外现金收款业务已有 6 笔，转账业务已有 7 笔。

相关思考解析 7-2：

该笔业务既要编现金收款凭证，还要编转账凭证。

某些既涉及收款业务又涉及转账业务的综合性业务，可分开填制不同类型的记账凭证。

4. 通用记账凭证的填制

业务量少，规模小的单位，可以只使用一种统一格式的通用记账凭证。通用记账凭证的格式与填制方法与转账凭证基本一致。此时，右上角应填写凭证的分类编号，为“记字第×号”。

（三）记账凭证的审核

记账凭证是登记账簿的直接依据，为了保证账簿记录的正确性，以及整个会计信息的质量，记账前必须由专人对已编制的记账凭证进行认真、严格的审核。审核的内容主要有以下几个方面：

(1) 内容是否真实。审核记账凭证是否有原始凭证为依据，所附原始凭证的内容是否与记账凭证的内容一致，记账凭证汇总表的内容与其所依据的记账凭证的内容是否一致等。

(2) 项目是否齐全。审核记账凭证各项目的填写是否齐全，如日期、凭证编号、摘要、金额、所附原始凭证张数及有关人员签章等。

(3) 科目是否准确。审核记账凭证的应借、应贷科目是否正确，是否有明确的账户对应关系，所使用的会计科目是否符合国家统一的会计制度的规定等。

(4) 金额是否正确。审核记账凭证所记录的金额与原始凭证的有关金额是否一致、计算是否正确，记账凭证汇总表的金额与记账凭证的金额合计是否相符等。

(5) 书写是否规范。审核记账凭证中的记录是否文字工整、数字清晰，是否按规定进行更正等。

在审核过程中，如果发现不符合要求的地方，应要求有关人员采取正确的方法进行更正。只有经过审核无误的记账凭证，才能作为登记账簿的依据。

第四节 会计凭证的传递与保管

一、会计凭证的传递

会计凭证的传递是指凭证从取得或填制时起，经过审核、记账、装订到归档保管时止，在单位内部各有关部门和人员之间按规定的时间、路线办理业务手续和进行处理的过程。各种会计凭证，它们所记载的经济业务不同，涉及的部门和人员不同，办理的业务手续也不同，因此，应当为各种会计凭证规定一个合理的传递程序，即一张会计凭证填制后应交到哪个部门，哪个岗位，由谁办理业务手续等，直到归档保管为止。

正确、合理地组织会计凭证的传递，对于及时处理和登记经济业务，协调单位内部各部门、各环节的工作，加强经营管理的岗位责任制，实行会计监督，具有重要作用。

会计凭证的传递主要包括凭证的传递路线、传递时间和传递手续三个方面的内容。

各单位应根据经济业务的特点、机构设置、人员分工情况，以及经营管理上的需要，明确规定会计凭证的联次及其流程。既要使会计凭证经过必要的环节进行审核和处理，又要避免会计凭证在不必要的环节停留，从而保证会计凭证沿着最简捷、最合理的路线传递。

会计凭证的传递时间是指各种凭证在各经办部门、环节所停留的最长时间。它应考虑各部门和有关人员，在正常情况下办理经济业务所需时间来合理确定。明确会计凭证的传递时间，能防止拖延处理和积压凭证，保证会计工作的正常秩序，提高工作效率。一切会计凭证的传递和处理，都应在报告期内完成。否则，将会影响会计核算的及时性。

会计凭证的传递手续是指在凭证传递过程中的衔接手续，应该做到既完备严密，又简便易行。凭证的收发、交接都应按一定的手续制度办理，以保证会计凭证的安全和完整。

会计凭证的传递路线、传递时间和传递手续，还应根据实际情况的变化及时加以修改，以确保会计凭证传递的科学化、制度化。

二、会计凭证的保管

7-5 视频：会计凭证的装订

会计凭证是各项经济活动的历史记录，是重要的经济档案。为了便于随时查阅利用，各种会计凭证在办理好各项业务手续，并据以记账后，应由会计部门加以整理、归类，并送交档案部门妥善保管。

（一）会计凭证的整理归类

会计部门在记账以后，应定期（一般为每月）将会计凭证加以归类整理，即把记账凭证及其所附的原始凭证，按记账凭证的编号顺序进行整理，在确保记账凭证及其所附的原始凭证完整无缺后，将其折叠整齐，加上封面、封底，装订成册，并在装订线上加贴封签，以防散失和任意拆装。在封面上要注明单位名称、凭证种类、所属年月、起讫日期、起讫号码、凭证张数等，会计主管或指定装订人员要在装订线封签处签名或盖章，然后入档保管。

对于那些数量过多或各种随时需要查阅的原始凭证，可以单独装订保管，在封面上注明记账凭证的日期、编号、种类，同时在记账凭证上注明“附件另订”。各种经济合同和重要的涉外文件等凭证，应另编目录，单独登记保管，并在有关记账凭证和原始凭证上注明。

（二）会计凭证的造册归档

每年的会计凭证都应由会计部门按照归档的要求，负责整理立卷或装订成册。当年的会计凭证，在会计年度终了后，可暂由会计部门保管1年，期满后，原则上应由会计部门编造清册移交本单位档案部门保管。档案部门接收的会计凭证，原则上要保持原卷册的封装，个别需要拆封重新整理的，应由会计部门和经办人员共同拆封整理，以明确责任。会计凭证必须做到妥善保管，存放有序，查找方便，并要严防毁损、丢失和泄密。

（三）会计凭证的借阅

会计凭证原则上不得借出，如有特殊需要，须报请批准，但不得拆散原卷册，并应限期归还。需要查阅已入档的会计凭证时，必须办理借阅手续。其他单位因特殊原因需要使用原始凭证时，经本单位负责人批准，可以复制。但向外单位提供的原始凭证复印件，应在专设的登记簿上登记，并由提供人员和收取人员共同签名或盖章。

（四）会计凭证的销毁

会计凭证的保管期限，一般为30年。保管期未满，任何人都不得随意销毁会计凭证。按规定销毁会计凭证时，必须开列清单，报经批准后，由档案部门和会计部门共同派员监销。在销毁会计凭证前，监督销毁人员应认真清点核对，销毁后，在销毁清册上签名或盖章，并将监销情况报本单位负责人。

7-6 思政课堂：为了少缴税竟将凭证毁

本章小结

本章主要学习了：会计凭证的有关内容。会计凭证是记录经济业务，明确经济责任，并据以登记账簿的书面证明。填制和审核会计凭证是会计核算方法之一，也是会计核算的初始阶段和基本环节。熟练地掌握原始凭证和记账凭证的填制要求和方法为今后其他核算方法的学习奠定良好的基础。

本章重要概念

会计凭证　原始凭证　记账凭证　收款凭证　付款凭证　转账凭证

7-7 扫一扫看课件

第八章　会 计 账 簿

- 内容简介
- 学习目的和要求
- 引例
- 第一节　账簿的概念、作用与种类
- 第二节　账簿的内容、启用与记账规则
- 第三节　账簿的格式与登记方法
- 第四节　对账与结账
- 第五节　错账查找与更正
- 第六节　账簿的更换与保管
- 本章小结
- 本章重要概念

内容简介

本章主要讲解了会计账簿的概念、作用、种类、内容、启用方式、记账规则、账簿格式、登记方法、对账结账以及错账的查找与更正。本章重点为会计账簿的登记方法、对账、结账及错账更正方法。

学习目的和要求

通过本章学习，学生应掌握会计账簿的格式、启用方式、登记方法、结账和对账、错账的更正方法；应了解会计账簿的种类和意义、记账规则。

引例　会计账簿遗失 被告自食苦果

2×21 年 4 月 13 日，江西省宜黄县人民法院审结了一起餐饮服务合同纠纷案，被告宜黄某工艺公司因举证不能被判向原告廖某支付 9 636 元餐费并支付逾期利息。2×17 年 10 月至 2×18 年 10 月，宜黄某工艺公司多次在廖某开办的酒店用餐，累计欠下餐费 9 636 元。用餐原始单据及发票由宜黄某工艺公司会计林某收取，并开具欠餐费证明。廖某多次索要未果，于 2×19 年 3 月 2 日向法院起诉要求宜黄某工艺公司给付所欠餐费 9 636 元并支付逾期利息。

庭审中，原告廖某出示了被告用餐单据以及被告宜黄某工艺公司会计林某出具的欠餐费证明，以证明原告与被告之间有餐饮服务合同存在及尚欠餐费 9 636 元的事实。被告宜黄某工艺公司辩称：林某已离职，无法取得联系，公司部分会计账簿也被林某带走了。2×18 年 11 月，公司更换了法定代表人。由于未见到原告所述的用餐原始单据及发票，故对是否欠下原告 9 636 元餐费并不清楚。

法院经审理认为，关于原告廖某出示的被告用餐单据以及被告宜黄某工艺公司会计林某出具的欠餐费证明是否真实，只要与被告的会计账簿进行核对，即能得到确认。由于被告无法申请林某作证也不能提供自己的会计账簿以核实原告证据的真伪，应承担举证不能的后果，故法院依证据确认了原告与被告之间有餐饮服务合同存在及被告尚欠原告餐费 9 636 元的事实。

在经济社会中，每一个单位都要发生经济活动，对经济活动的核算是通过各种会计凭证来反映和体现的。但是会计凭证只是对具体的、零星的经济业务活动作出分散的反映，每一会计凭证只能记录一笔或几笔性质相同的经济业务，而不能把一个单位在一定时期内发生的全部经济业务全面、系统、连续地进行分类和反映，为会计核算提供各种核算指标和数据，因此会计账簿在整个会计核算流程中占有重要地位。

第一节 账簿的概念、作用与种类

一、账簿的概念

在会计核算工作中,每项经济业务发生以后,先要取得或填制会计凭证,并加以审核确认,然后据以在有关账户中进行登记。而账户则是按照规定的会计科目在账簿中分别设立的,根据会计凭证把经济业务记入有关的账户,就是指把经济业务记入设立在会计账簿中的账户。

8-1 视频:会计账簿

会计账簿是指由一定格式账页组成的,以经过审核的会计凭证为依据,全面系统连续地记录各项经济业务的簿籍。在形式上,会计账簿是若干账页的组合;在实质上,会计账簿是会计信息形成的重要环节,是会计资料的主要载体之一,也是会计资料的重要组成部分。这种簿籍是由若干具有专门格式,又相互联结的账页组成的。账页一旦标明会计科目,这个账页就成为用来记录该科目所核算内容的账户。也就是说,账页是账户的载体,账簿则是若干账页的集合。根据会计凭证在有关账户中进行登记,就是指把会计凭证所反映的经济业务内容记入设立在账簿中的账户中,即通常所说的登记账簿,也叫记账。

延伸阅读8-1

"账户"与"账簿"的区别

会计账簿是账户的表现形式,两者既有区别又有联系。账户是在账簿中以规定的会计科目开设户头,用来规定不同的账簿所记录的内容,账户存在于账簿之中,账簿中的每一账页就是账户的存在形式和信息载体。如果没有账户也就没有所谓的账簿;如果没有账簿,账户也成了一种抽象的东西,无法存在。但是账簿只是一种外在形式,账户才是它的真实内容。账簿序时分类地记载经济业务,是在个别账户中完成的,也可以说,账簿是由若干张账页组成的一个整体,而开设于账页上的账户则是这个整体上的个别部分。因此,账簿和账户的关系,是形式和内容的关系。

二、账簿的作用

每一单位都应按照国家统一的会计制度和会计业务的需要设置和登记会计账簿。通过账簿记录,既能对经济活动进行序时核算,又能进行分类核算;既可提供各项总括的核算资料,又可提供明细核算资料。

设置账簿是会计工作的一个重要环节,登记账簿则是会计核算的一种专门方法。科学地设置账簿和正确地登记账簿对于全面完成会计核算工作具有重要意义。

1. 记载和储存会计信息

将会计凭证所记录的经济业务记入有关账簿,可以系统地归纳和积累会计核算的资料,全面反映会计主体在一定时期内所发生的各项资金运动,储存企业所需要的各项会计信息。

2. 分类和汇总会计信息

通过账簿的序时核算和分类核算,把企业经营情况,收入的构成和支出的情况,财物的购置、使用、保管情况、全面、系统地反映出来，提供一定时期内经济活动的详细情况；同时，账簿可以通过发生额、余额的计算，提供各方面所需要的总括会计信息，反映财务状况、经营成果和现金流量的综合价值指标。

3. 检查和校正会计信息

账簿记录是会计凭证信息的进一步整理，也是会计分析、会计检查的重要依据。通过设置和登记账簿，利用账簿的核算资料，为开展财务分析和会计检查提供依据。通过对账簿资料的检查、分析，可以了解企业贯彻有关方针、政策、制度的情况，并考核各项计划的完成情况。另外，对资金使用是否合理，费用开支是否符合标准，经济效益有无提高，利润的形成与分配是否符合规定等作出分析、评价，从而找出差距，挖掘潜力，提出改进措施。如在永续盘存制下，通过有关盘存账户余额与实际盘点或核查结果的核对，可以确认财产的盘盈或盘亏，并根据实际结存数额调整账簿记录，做到账实相符，提供如实、可靠的会计信息。

4. 编报和输出会计信息

账簿的编制可以为计算财务成果编制会计报表提供依据。根据账簿记录的费用、成本和收入、成果资料，可以计算一定时期的财务成果，检查费用、成本、利润计划的完成情况。经核对无误的账簿资料，及其加工的数据为编制会计报表提供总括和具体的资料，是编制会计报表的主要依据，并且通过会计报表向有关各方提供所需要的会计信息。

三、账簿的种类

8-2 视频：会计账簿的种类

(一) 按用途分类

会计账簿按其用途不同，可分为序时账簿、分类账簿和备查账簿。

1. 序时账簿

序时账簿也称日记账，是按照经济业务完成时间的先后顺序进行逐日逐笔登记的账簿。在古代会计中也把它称为“流水账”。日记账又可分为普通日记账和特种日记账。普通日记账是将企业每天发生的所有经济业务，不论其性质如何，按其先后顺序，编成会计分录记入账簿；特种日记账是按经济业务性质单独设置的账簿，它只把特定项目按经济业务顺序记入账簿，反映其详细情况，如库存现金日记账和银行存款日记账。特种日记账的设置，应根据业务特点和管理需要而定，特别是那些发生频繁、需严加控制的项目，应予以设置。

但是普通日记账不是分类记录经济业务，不便于日后的查阅，不利于对重要经济业务的严格管理，因此，目前已较少使用普通日记账。特种日记账是用来逐笔记录某一经济业务的序时账簿。我国的会计制度规定，发生频繁，要求严格管理和控制的业务，应设置特种日记账。企业一般都必须设置库存现金日记账和银行存款日记账。

2. 分类账簿

分类账簿是按照会计要素的具体类别而设置的分类账户进行登记的账簿。账簿按其反映经济业务的详略程度，可分为总分类账簿和明细分类账簿。总分类账簿简称总账，根据总账科目开设账户来分类登记全部经济业务，提供总括核算资料。明细分类账簿简称明细账，根据总账科目设置，按照其所属明细科目开设账户，用来分类登记某一类经济业务，提供明细核算资料，是对全部经济业务按照会计要素的具体类别而设置的分类账户进行分类登记的账簿。按照总分类账户分类登记经济业务事项的是总分类账簿，简称总账，按照明细分类账户分类登记经济业务事项的是明细分类账簿，简称明细账。分类账簿提供的核算信息是编制会计报表的主要依据。

3. 备查账簿

备查账簿简称备查账，是对某些在序时账簿和分类账簿等主要账簿中不进行登记或者登记不够详细的经济业务事项进行补充登记时使用的账簿，又称为辅助账簿。这些账簿可以对某些经济业务的内容提供必需的参考资料，但是它记录的信息不须编入会计报表中，所以也称表外记录。备查账簿没有固定格式，可由各单位根据管理的需要自行设置，如租入固定资产登记簿、应收票据备查簿、受托加工来料登记簿等。

(二) 按外形特征分类

会计账簿按其外形特征不同，可以分为订本式账簿、活页式账簿和卡片式账簿。

1. 订本式账簿

订本式账簿也称订本账，是指在账簿启用前就把具有账户基本结构并连续编号的若干张账页固定地装订成册的账簿。这种账簿的优点是：可以避免账页散失，防止账页被随意抽换，比较安全；其缺点是：由于账页固定，不能根据需要增加或减少，不便于按需要调整各账户的账页，也不便于分工记账。这种账簿一般使用于总分类账、现金日记账和银行存款日记账。

2. 活页式账簿

活页式账簿也称活页账，是指年度内账页不固定装订成册，而是将其放置在活页账夹中的账簿。当账簿登记完毕之后(通常是一个会计年度结束之后)，才能将账页予以装订，加具封面，并给各账页连续编号。这种账簿的优点是：随时取放，便于账页的增加和重新排列，便于分工记账和记账工作电算化；缺点是：账页容易散失和被随意抽换。活页账在年度终了时，应及时装订成册，妥善保管。各种明细分类账一般采用活页账式。

3. 卡片式账簿

卡片式账簿又称卡片账，是指由许多具有一定格式的卡片组成，存放在一定卡片箱内的账簿。卡片账的卡片一般装在卡片箱内，不用装订成册，随时可存放，也可跨年度长期使用。这种账簿的优点是：便于随时查阅，也便于按不同要求归类整理，不易损坏；其缺点是：账页容易散失和随意抽换。因此，在使用时应对账页连续编号，并加盖有关人员图章，卡片箱应由专人保管，更换新账后也应封扎保管，以保证其安全。在我国，单位一般只对固定资产和低值易耗品等资产明细账采用卡片账形式。

(三) 按账页格式分类

会计账簿按其账页的格式不同，可以分为两栏式账簿、三栏式账簿、多栏式账簿和数量金额式账簿。

1. 两栏式账簿

两栏式账簿是指只有借方和贷方两个基本金额栏目的账簿。普通日记账一般采用两栏式。

2. 三栏式账簿

三栏式账簿是指其账页的格式主要分为借方、贷方和余额三栏或者收入、支出和余额三栏的账簿。三栏式账簿又可分为设对方科目和不设对方科目两种。区别是在摘要栏和借方科目栏之间是否有一栏"对方科目"栏。有"对方科目栏"的，称为设对方科目的三栏式账簿；不设"对方科目"栏的，称为不设对方科目的三栏式账簿。它主要适用于各种日记账、总分类账以及资本、债权债务明细账等。

3. 多栏式账簿

多栏式账簿是指根据经济业务的内容和管理的需要，在账页的"借方"和"贷方"栏内再分别按照明细科目或某明细科目的各明细项目设置若干专栏的账簿。这种账簿可以按"借方"和"贷方"分别设专栏，也可以只设"借方"专栏，"贷方"的内容在相应的借方专栏内用红字登记，表示冲减。收入、费用、成本、利润类明细账一般均采用这种格式的账簿。

4. 数量金额式账簿

数量金额式账簿是指在账页中分设"借方""贷方"和"余额"或者"收入""发出"和"结存"三大栏，并在每一大栏内分设数量、单价和金额等三小栏的账簿，数量金额式账簿能够反映出财产物资的实物数量和价值量。原材料和库存商品、产成品等明细账一般采用数量金额式账簿。

第二节 账簿的内容、启用与记账规则

一、账簿的内容

虽然各种账簿所记录的经济内容不同，账簿的格式又多种多样，不同账簿的格式所包括的具体内容也不尽一致，但各种主要账簿应具备以下基本内容：

(1) 封面：主要用于表明账簿的名称，如库存现金日记账、银行存款日记账、总分类账、应收账款明细账等。

(2) 扉页：主要用于载明经管人员一览表，其应填列的内容主要有经管人员、移交人和移交日期，以及接管人和接管日期。

(3) 账页：账页是用来记录具体经济业务的载体，其格式因记录经济业务的内容的不同而有所不同，但每张账页上应载明的主要内容有：账户的名称（即会计科目）；记账日期栏；记账凭证种类和号数栏；摘要栏（经济业务内容的简要说明）；借方、贷方金额及余额的方向、金额栏；总页次和分页次等。

二、账簿的启用

为了保证会计账簿记录的合法性和会计资料的真实性、完善性，明确经济业务，会计账簿应由专人负责登记。启用会计账簿应遵守以下规则。

(一) 认真填写封面及账簿启用和经管人员一览表

启用会计凭证时应在账簿封面上写明单位名称和账簿名称，并在账簿扉页附账簿启用和经管人员一览表（简称"启用表"）。启用表内容主要包括：账簿名称、启用日期、账簿页数、记账人员和会计机构负责人、会计主管人员姓名，并加盖名章和单位公章，并在右上角粘贴印花税票。账簿启用和经管人员一览表如表 8-1 所示。

表 8-1　　账簿启用和经管人员一览表

账簿名称：________　　单位名称：________
账簿编号：________　　账簿册数：________
账簿页数：________　　启用日期：________
会计主管：________　　记账人员：________

移交日期			移交人		接管日期			接管人		接管人	
年	月	日	签名	盖章	年	月	日	签名	盖章	姓名	主管

启用订本式账簿，应当从第一页到最后一页顺序登记，不得跳页、缺页。使用活页式账簿，应当按账户顺序编号，并要定期装订成册；装订后再按实际使用的账页顺序编定页码，另加目录，记明每个账户的名称和页次。卡片式账簿在使用前应当登记卡片登记簿。

（二）严格交接手续

记账人员或者会计机构负责人、会计主管人员调动工作时，必须办理账簿交接手续，在账簿启用和经管人员一览表中注明交接日期、交接人员和监交人员姓名，并由双方交接人员签名或者盖章，以明确有关人员的责任，增强有关人员的责任感，维护会计记录的严肃性。

（三）及时结转旧账

每年年初更换新账时，应将旧账的各账户余额过入新账的余额栏，并在摘要栏中注明“上年结转”字样。

三、账簿的记账规则

（一）根据审核无误的会计凭证登记账簿

记账的依据是会计凭证，记账人员在登记账簿之前，应当首先审核会计凭证的合法性、完整性和真实性，这是确保会计信息的重要措施。

（二）记账时要做到准确完整

记账人员记账时，应当将会计凭证的日期、编号、经济业务内容摘要、金额和其他有关资料记入账内。每一会计事项，要按平行登记方法，一方面记入有关总账；另一方面记入总账所属的明细账，做到数字准确、摘要清楚、登记及时、字迹清晰工整。记账后，要在记账凭证上签章并注明所记账簿的页数，或划“√”表示已经登记入账，避免重记、漏记。

（三）书写不能占满格

为了便于更正记账和方便查账，登记账簿时，书写的文字和数字上面要留有适当的空格，不要写满格，一般应占格距的 1/2，最多不能超过 2/3。

（四）顺序连续登记

会计账簿应当按照页次顺序连续登记，不得跳行、隔页。如果发生跳行、隔页的，应当将空行、空页用红色墨水对角划线注销，并注明“作废”字样，或者注明“此行空白”“此页空白”字样，并由经办人员盖章，以明确经济责任。

(五) 正确使用蓝黑墨水和红色墨水

登记账簿要用蓝黑墨水或碳素墨水书写,不得使用圆珠笔或者铅笔书写。这是因为,各种账簿归档保管年限,国家规定一般都在10年以上,有些关系到重要经济资料的账簿,则要长期保管,因此要求账簿记录保持清晰、耐久,以便长期查核使用,防止涂改。红色墨水只能在以下情况下使用:

(1) 冲销错账。

(2) 在未设借贷等栏的多栏式账页中,登记减少数。

(3) 在三栏式账户的余额栏前,如未印明余额方向的,在余额栏内登记负数余额。

(4) 根据国家统一会计制度的规定可以使用红字登记的其他会计记录。

在会计上,书写墨水的颜色用错了,会传递错误的信息,红色表示对正常记录的冲减。因此,红色墨水不能随意使用,只有特殊记账使用红色墨水。

(六) 结出余额

凡需要结出余额的账户,应按时结出余额,库存现金日记账和银行存款日记账必须逐日结出余额;债权债务明细账和各项财产物资明细账,每次记账后,都要随时结出余额;总账账户平时每月需要结出月末余额。结出余额后,应当在"借或贷"栏内写明"借"或者"贷"字样以说明余额的方向。没有余额的账户,应当在"借或贷"栏内写"平"字,并在余额栏内用"0"表示,一般来说,"0"应放在"元"位。

(七) 过次承前

各账户在一张账页记满时,要在该账页的最末一行加计发生额合计数和结出余额,并在该行"摘要"栏注明"过次页"字样;然后,再把这个发生额合计数和余额填列在下一页的第一行内,并在"摘要"栏内注明"承前页",以保证账簿记录的连续性。

(八) 账簿记录错误应按规定的办法更正

账簿记录发生错误时,不得刮、擦、挖、补,随意涂改或用褪色药水更改字迹,应根据错误的情况,按规定的方法进行更正。

延伸阅读8-2

账簿设置既要满足管理需要又要避免重复设账

会计账簿设计的目的是取得管理所需要的资料,因此会计账簿设置也以满足需要为前提,避免重复设账、记账、浪费人力物力。例如,材料账,一些企业在财务科设了总账和明细账,在供应科又设一套明细账,在仓库还设三级明细账,就是重复设账的典型例子。事实上若在财务科只设总账,供应科设二级明细账(按类别)、仓库设二级明细账(按品名规格),一层控制一层,互相核对,数据共享,既省时又省力。

延伸阅读8-3

企业不得私设会计账簿进行登记

企业应依据《会计法》《会计基础工作规范》及其他法律行政法规,如《税收征收管理法》《公司法》,建立会计账簿,并且国家机关、社会团体、企事业单位和其他经济组织,要按照要求设置会计账簿,进行会计核算;其设置的会计账簿的种类和具体要求要符合《会计法》和国家统一会计制度的规定;各单位发生的经济业务应当统一核算,不得违反规定私设会计账簿进行登记,私自设立会计账簿进行登记即是违反会计职业道德的行为,更是一种违反《会计法》的违法行为。

第三节 账簿的格式与登记方法

一、日记账的格式与登记方法

8-3 视频：会计账簿的登记

日记账又称序时账簿，是按照经济业务发生或完成时间的先后顺序逐日逐笔进行登记的账簿。设置日记账的目的，是使经济业务按时间顺序清晰地反映在账簿记录中。在我国，大多数单位一般只设库存现金日记账和银行存款日记账，以便加强对货币资金的日常监督和管理。这里以库存现金日记账和银行存款日记账为例介绍日记账的格式和登记方法。

（一）库存现金日记账的格式与登记

库存现金日记账是用来核算和监督库存现金日常收、付和结存情况的序时账簿。库存现金日记账的格式主要有三栏式和多栏式两种，库存现金日记账必须使用订本账。

1. 三栏式库存现金日记账

三栏式库存现金日记账是用来登记库存现金的增减变动及其结果的日记账，三栏式日记账设借方、贷方和余额三个基本的金额栏目，一般将其分别称为“收入”“支出”和“结余”三个基本栏目。其格式如表 8-2 所示。

表 8-2 库存现金日记账(三栏式) 第　页

2×21 年		凭证		对方科目	摘要	收入	支出	结余
月	日	字	号					
3	1				期初余额			5 000.00
3	2	银付	1	银行存款	从银行提现	700.00		5 700.00
3	3	现付	1	其他应收款	预付差旅费		500.00	5 200.00
3	5	现付	2	管理费用	购买办公用品		300.00	4 900.00

三栏式库存现金日记账由出纳人员根据审核无误的现金收款凭证、银行存款付款凭证和现金付款凭证，序时逐日逐笔地登记。其具体登记方法如下：

（1）日期栏：记账凭证的日期，与库存现金实际收付日期一致。

（2）凭证栏：登记入账的收付款凭证的种类和编号，如“库存现金收（付）款凭证”，简写为“现收（付）”，“银行存款收（付）款凭证”，简写为“银收（付）”。凭证栏还应登记凭证的编号数，以便于查账和核对。

（3）摘要栏：说明登记入账的经济业务内容。文字要简练，同时还要说明问题。

（4）对方科目栏：指库存现金收入的来源科目或支出的用途科目。如银行提取现金，其对方科目为：银行存款。其作用是了解经济业务的来龙去脉。

（5）收入、支出栏（借方、贷方栏）：指库存现金实际收付的金额。每日终了，应分别计算库存现金收入和付出的合计数，结出余额，其计算公式如下：

日余额＝上日余额＋本日收入额－本日支出额

同时将余额与出纳人员的库存现金核对，做到日结日清，账实相符。如账实不符，应查明原因。月终同样要计算库存现金收、付和结存的合计数,通常称为“月结”。

2. 多栏式库存现金日记账

多栏式库存现金日记账是在三栏式库存现金日记账的基础上发展起来的。这种日记账的借方和贷方金额栏都按照对方科目设置专栏,也就是按照收入的来源和支出的用途设置专栏。这种格式在月末结账时,可以结出各收入来源专栏和支出用途专栏的合计数,便于对现金收支的合理性、合法性进行审核分析,便于检查财务收支计划的执行情况,其全月发生额还可以作为登记总账的依据。多栏式库存现金日记账格式如表 8-3 所示。

表 8-3 **库存现金日记账(多栏式)** 第　页

年		凭证		摘要	收入				支出				结余
					应贷科目				应借科目				
月	日	字	号		银行存款	主营业务收入	……	合计	其他应收款	管理费用	……	合计	

如果借、贷两方对应的科目太多会形成账页过长,不便于保管和记账。因此,实际工作中,如果要设多栏式库存现金日记账,一般常把现金收入业务和支出业务分设“库存现金收入日记账”和“库存现金支出日记账”两本账。其中,库存现金收入日记账按对应的贷方科目设置专栏,另设“支出合计”栏和“结余”栏;库存现金支出日记账则只按支出的对方科目设专栏,不设“收入合计”栏和“结余”栏。登记方法为:根据有关的现金收入业务的记账凭证登记库存现金收入日记账,根据有关现金支出业务的记账凭证登记库存现金支出日记账。每日终了,根据库存现金支出日记账结出支出合计数,一笔转入库存现金收入日记账的“支出合计”栏中,并结出当日余额填入“结余”栏,然后与库存现金实有数核对。

延伸阅读 8-4

会计账簿登记的依据

在会计账簿上进行登记,必须有法定的依据,按照《会计法》的规定,会计账簿登记应当以经过审核的会计凭证为依据,所以,经过审核的会计凭证是登记会计账簿的法定依据。按照会计核算的程序,单位实际发生的经济业务事项都应当先填制和取得原始凭证,编制记账凭证,然后再根据记账凭证一一记入会计账簿。从内容上看,会计凭证是反映个别经济业务事项的资料。因此,会计凭证是会计账簿登记的依据。为了保证会计账簿记录的真实、准确,会计人员应当依据经审核无误的会计凭证登记会计账簿。经过审核作为登记会计账簿依据的会计凭证,应当是格式内容符合国家统一的会计制度的要求,并由记账人员、审核人员等签名或盖章的会计凭证,未经会计人员审核的会计凭证,不能作为登记账簿的依据。

(二)银行存款日记账的格式与登记方法

1. 格式

银行存款日记账的格式与库存现金日记账格式基本相同。其格式一般为三栏式,但也可以采用多栏式。三栏式银行存款日记账也设借方、贷方和余额三个基本的金额栏目,而且银行存款日记账,也都必须使用订本账,并为每一张账页顺序编号。其具体格式如表 8-4 所示。

表 8-4　　银行存款日记账　　第　页

2×21年		凭证		对方科目	摘要	借方	贷方	余额
月	日	字	号					
5	1				期初余额			45 000.00
5	2	现付	1	库存现金	存入销货款	7 000.00		52 000.00
5	2	银付	1	在途物资	购买材料		10 000.00	42 000.00
5	2	银付	1	应交税费	进项税额		1 700.00	40 300.00
					本日合计	7 000.00	11 700.00	40 300.00
5	3	银付	2	预付账款	预付购货款		5 000.00	35 300.00

2. 登记方法

银行存款日记账是由出纳人员根据审核无误的银行存款收款凭证、银行存款付款凭证和现金付款凭证，按经济业务发生时间的先后顺序，逐日逐笔进行登记的序时账簿。银行存款日记账应按企业在银行开立的账户和币种分别设置，每个银行存款账户设置一本银行存款日记账。具体登记方法与现金日记账基本相同。其具体登记方法如下：

(1) 日期栏：记账凭证的日期。

(2) 凭证栏：登记入账的收付款凭证的种类和编号。

(3) 摘要栏：说明登记入账的经济业务内容。文字要简练，同时还要说明问题。

(4) 对方科目栏：指银行存款收入的来源科目或支出的用途科目。如开出支票一张支付购料款，其支出的对方科目为"在途物资"科目，其作用在于了解经济业务的来龙去脉。

(5) 收入、支出栏(借方、贷方栏)：指银行存款实际收付的金额。每日终了，应分别计算银行存款收入和付出的合计数，结出余额，其计算公式为：

日余额＝上日余额＋本日收入额－本日支出额

银行存款日记账和现金日记账一样，每日终了时要结出余额，做到日结，以便检查监督各项收支款项，避免出现透支现象，月终，应计算出银行存款全月收入、支出的合计数，做到月结，同时也便于同银行对账单进行核对。

二、分类账的格式与登记方法

分类账有总分类账和明细分类账两类。

(一) 总分类账的格式与登记方法

1. 格式

总分类账是提供总括会计信息的账簿。总账中的账页是按总账科目(一级科目)开设的总分类账户。为了全面、系统、综合地反映企业所有的经济活动情况和财务收支情况，并为编制会计报表提供所需的资料，每一个单位都要设置总分类账。

总分类账最常用的格式为三栏式，设置借方、贷方和余额三个基本金额栏目。总分类账必须采用订本式账簿。总分类账一般按照会计科目的编码顺序，并为各个账户预留账页。其具体格式如表 8-5 所示。

表 8-5 应付账款总分类账 第　页

2×21年		凭证		摘要	借方金额	贷方金额	借或贷	余额
月	日	字	号					
4	1			期初余额			贷	949 000.00
4	2	转	4	购入设备		20 000.00	贷	969 000.00
4	14	转	25	购入A材料		15 000.00	贷	984 000.00

2. 登记方法

总分类账登记的依据和方法，主要取决于所采用的账务处理程序。它既可以直接根据记账凭证逐笔登记，也可以通过一定的汇总方式，先把各种记账凭证汇总编制成科目汇总表或汇总记账凭证，再据以登记。月终，在全部经济业务登记入账后，结出各账户的本期发生额和期末余额。

（二）明细分类账的格式与登记方法

1. 格式

明细分类账是根据二级科目或明细科目开设账页，分类、连续地登记经济业务以提供明细核算资料的账簿。它所提供的有关经济活动的详细核算资料，是对总分类账所提供的总括核算资料的必要补充，同时也是编制会计报表的依据之一。因此，各个单位在设置总分类账的基础上，还应根据实际需要，按照总账科目设置必要的明细分类账。明细分类账一般采用活页式账簿，也有的采用卡片式账簿（如固定资产明细账）。根据管理的要求和各种明细分类账所反映的经济内容，明细分类账的格式主要有三栏式、多栏式、数量金额式等多种。

（1）三栏式明细分类账。三栏式明细分类账是设有借方、贷方和余额三个栏目，用来分类核算各项经济业务，提供详细核算资料的账簿，其格式与三栏式总账格式相同，适用于只进行金额核算的账户。这种格式适合于那些只需要进行金额核算，不需要进行数量核算的债权债务结算科目，如“应收账款”“应付账款”等科目的明细分类核算。

（2）多栏式明细分类账。多栏式明细分类账是将属于同一个总账科目的各个明细科目合并在一张账页上进行登记，适用于成本费用类科目的明细核算，如“生产成本”“管理费用”“营业外收入”“利润分配”等科目的明细分类核算。其具体格式如表 8-6 所示。

表 8-6 生产成本明细账

产品名称：A产品 第　页

2×21年		凭证		摘要	借方			
月	日	字	号		直接材料	直接人工	制造费用	合计
8	1			期初余额	3 500.00	3 000.00	1 600.00	8 100.00
8	5	转	6	本月领用材料	15 000.00			15 000.00
8	15	转	18	生产工人工资		8 000.00		8 000.00
8	20	银付	20	支付本月电费	2 000.00			2 000.00
8	31	转	55	分配制造费用			4 200.00	4 200.00

（3）数量金额式明细分类账。数量金额式明细分类账的借方（收入）、贷方（发出）和余额（结存）都分别设有数量、单价和金额三个专栏，适用于既要进行金额核算又要进行数量核算的账户，如“原材料”“库存商品”等科目的明细分类核算。其具体格式如表8-7所示。

表8-7 **原材料明细账**

二级科目：甲材料

材料规格： 计量单位：元/千克

2×21年		凭证	摘要	收入			发出			结存		
月	日	字号		数量	单价	金额	数量	单价	金额	数量	单价	金额
1	1	（略）	期初余额							400	2	800.00
1	5		车间领用				300	2	600.00	100	2	200.00
1	15		购入材料	350	2	700.00				450	2	900.00
1	20		车间领用				250	2	500.00	200	2	400.00

2. 登记方法

不同类型经济业务的明细分类账，可根据管理需要，依据记账凭证、原始凭证或汇总原始凭证逐日逐笔或定期汇总登记。固定资产、债权债务等明细账应逐日逐笔登记；库存商品、原材料收发明细账以及收入、费用明细账可以逐笔登记，也可定期汇总登记。“库存现金”“银行存款”账户由于已设置了日记账，不必再设明细账，日记账实质上也是一种明细账。

相关案例8-1

企业不按规定登账，掩盖违法意图

某些企业在登记账簿的过程中，不按照记账凭证的内容和要求记账，而是随意改动业务内容，故意使用错误的账户，使借贷方科目弄错，混淆业务应有的对应关系，以掩饰其违法乱纪的意图。例如，某企业下属的几个业务部门在经营上都实行了承包责任制，即年底完成公司所定的任务，可以作为提拔、晋升、发奖金的前提条件。该企业一业务部经理在年底将近时，眼看无法完成公司合同所定的任务，即私下找主管该部门会计核算的会计人员，许以重金，要求其在登账过程中作一些改动。会计人员允诺，年终，该部门经理如愿以偿地被提拔为该公司副总经理。但这些行为都是违反《会计法》规定的。

三、总分类账户与明细分类账户的平行登记

（一）总分类账户与明细分类账户的关系

总分类账户是所属明细分类账户的统驭账户，对所属明细分类账户起着控制作用。明细分类账户则是总分类账户的从属账户，对其所隶属的总分类账户起辅助作用。总分类账户及其所属明细分类账户的核算对象是相同的，它们所提供的核算资料相互补充，只有把两者结合起来，才能既总括又详细地反映同一核算内容。因此总分类账户和明细分类账户必须平行登记。

8-4 视频：平行登记

（二）账户平行登记的原则

平行登记是指对所发生的每项经济业务都要以会计凭证为依据，一方面记入有关总分类账户，另一方面记入所属明细分类账户的方法。总分类账和明细分类账平行登记的原则

如下。

1. 依据相同

对发生的经济业务，都要以相同的会计凭证为依据，既登记总分类账，又登记所属明细分类账。

2. 方向相同

在总分类账户及其所属的明细分类账户中登记同一项经济业务时，方向通常相同。即在总分类账户中记入借方，在其所属的明细分类账中也应记入借方；在总分类账账户中记入贷方，在其所属的明细分类账中也应记入贷方。

3. 期间一致

发生的经济业务，记入总分类账户和所属明细分类账户的具体时间可以有先有后，但应在同一个会计期间记入总分类账户和所属的明细分类账户。

4. 金额相等

记入总分类账户的金额必须与记入其所属的一个或几个明细分类账户的金额合计数相等。

【例 8-1】 平行登记法的应用。

华夏有限责任公司 2×21 年 1 月初有关总分类账户和明细分类账户的资料如下："原材料"总分类账户借方余额 35 000 元，"原材料——A 材料"借方余额 1 000 千克，单价 20 元，计 20 000 元，"原材料——B 材料"借方余额 1 500 千克，单价 10 元，计 15 000 元。

1 月份该企业发生以下经济业务：

(1) 1 月 1 日公司购进 A 材料 500 千克，单价 20 元，B 材料 200 千克，单价 10 元，货款用银行存款支付，材料验收入库。

(2) 1 月 8 日发出材料用于生产产品。其中 A 材料 300 千克，单价 20 元，B 材料 200 千克，单价 10 元。

(3) 1 月 20 日向华丽厂购入 A 材料 500 千克，单价 20 元，向华美厂购入 B 材料 300 千克，单价 10 元，货款尚未支付。

要求：编制上述 3 笔经济业务的会计分录(不考虑增值税)，并根据平行登记的要点登记"原材料""应付账款"总分类账及其所属的明细分类账户。

编制上述 3 笔经济业务的会计分录如下：

(1) 借：原材料——A 材料	10 000	
——B 材料	2 000	
贷：银行存款		12 000
(2) 借：生产成本	8 000	
贷：原材料——A 材料		6 000
——B 材料		2 000
(3) 借：原材料——A 材料	10 000	
——B 材料	3 000	
贷：应付账款——华丽厂		10 000
——华美厂		3 000

根据平行登记的要点登记“原材料”总分类账及其所属的明细分类账户，见表8-8、表8-9、表8-10。

表8-8 **原材料 总分类账** 第 页

2×21年		凭证	摘要	借方金额	贷方金额	借或贷	余额
月	日	字号					
1	1	略	期初余额			借	35 000
	1		购进	12 000		借	47 000
	8		领用		8 000	借	39 000
	20		购进	13 000		借	52 000

表8-9 **原材料 明细账**

二级科目：A材料 计量单位：千克

材料规格：

20×21年		凭证	摘要	收入			发出			结存		
月	日	字号		数量	单价	金额	数量	单价	金额	数量	单价	金额
1	1	略	期初余额							1 000	20	20 000
	1		购进	500	20	10 000				1 500	20	30 000
	8		领用				300	20	6 000	1 200	20	24 000
	20		购进	500	20	10 000				1 700	20	34 000

表8-10 **原材料 明细账**

二级科目：B材料 计量单位：千克

材料规格：

20×21年		凭证	摘要	收入			发出			结存		
月	日	字号		数量	单价	金额	数量	单价	金额	数量	单价	金额
1	1	略	期初余额							1 500	10	15 000
	1		购进	200	10	2 000				1 700	10	17 000
	8		领用				200	10	2 000	1 500	10	15 000
	20		购进	300	10	3 000				1 800	10	18 000

第四节 对账与结账

一、对账的含义

对账就是核对账目。一般是在会计期间（月份、季度、年度）终了时，检查和核对账证、账账、账实是否相符，以确保账簿记录的正确性。

会计人员在填制凭证、登记账簿等一系列工作中出现的差错，因管理工作不善而带来的财产管理中的各种问题以及其他一些因素的影响，都可能给账簿记录的真实性、正确性带来影响。为了保证账簿记录的真实、正确、可靠，必须对账簿和账户所记录的有关数据加以检查和核对。

二、对账的内容

对账的内容一般包括如下几个方面。

（一）账证核对

账证核对是指将各种账簿记录与会计凭证进行核对，这种核对主要是在日常编制凭证和记账过程中进行；必要时，也可以采用抽查核对和目标核对的方法进行。核对的重点是凭证所记载的业务内容、余额和分录是否与账簿中的记录一致，若发现差错，应重新对账簿记录和会计凭证进行复核，直到查出错误的原因为止，以保证账证相符。

（二）账账核对

账账核对是指将各种会计账簿之间相对应的记录进行核对。由于会计账簿之间相对应的记录存在着内在联系，因此，通过账账核对，可以检查、验证会计账簿记录的正确性，以便及时发现错账，予以更正，保证账账相符。账账核对包括以下四个方面：

（1）总分类账各账户的借方期末余额合计数与贷方期末余额合计数核对相符。

（2）明细分类账各账户的余额合计数与有关的总分类账的余额核对相符。

（3）日记账的余额与总分类账各账户的余额核对相符。

（4）会计部门各种财产物资明细分类账的期末余额与保管或使用部门的财产物资明细分类账的期末余额核对相符。

相关案例8-2

企业存在账账不符现象

根据财务会计制度的规定，账簿与账簿之间存在一定的勾稽关系，如总账与明细账余额相等且余额方向一致；所有资产总账余额与负债和权益总额必须相等，一些单位由于会计核对不合规，往来债权债务长期不清，加上会计人员对国家法律、法规和制度的学习理解不准确，账账不符的现象十分严重。例如，按会计制度规定，企业坏账准备等必须按企业期末应收账款余额的一定比例（如3‰）计提，审计人员在检查某企业坏账准备账簿时，其余额为20万元（全部为当月计提数），经查企业应收账款当月末余额为4 000万元，按3‰计算应计提坏账准备为12万元，很明显坏账准备账簿余额与应收账款账簿余额对应关系不正确，多计提8万元，加大了成本，虚减了利润。企业应按照会计法的规定，杜绝账账不符现象的发生。

（三）账实核对

账实核对是在账账核对的基础上，将各种财产物资的账面余额与实存数额进行核对。由于实物的增减变化、款项的收付都要在有关账簿中如实反映，因此，通过会计账簿记录与实物、款项的实有数进行核对，可以检查、验证款项、实物会计账簿记录的正确性，以便于及时发现财产物资和货币资金管理中存在的问题，查明原因，分清责任，改善管理，保证账实相符。账实核对包括以下四个方面：

（1）库存现金日记账账面余额与库存现金相互核对。

（2）银行存款日记账账面余额与银行各账户的银行对账单相互核对。

（3）各种材料物资明细账账面余额与材料物资实存数额相互核对。

（4）各种应收、应付款项明细账账面余额与有关的债权债务单位相互核对。

通过上述的对账工作，就能做到账证相符、账账相符、账实相符，使会计核算资料真实、正确、可靠。

三、结账的含义

结账就是把一定时期内所发生的经济业务，在全部登记入账的基础上，结算出每个账户的本期发生额和期末余额，并将期末余额转入下期或下年新账（期末余额结转到下期即为下期期初余额）。根据会计分期的不同，结账工作相应的可以在月末、季末、年末进行，但不能为减少本期的工作量而提前结账，也不能将本期的会计业务推迟到下期或编制报表之后再进行结账。对资产、负债和所有者权益等实账户可以在会计期末直接结账，而对那些收入、费用等虚账户，因为它们在结账前应按权责发生制要求先进行调整。所以应在调整之后再结账。

简单地说，结账工作主要由两部分构成：一是结出总分类账和明细分类账的本期发生额和期末余额（包括本期累计发生额），并将余额在本期和下期之间进行结转；二是损益类账户，即收入、成本费用类账户的结转，并计算本期利润（利润的确定一般在年结时进行）。

结账有利于企业管理者定期总结生产经营情况，对不同会计期间的数据资料进行比较分析，以便发现问题，采取措施及时解决；结账也有利于编制报表，提供报表所需的数据资料，满足与企业有利益关系的投资者、债权人作出正确的投资决策，满足国家进行宏观调控的要求。另外，企业因撤销、合并而办理账务交接时，也需要办理结账手续。

四、结账的程序及方法

（一）结账的程序

8-5 视频：结账

（1）检查结账日止以前所发生的全部经济业务是否都已经登记入账。将本期发生的经济业务事项全部登记入账，并保证其正确性。

（2）编制结账分录。在有关经济业务都已经登记入账的基础上，要将各种收入、成本和费用等账户的余额进行结转，编制各种转账分录，结转到利润账户，再编制利润分配的分录。

（3）计算发生额和余额。计算出各账户的发生额和余额，并进行结转，最终计算出资产、负债和所有者权益类账户的本期发生额和余额。

（4）将各损益类账户余额全部转入“本年利润”账户，结平所有损益类账户。结出资产、负债和所有者权益账户的本期发生额和余额并转入下期。

上述工作完成后，就可以根据总分类账和明细分类账的本期发生额和期末余额，分别进行试算平衡。

（二）结账的方法

（1）月结时，应在该月最后一笔经济业务下面划一条通栏单红线，在红线下“摘要”栏内注明“本月合计”或“本月发生额及余额”字样，在“借方”栏、“贷方”栏或“余额”栏分别填入本月合计数和月末余额，同时在“借或贷”栏内注明借贷方向。然后，在这一行下面再划一条通栏红线，以便与下月发生额划清。

（2）季结时，通常在每季度的最后一个月、月结的下一行，在“摘要”栏内注明“本季合计”或“本季度发生额及余额”，同时结出借、贷方发生总额及季末余额。然后，在这一行下面划一条通栏单红线，表示季结的结束。

（3）年结时，在第四季度季结的下一行，在“摘要”栏注明“本年合计”或“本年发生额及余额”,同时结出借、贷方发生额及期末余额。然后,在这一行下面划上通栏双红线,以示封账。

第五节 错账查找与更正

一、错账查找方法

查找错账的方法主要有两种:个别检查法和全面检查法。

(一) 个别检查法

个别检查法就是针对错账的数字来进行检查的方法,这种方法适用于检查方向记反、数字错位和数字颠倒等造成的记账错误。个别检查法又可以分为差数法、倍数法和除 9 法三种。

差数法就是记账人员先确定错账的差数,再根据差数去查找错误的方法。这种方法对于发现漏记账目比较有效,也很简便。

倍数法也叫除 2 法,先算出借方和贷方的差额,再根据差额的一半来查找错误的方法,这种方法适用于会计账簿因栏次错写而造成的方向错误。

除 9 法就是先算出借方与贷方的差额,再除以 9 来查找错误的方法,适用于两种情况,即数字错位和数字颠倒。

(二) 全面检查法

全面检查法就是对一定时期的账目进行全面核对的检查方法,具体又分为两种:顺查法和逆查法。

顺查法就是按照记账的顺序,从头到尾依次检查原始凭证、会计凭证、总账、明细账以及会计科目余额表等。

逆查法是与记账的顺序相反,也就是首先检查科目余额表中数字的计算是否正确,其次检查各账户的计算是否正确,再次核对各账簿与记账凭证是否相符,最后检查记账凭证与原始凭证是否相符。

二、错账更正方法

在发现错账之后,要根据差错的不同原因,使用不同的更正方法。

(一) 划线更正法

在结账前,如果发现账簿记录有错误,而记账凭证并无错误,只是过账时不慎,纯属账簿记录中的文字或数字的笔误,应采用划线更正法予以更正。划线更正法又叫红线更正法。更正的方法是:先在错误的文字或数字上划一条红色横线,表示注销;然后将正确的文字或数字用蓝字或黑字写在被注销的文字或数字的上方,并由记账人员在更正处盖章,以明确责任。但必须注意,对于错误数字应当全部划销,不是只划销写错的个别数码,并对划销的数字,不许全部涂抹,应当使原有字迹仍能辨认,以备日后查考。对于文字错误,可只划去错误的部分。

【例 8-2】 华夏有限责任公司 A 车间领用甲材料 2 000 元用于一般消耗。记账凭证填制准确无误,在登记账簿时误将 2 000 写成 200,此时可直接在账簿中采用划线法进行更正。

更正方法： 2 000.00 盖章

~~200.00~~

（二）红字更正法

8-6 视频：红字更正法

在记账以后，如果发现记账凭证中应借、应贷科目或金额发生错误时，可以用红字更正法进行更正。具体做法是：先用红字金额，填写一张与错误记账凭证内容完全相同的记账凭证，且在摘要栏注明“更正某月某日第×号凭证”，并据以用红字金额登记入账，以冲销账簿中原有的错误记录，然后再用蓝字重新填制一张正确的记账凭证，登记入账。这样，原来的错误记录便得以更正。

红字更正法一般适用于以下两种情况错账的更正：

（1）记账后，如果发现记账凭证中的应借、应贷会计科目有错误，那么可以用红字更正法予以更正。

【例 8-3】 仍以[例 8-2]为例，华夏有限责任公司 A 车间领用甲材料 2 000 元用于一般消耗。

① 填制记账凭证时，误将借方科目写成“生产成本”，并已登记入账。原错误记账凭证为：

借：生产成本　　2 000

　　贷：原材料　　2 000

② 发现错误后，用红字填制一张与原错误记账凭证内容完全相同的记账凭证。

借：生产成本　　[2 000]

　　贷：原材料　　[2 000]

注：[ ]表示红字。

③ 用蓝字填制一张正确的记账凭证。

借：制造费用　　2 000

　　贷：原材料　　2 000

（2）记账后，如果发现记账凭证和账簿记录中应借、应贷的账户没有错误，只是所记金额大于应记金额。

对于这种账簿记录的错误，更正的方法是：将多记的金额用红字填制一张与原错误记账凭证会计科目相同的记账凭证，并在摘要栏注明“更正某月某日第×号凭证”，并据以登记入账，以冲销多记的金额，使错账得以更正。

【例 8-4】 仍以[例 8-2]为例，假设在编制记账凭证时应借、应贷账户没有错误，只是金额由 2 000 元写成了 20 000 元，并且已登记入账。

该笔业务只需用红字更正法编制一张记账凭证将多记的金额 18 000 元用红字冲销即可。编制的记账凭证为：

借：制造费用　　[18 000]

　　贷：原材料　　[18 000]

（三）补充登记法

在记账之后，如果发现记账凭证中应借、应贷的账户没有错误，但所记金额小于应记金额，造成账簿中所记金额也小于应记金额，这种错账应采用补充登记法进行更正。更正的方法是：将少记金额用蓝字填制一张与原错误记账凭证会计科目相同的记账凭证，并在摘要栏内注明“补记某月某日第×号凭证”，并予以登记入账，补足原少记金额，使错账得以更正。

【例 8-5】 仍以[例 8-2]为例，假设在编制记账凭证时应借、应贷账户没有错误，只是金额由 2 000 元写成了 200 元，并且已登记入账。

该笔业务只需用补充登记法编制一张记账凭证将少记的金额 1 800 元补足便可。其记账凭证为：

借：制造费用	1 800	
贷：原材料		1 800

错账更正的三种方法中红字更正法和补充登记法都是用来更正因记账凭证错误而产生的记账错误，如果非因记账凭证的差错而产生的记账错误，只能用划线更正法更正。

以上三种方法对当年内发现填写记账凭证或者登记记账错误而采用的更正方法，如果发现以前年度记账凭证中有错误（指会计科目和金额）并导致账簿登记出现差错，应当用蓝字或黑字填制一张更正的记账凭证。因错误的账簿记录已经在以前会计年度终了进行结账或决算，不可能将已经决算的数字进行红字冲销，只能用蓝字或黑字凭证对除文字外的一切错误进行更正，并在更正凭证上特别注明“更正××××年度错账”的字样。

第六节 账簿的更换与保管

一、账簿的更换

账簿的更换是指在会计年度终了时，将上年度的账簿更换为次年度的新账簿。在每一会计年度结束，新一会计年度开始时，应按会计制度的规定，更换一次总账、日记账和大部分明细账，一少部分明细账还可以继续使用，年初可以不必更换账簿，如固定资产明细账等。

更换账簿时，应将上年度各账户的余额直接记入新年度相应的账簿中，并在旧账簿中各账户年终余额的摘要栏内加盖“结转下年”戳记，同时，在新账簿中相关账户的第一行摘要栏内加盖“上年结转”戳记，并在余额栏内记入上年余额。

二、账簿的保管

会计账簿是会计工作的重要历史资料，也是重要的经济档案。在经营管理中具有重要作用。因此，每一个企业、单位都应按照国家有关规定，加强对会计账簿的管理，做好账簿的管理工作。

账簿的保管，应该明确责任，保证账簿的安全和会计资料的完整，防止交接手续不清和可能发生的舞弊行为。在账簿交接保管时，应将该账簿的页数、记账人员姓名、启用日期、交接日期等列表附在账簿的扉页上，并由有关方面签字盖章。账簿要定期（一般为年终）收集，审查核对，整理立卷，装订成册，专人保管，严防丢失和损坏。

年度终了，各种账户在结转下年、建立新账后，一般应将旧账集中统一管理。会计账簿暂由本单位财务会计部门保管1年，期满后，由本单位财务会计部门编造清册移交本单位的档案部门保管。

账簿应按照规定期限保管。各账簿的保管期限分别为：库存现金日记账和银行存款日记账为30年；固定资产卡片在固定资产报废清理后应继续保存5年；其他总分类账、明细分类账和辅助账簿应保存30年。保管期满后，要按照会计档案管理办法的规定，由财会部门和档案部门共同鉴定，报经批准后进行处理。

合并、撤销单位的会计账簿，要根据不同情况，分别移交给并入单位、上级主管部门或主管部门指定的其他单位接受保管，并由交接双方在移交清册上签名盖章。

账簿日常应由各自分管的记账人员专门保管，未经领导和会计负责人或有关人员批准，不许非经管人员翻阅、查看、摘抄和复制。会计账簿除非特殊需要或司法介入要求，一般不允许携带外出。

新会计年度对更换下来的旧账簿应进行整理、分类，对有些缺少手续的账簿，应补办必要的手续，然后装订成册。并编制目录，办理移交手续，按期归档保管。

对会计账簿的保管既是会计人员应尽的职责，又是会计工作的重要组成部分。

本章小结

本章主要学习了：会计账簿的含义、种类、内容、启用方式、记账规则、账簿格式、登记方法、对账结账以及错账的查找与更正。本章重点为会计账簿的登记方法、对账结账及错账更正方法。

8-7 思政课堂：股东可以查阅公司账簿和凭证吗？

本章重要概念

会计账簿　日记账　分类账　备查账　划线更正法　红字更正法　对账　结账

8-8 扫一扫看课件

第九章　账务处理程序

- 内容简介
- 学习目的和要求
- 引例
- 第一节　账务处理程序概述
- 第二节　记账凭证账务处理程序
- 第三节　汇总记账凭证账务处理程序
- 第四节　科目汇总表账务处理程序
- 本章小结
- 本章重要概念

内容简介

本章主要讲述了账务处理程序概述、记账凭证账务处理程序、汇总记账凭证账务处理程序、科目汇总表账务处理程序的核算步骤、优缺点及适用范围。

学习目的和要求

通过本章学习，学生应掌握汇总记账凭证和科目汇总表的编制方法，了解账务处理程序的意义和种类，以及在不同的账务处理程序下的核算步骤、适用范围。

引例　账务处理程序的选择

英利先生于2×15年创办了华夏有限责任公司，注册资本30万元，开始规模较小，主要从事商品生产和销售业务，记账一直采用记账凭证账务处理程序。随着经济业务的不断发展，到2×21年公司注册资本已经扩大到1 000万元，每年销售额达到1.5亿元，这时会计人员提出采用科目汇总表账务处理程序。

上述案例中该公司现在使用的是记账凭证账务处理程序，准备更换为科目汇总表账务处理程序。那么什么是记账凭证账务处理程序？什么是科目汇总表账务处理程序？

（资料来源：https://m.taodocs.com/p-188731478.html，编者有改动。）

第一节　账务处理程序概述

一、账务处理程序的概念与意义

（一）账务处理程序的概念

账务处理程序也称会计核算组织程序或会计核算形式，是指会计凭证、会计账簿、财务报表相结合的方式，包括账簿组织和记账程序。**账簿组织**是指会计凭证和会计账簿的种类、格式，会计凭证与账簿之间的联系方法。**记账程序**是指由填制、审核原始凭证，填制记账凭证，登记日记账、明细分类账和总分类账，编制财务报表的工作程序和方法等。

在会计工作中，不仅要了解会计凭证的填制、账簿的设置和登记，以及财务报表的编制，还必须明确规定各会计凭证、会计账簿和财务报表之间的关系，使之构成一个有机整体。而不同的账簿组织、记账程序和记账方法的有机结合，就构成了不同的账务处理程序。

(二) 账务处理程序的意义

一个单位由于业务性质、规模大小和经济业务的繁简程度各异，决定其适用账务处理程序也不同。为此，科学地组织账务处理程序，对提高会计核算质量和会计工作效率，充分发挥会计的核算和监督职能，具有重要意义。良好的账务处理程序有利于规范会计工作，保证会计信息加工过程的严密性，提高会计信息质量；有利于保证会计记录的完整性和正确性，增强会计信息的可靠性；有利于减少不必要的会计核算环节，提高会计工作效率，保证会计信息的及时性。

二、账务处理程序的种类

目前，我国企业、事业、机关等单位的会计核算一般采用的主要账务处理程序有以下几种：

(1) 记账凭证账务处理程序。

(2) 汇总记账凭证账务处理程序。

(3) 科目汇总表账务处理程序。

以上三种账务处理程序既有共同点，又有各自的特点。其中，记账凭证账务处理程序是最基本的一种，其他账务处理程序都是由此发展、演变而来的。它们之间具有许多相同点，根本区别在于登记总分类账的依据和方法不同。

三、账务处理程序的要求

9-1 视频：账务处理程序概述

科学、合理地组织账务处理程序是做好会计工作的重要前提之一。确定账务处理程序一般应符合以下几点要求：

第一，要与本单位的经济性质、经营特点、规模大小及业务的繁简程度相适应，有利于岗位责任制的建立和分工协作。

第二，要能够及时、准确、全面、系统地提供会计信息，满足各会计信息使用者对会计信息的需要。

第三，要在保证核算资料及时、准确、完整的前提下，尽可能地提高会计工作效率，节约核算费用。

相关思考 9-1

最基本的账务处理程序？

账务处理程序主要有记账凭证账务处理程序、汇总记账凭证账务处理程序和科目汇总表账务处理程序。

请问：最基本的账务处理程序是哪种？

相关思考解析 9-1：

最基本的账务处理程序是记账凭证账务处理程序。

第二节 记账凭证账务处理程序

记账凭证账务处理程序是指对发生的经济业务，先根据原始凭证或汇总原始凭证填制记账凭证，再直接根据记账凭证登记总分类账的一种账务处理程序。

在记账凭证账务处理程序下，应当设置库存现金日记账、银行存款日记账、明细分类账和总分类账。日记账和总分类账可采用三栏式；明细分类账可根据需要采用三栏式、数量金额式和多栏式；记账凭证一般使用收款凭证、付款凭证和转账凭证三种格式，也可采用通用记账凭证。

一、记账凭证账务处理程序的一般步骤

9-2 扫一扫练一练

9-3 扫一扫练一练答案

（1）根据原始凭证填制汇总原始凭证。

（2）根据原始凭证或汇总原始凭证填制记账凭证。

（3）根据收款凭证和付款凭证逐笔登记库存现金日记账和银行存款日记账。

（4）根据原始凭证、汇总原始凭证和记账凭证登记各种明细分类账。

（5）根据记账凭证逐笔登记总分类账。

（6）期末，将库存现金日记账、银行存款日记账的余额，以及各种明细分类账的余额合计数，分别与总分类账中相关账户的余额核对相符。

（7）期末，根据核对无误的总分类账和明细分类账的相关资料，编制财务报表。

记账凭证账务处理程序的步骤如图 9-1 所示。

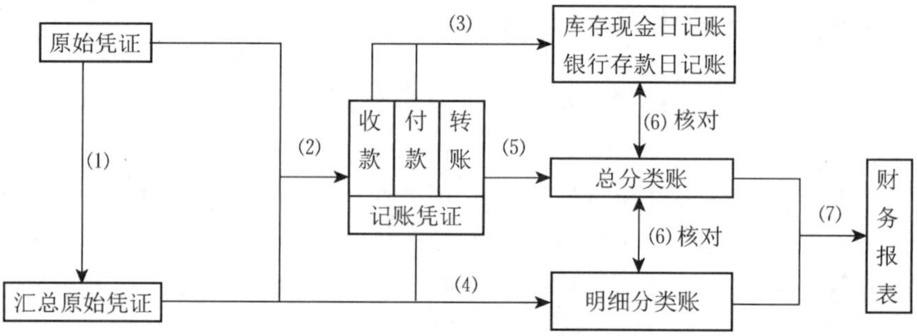

图 9-1 记账凭证账务处理程序

9-4 视频：记账凭证账务处理程序的步骤、优缺点和适用范围

二、记账凭证账务处理程序的特点、优缺点及适用范围

（一）记账凭证账务处理程序的特点

记账凭证账务处理程序的特点是直接根据记账凭证对总分类账进行逐笔登记。

（二）记账凭证账务处理程序的优缺点

1. 记账凭证账务处理程序的优点

（1）在记账凭证上能够清晰地反映账户之间的对应关系，在记账凭证核算组织程序下，所采用的是专用记账凭证或通用记账凭证，当一笔经济业务发生以后，利用一张记账凭证就可以编制出该笔经济业务的完整会计分录，涉及几个会计科目（账户的名称）就填写几个会计科目。因而，在记账凭证上，账户之间的对应关系一目了然。

(2) 总分类账上能够比较详细地反映经济业务的发生情况。在记账凭证核算组织程序下,不仅对各种日记账和明细分类账采取逐笔登记的方法,对于总分类账的登记方法也是如此。因而,在总分类账上能够详细登记所发生的经济业务情况。

(3) 总分类账登记方法简单,易于掌握。根据记账凭证直接登记账簿是最为简单的一种登记方法,这种方法比较容易掌握。

2. 记账凭证账务处理程序的缺点

(1) 总分类账登记工作量过大。对发生的每一笔经济业务都要根据记账凭证逐笔在总分类账中进行登记,实际上与登记日记账和明细分类账的做法一样,是一种简单的重复登记,势必要增大登记总分类账的工作量,特别是在经济业务量比较多的情况下更是如此。

(2) 账页耗用多,预留账页多少难以把握。由于总分类账对发生的所有经济业务要重复登记一遍,势必会耗用更多的账页,造成一定的账页浪费。如果是在一个账簿上设置多个账户,由于登记业务的多少很难预先确定,对于每一个账户应预留多少账页很难把握,预留过多会形成浪费,预留过少又会影响账户登记上的连续性。

(三) 记账凭证账务处理程序的适用范围

记账凭证账务处理程序一般只适用于规模较小、经济业务量比较少、会计凭证不多的单位。

第三节 汇总记账凭证账务处理程序

汇总记账凭证账务处理程序是指先根据原始凭证或汇总原始凭证填制记账凭证,定期根据记账凭证分类编制汇总收款凭证、汇总付款凭证和汇总转账凭证,再根据汇总记账凭证登记总分类账的一种账务处理程序。

采用汇总记账凭证账务处理程序时,其账簿设置、各种账簿的格式以及记账凭证的种类和格式基本上与记账凭证账务处理程序相同。但应增设汇总收款凭证、汇总付款凭证和汇总转账凭证,以作为登记总分类账的依据。另外,总分类账的账页格式必须增设“对应账户”栏。

一、汇总记账凭证的编制方法

汇总记账凭证是指对一段时期内同类记账凭证进行定期汇总而编制的记账凭证。汇总记账凭证分为汇总收款凭证、汇总付款凭证和汇总转账凭证三种。其格式如表 9-2、表 9-4、表 9-6 所示。它是根据收款凭证、付款凭证和转账凭证定期汇总编制而成,间隔天数视业务量多少而定,一般 5 天或 10 天汇总填制一次,每月编制一张。

(一) 汇总收款凭证

1. 汇总收款凭证编制的方法

汇总收款凭证应根据“库存现金”“银行存款”账户的借方进行编制,是在对各账户对应的贷方分类之后,进行汇总编制。月末,结算出汇总收款凭证的合计数,分别记入现金、银行存款总分类账的借方以及其各对应账户总分类账的贷方。它汇总了一定时期内所有现金和银行存款的收款业务。

2. 汇总收款凭证的编制举例

【例 9-1】 华夏有限责任公司 2×21 年某月 1～10 日发生如下现金收款业务。其中收回其他应收款业务有 2 笔(见现收 1、现收 4);实现其他业务收入业务有 3 笔(见现收 2、现收 3 和现收6)；收回应收账款业务有1笔(见现收5)。在收款凭证上编制的会计分录如表9-1所示。

表9-1 现金收款凭证简表 单位：元

现收1—借：库存现金 200 贷：其他应收款 200	现收2—借：库存现金 4 000 贷：其他业务收入 4 000
现收3—借：库存现金 500 贷：其他业务收入 500	现收4—借：库存现金 60 贷：其他应收款 60
现收5—借：库存现金 600 贷：应收账款 600	现收6—借：库存现金 1 000 贷：其他业务收入 1 000

在以上现金收款业务的记账凭证中，会计分录的借方科目均为“库存现金”科目；涉及的贷方科目有3个。其中，涉及“其他应收款”科目的有2份凭证，涉及“其他业务收入”科目的有3份凭证，涉及“应收账款”科目的有1份凭证。

按借方科目“库存现金”设置汇总收款凭证，按贷方科目“其他应收款”“其他业务收入”和“应收账款”科目进行汇总，可以计算出该企业1～10日对应于“库存现金”科目的其他会计科目的发生额为：

“其他应收款”科目发生额＝200＋60＝260(元)

“其他业务收入”科目发生额＝4 000＋500＋1 000＝5 500(元)

“应收账款”科目发生额＝600(元)

根据1～10日汇总结果，填入该企业本月汇总收款凭证的相应栏次，如表9-2所示(11～20日、21～30日为另外两次汇总结果的假定数)。

表9-2 汇总收款凭证

借方科目：库存现金 汇收字第×号

贷方科目	金额				总账账页	
	1～10日 收款凭证	11～20日 收款凭证	21～30日 收款凭证	合计	借方	贷方
其他应收款	260	740	820	1 820		
其他业务收入	5 500	1 200	300	7 000		
应收账款	600	500	900	2 000		
合计	6 360	2 440	2 020	10 820		

3. 编制汇总收款凭证的注意事项

为了便于编制汇总收款凭证，在日常编制收款凭证时，会计分录的形式最好是一借一贷、一借多贷，不宜多借一贷或多借多贷。这是由于汇总收款凭证是按借方科目设置的，多借一贷或多借多贷的会计分录都会给编制汇总收款凭证带来一定的不便，或者会造成收款凭证在汇总过程中由于被多次重复使用而产生汇总错误，或者造成会计账户之间的对应关系变得模糊难辨。

(二) 汇总付款凭证

1. 汇总付款凭证编制的方法

汇总付款凭证的编制方法是：按日常核算工作中所填制的专用记账凭证中的付款凭证

上会计分录中的贷方科目（“库存现金”或“银行存款”科目等）设置汇总付款凭证，按它们相应的借方科目定期（如每 5 天或 10 天等）进行汇总，每月编制 1 张。汇总时计算出每一个借方科目发生额合计数，填入汇总付款凭证的相应栏次。它汇总了一定时期内所有现金和银行存款的付款业务。

2. 汇总付款凭证的编制举例

【例 9-2】 华夏有限责任公司 2×21 年某月 1～10 日发生如下银行存款付款业务。其中偿还应付账款业务有 2 笔（见银付 1、银付 5），缴纳税金业务有 1 笔（见银付 2）；购置固定资产业务有 2 笔（见银付 3、银付 6）；归还短期借款业务有 1 笔（见银付 4）。在付款凭证上编制会计分录如表 9-3 所示（11～20 日、21～30 日为另外两次汇总结果的假定数）。

表 9-3 银行存款付款凭证简表 单位：元

银付 1—借：应付账款 2 000 贷：银行存款 2 000	银付 2—借：应交税费 3 000 贷：银行存款 3 000
银付 3—借：固定资产 20 000 贷：银行存款 20 000	银付 4—借：短期借款 6 000 贷：银行存款 6 000
银付 5—借：应付账款 8 000 贷：银行存款 8 000	银付 6—借：固定资产 10 000 贷：银行存款 10 000

在以上银行存款付款业务的记账凭证中，会计分录的贷方科目均为“银行存款”科目；涉及的借方科目有 4 个。其中，涉及“应付账款”科目的有 2 份凭证，涉及“应交税费”科目的有 1 份凭证，涉及“固定资产”科目的有 2 份凭证，涉及“短期借款”科目的有 1 份凭证。

按贷方科目“银行存款”设置汇总付款凭证，按借方科目“应付账款”“应交税费”“固定资产”和“短期借款”进行汇总，可以计算出该企业 1～10 日对应于“银行存款”科目的其他会计科目的发生额为：

“应付账款”科目发生额＝2 000＋8 000＝10 000（元）
“应交税费”科目发生额＝3 000（元）
“固定资产”科目发生额＝20 000＋10 000＝30 000（元）
“短期借款”科目发生额＝6 000（元）

根据 1～10 日汇总结果，填入该企业本月汇总付款凭证的相应栏次，如表 9-4 所示（11～20 日、21～30 日为另外两次汇总结果的假定数）。

表 9-4 汇总付款凭证

贷方科目：银行存款 汇付字第×号

借方科目	金额				总账账页	
	1～10 日付款凭证	11～20 日付款凭证	21～30 日付款凭证	合计	借方	贷方
应付账款	10 000	4 500	8 500	23 000		
应交税费	3 000	3 800	3 000	9 800		
固定资产	30 000		9 000	39 000		
短期借款	6 000			6 000		
合计	49 000	8 300	20 500	77 800		

(三)汇总转账凭证

1. 汇总转账凭证编制的方法

汇总转账凭证的编制方法是:按日常核算工作中所填制的专用记账凭证中的转账凭证上会计分录的贷方科目(如"原材料""固定资产"科目等)设置汇总转账凭证,按它们相应的借方科目定期(如每5天或10天等)进行汇总,每月编制1张。计算出每一个借方科目发生额合计数,填入汇总转账凭证的相应栏次。它汇总了一定时期内所有转账业务。

2. 汇总转账凭证的编制举例

【例9-3】 华夏有限责任公司2×21年某月1~10日发生的发出材料的转账业务为例,说明汇总转账凭证的编制方法。假定该企业在10日内发出材料业务共6笔。其中用于生产产品业务有2笔(见转1、转4);制造部门一般耗用业务有2笔(见转2、转6);与产品的销售有关的耗用业务有1笔(见转3);企业管理部门耗用业务有1笔(见转5)。在转账凭证上编制会计分录如表9-5所示。

表9-5 转账凭证简表 单位:元

转1—借:生产成本	2 000		转2—借:制造费用	3 000	
贷:原材料		2 000	贷:原材料		3 000
转3—借:销售费用	500		转4—借:生产成本	6 000	
贷:原材料		500	贷:原材料		6 000
转5—借:管理费用	1 000		转6—借:制造费用	2 000	
贷:原材料		1 000	贷:原材料		2 000

在以上转账业务的记账凭证中,会计分录的贷方科目均为"原材料"科目;涉及的借方科目有4个。其中涉及"生产成本"科目的有2份凭证,涉及"制造费用"科目的有2份凭证,涉及"销售费用"科目的有1份凭证,涉及"管理费用"科目的有1份凭证。

按贷方科目"原材料"设置汇总转账凭证,按借方科目"生产成本""制造费用""销售费用"和"管理费用"进行汇总,可以计算出该企业1~10日对应于"原材料"科目的其他会计科目的发生额为:

"生产成本"科目发生额=2 000+6 000=8 000(元)
"制造费用"科目发生额=3 000+2 000=5 000(元)
"销售费用"科目发生额=500(元)
"管理费用"科目发生额=1 000(元)

根据1~10日汇总结果,填入该企业本月以"原材料"科目为汇总科目的汇总转账凭证的相应栏次,如表9-6所示。(11~20日、21~30日为另外两次汇总结果的假定数)

表9-6 汇总转账凭证

贷方科目:原材料 汇转字第×号

借方科目	金额				总账账页	
	1~10日转账凭证	11~20日转账凭证	21~30日转账凭证	合计	借方	贷方
生产成本	8 000	4 500	8 000	20 500		
制造费用	5 000	3 500	3 000	11 500		
销售费用	500	300	1 000	1 800		

（续表）

借方科目	金额				总账账页	
	1～10 日 转账凭证	11～20 日 转账凭证	21～30 日 转账凭证	合计	借方	贷方
管理费用	1 000	400		1 400		
合计	14 500	8 700	12 000	35 200		

3. 编制汇总转账凭证的注意事项

为便于进行汇总转账凭证的编制，在日常编制转账凭证时，会计分录的形式最好是一借一贷、一贷多借，不宜一借多贷或多借多贷。这是由于汇总转账凭证是按贷方科目设置的，一借多贷或多借多贷的会计分录都会给编制汇总转账凭证带来一定的不便。

会计职业道德 9-1

爱岗敬业、提高技能

爱岗敬业就是会计人员热爱本职工作，安心本职岗位，忠于职守，尽心尽力、尽职尽责；诚实守信就是指言行跟内心思想一致，讲真诚、讲信用，不弄虚作假、不欺上瞒下，做老实人、说老实话、办老实事，遵守自己所作出的承诺，讲信用，信守诺言，保守秘密。

提高技能就是会计人员不断提高自己的会计专业技能，能够胜任本职工作。

二、汇总记账凭证账务处理程序的一般步骤

(1) 根据原始凭证填制汇总原始凭证。

(2) 根据原始凭证或汇总原始凭证填制记账凭证。

(3) 根据收款凭证和付款凭证逐笔登记库存现金日记账和银行存款日记账。

(4) 根据原始凭证、汇总原始凭证和记账凭证登记各种明细分类账。

(5) 根据各种记账凭证编制有关汇总记账凭证。

(6) 根据各种汇总记账凭证登记总分类账。

(7) 期末，将库存现金日记账、银行存款日记账的余额，以及各种明细分类账的余额合计数，分别与总分类账中相关账户的余额核对相符。

(8) 期末，根据核对无误的总分类账和明细分类账的相关资料，编制财务报表。

汇总记账凭证账务处理程序的步骤如图 9-2 所示。

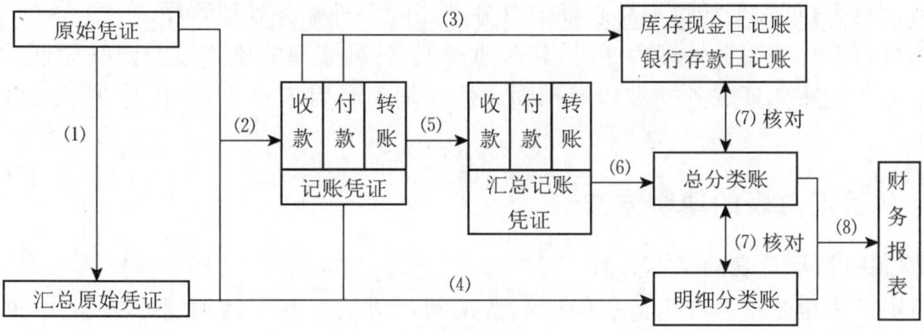

图 9-2 汇总记账凭证账务处理程序

三、汇总记账凭证账务处理程序的特点、优缺点及适用范围

(一) 汇总记账凭证账务处理程序的特点

汇总记账凭证账务处理程序的特点是定期将全部记账凭证分别编制汇总收款凭证、汇总付款凭证和汇总转账凭证，根据各种汇总记账凭证上的汇总数字登记总分类账。

(二) 汇总记账凭证账务处理程序的优缺点

1. 汇总记账凭证账务处理程序的优点

(1) 在汇总记账凭证上能够清晰地反映账户之间的对应关系。在汇总记账凭证核算组织程序下，所采用的是专用记账凭证和汇总记账凭证。汇总记账凭证是采用按会计科目对应关系进行分类汇总的办法，能够清晰地反映出有关会计账户之间的对应关系。

(2) 可以大大减少登记总分类账的工作量。在汇总记账凭证核算组织程序下，可以根据汇总记账凭证上有关账户的汇总发生额，在月份当中定期或月末一次性登记总分类账，可以使登记总分类账的工作量大为减少。

2. 汇总记账凭证账务处理程序的缺点

(1) 定期编制汇总记账凭证的工作量比较大。对发生的经济业务首先要填制专用记账凭证，即收款凭证、付款凭证和转账凭证，在此基础上，还需要定期分类地对这些专用记账凭证进行汇总，编制作为登记总分类账依据的汇总记账凭证，增加了编制汇总记账凭证的工作量。

(2) 对汇总过程中可能存在的错误难以发现。编制汇总记账凭证是一项比较复杂的工作，容易产生汇总错误，而且汇总记账凭证本身又不能体现出有关数字之间的平衡关系，即使存在汇总错误也很难发现。

(三) 汇总记账凭证账务处理程序的适用范围

由于汇总记账凭证账务处理程序具有能够清晰地反映账户之间的对应关系和能够减轻登记总分类账的工作量等优点，它一般只适用于规模较大、经济业务量比较多、专用记账凭证也比较多的会计主体。

第四节 科目汇总表账务处理程序

科目汇总表账务处理程序又称记账凭证汇总表账务处理程序，是指根据记账凭证定期编制科目汇总表，再根据科目汇总表登记总分类账的一种账务处理程序。

采用科目汇总表账务处理程序时，其账簿设置、各种账簿的格式以及记账凭证的种类和格式基本上与记账凭证账务处理程序相同。但应增设科目汇总表，以作为登记总分类账的依据。

一、科目汇总表的填制方法

1. 编制科目汇总表的基本方法

科目汇总表也是根据专用记账凭证汇总编制而成的。基本的编制方法是：根据一定时期内的全部记账凭证，按照相同会计科目进行归类，定期（每 10 天或 15 天，或每月一次）分

别汇总每一个账户的借、贷双方的发生额，并将其填列在科目汇总表的相应栏内，借以反映全部账户的借、贷方发生额。根据科目汇总表登记总分类账时，只需要将该表中汇总起来的各科目的本期借、贷方发生额的合计数，分次或月末一次记入相应总分类账的借方或贷方即可。

所有会计科目的本期借方发生额合计＝所有会计科目的本期贷方发生额合计

2. 科目汇总表的编制举例

【例 9-4】 华夏有限责任公司 2×21 年假定在 7 月份发生如下经济业务，在记账凭证上编制如下会计分录（表 9-7）。科目汇总表工作底稿、科目汇总表如表 9-8、表 9-9 所示。

表 9-7 记账凭证简表 单位：元

银付 1—借：原材料	5 400		转 1—借：应付账款	2 600	
贷：银行存款		5 400	贷：短期借款		2 600
银付 2—借：短期借款	5 000		银收 1—借：银行存款	60 000	
贷：银行存款		5 000	贷：实收资本		60 000
转 2—借：生产成本	10 000		银收 2—借：银行存款	8 000	
贷：原材料		10 000	贷：主营业务收入		8 000

表 9-8 科目汇总表工作底稿

2×21 年 7 月

借　**银行存款**　贷

银收 1	60 000	银付 1	5 400
银收 2	8 000	银付 2	5 000
本期发生额	68 000	本期发生额	10 400

借　**原材料**　贷

银付 1	5 400	转 2	10 000
本期发生额	5 400	本期发生额	10 000

借　**生产成本**　贷

转 2	10 000		
本期发生额	10 000	本期发生额	0

借　**应付账款**　贷

转 1	2 600		
本期发生额	2 600	本期发生额	0

借　**短期借款**　贷

银付 2	5 000	转 1	2 600
本期发生额	5 000	本期发生额	2 600

借　**实收资本**　贷

		银收 1	60 000
本期发生额	0	本期发生额	60 000

借　**主营业务收入**　贷

		银收 2	8 000
本期发生额	0	本期发生额	8 000

表 9-9 科目汇总表

2×21 年 7 月 单位:元

会计科目	本期发生额		总账页数
	借方	贷方	
银行存款	68 000	10 400	
原材料	5 400	10 000	
生产成本	10 000		
应付账款	2 600		
短期借款	5 000	2 600	
实收资本		60 000	
主营业务收入		8 000	
合计	91 000	91 000	

二、科目汇总表账务处理程序的一般步骤

(1) 根据原始凭证填制汇总原始凭证。

(2) 根据原始凭证或汇总原始凭证填制记账凭证。

(3) 根据收款凭证和付款凭证逐笔登记库存现金日记账和银行存款日记账。

(4) 根据原始凭证、汇总原始凭证和记账凭证登记各种明细分类账。

(5) 根据各种记账凭证编制科目汇总表。

(6) 根据各种科目汇总表登记总分类账。

(7) 期末,将库存现金日记账、银行存款日记账的余额,以及各种明细分类账的余额合计数,分别与总分类账中相关账户的余额核对相符。

(8) 期末,根据核对无误的总分类账和明细分类账的相关资料,编制财务报表。

科目汇总表账务处理程序的步骤如图 9-3 所示。

9-5 扫一扫练一练

9-6 扫一扫练一练答案

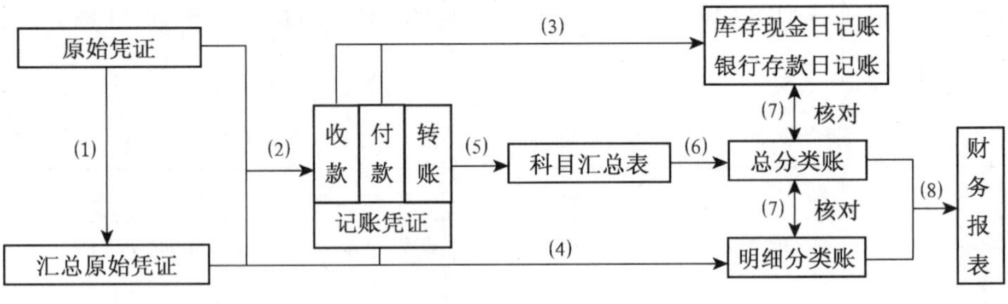

图 9-3 科目汇总表账务处理程序

三、科目汇总表账务处理程序的特点、优缺点及适用范围

(一) 科目汇总表账务处理程序的特点

科目汇总表账务处理程序的特点是定期根据所有记账凭证汇总编制科目汇总表,根据

科目汇总表上的汇总数字登记总分类账。

(二)科目汇总表账务处理程序的优缺点

1. 科目汇总表账务处理程序的优点

(1)可以利用该表的汇总结果进行账户发生额的试算平衡。在科目汇总表上的汇总结果体现了一定会计期间内所有账户的借方发生额和贷方发生额之间的相等关系,利用这种发生额的相等关系,可以进行全部账户记录的试算平衡。

(2)在试算平衡的基础上记账能保证总分类账登记的正确性。在科目汇总表核算组织程序下,总分类账是根据科目汇总表上的汇总数字登记的。由于在登记总分类账之前,能够通过科目汇总表的汇总结果检验所填制的记账凭证是否正确,就等于在记账前进行了一次试算平衡,对汇总过程中可能存在的错误也容易发现。在所有账户借、贷发生额相等的基础上再记账,在一定程度上能够保证总分类账登记的正确性。

(3)可以大大减轻登记总账的工作量。在科目汇总表核算组织程序下,可根据科目汇总表上有关账户的汇总发生额,在月中定期的或月末一次性的登记总分类账,可以使登记总分类账的工作量大为减轻。

(4)适用性比较强。与记账凭证核算组织程序和汇总记账凭证核算组织程序相比较,由于科目汇总表核算组织程序优点较多,任何规模的会计主体都可以采用。

2. 科目汇总表账务处理程序的缺点

(1)编制科目汇总表的工作量比较大。如同汇总记账凭证账务处理程序一样,在科目汇总表核算组织程序下,对发生的经济业务也先要填制各种专用记账凭证,在此基础上,还需要定期地对这些专用记账凭证进行汇总,编制作为登记总分类账依据的科目汇总表,增加了编制科目汇总表的工作量。

(2)科目汇总表上不能够清晰地反映账户之间的对应关系。科目汇总表是按各个会计科目归类汇总其发生额的,在该表中不能清楚地显示出各个账户之间的对应关系,不能够清晰地反映经济业务的来龙去脉。在这一点上,科目汇总表不及专用记账凭证和汇总记账凭证。

(三)科目汇总表账务处理程序的适用范围

由于科目汇总表账务处理程序清楚,又具有能够进行账户发生额的试算平衡,减轻总分类账登记的工作量等优点,因而主要适用于经济业务较多的单位,但是实际工作中不论规模大小的会计主体都可以采用。

9-7 视频:科目汇总表账务处理程序的步骤、优缺点和适用范围

延伸阅读 9-1

日记总账账务处理程序

日记总账账务处理程序是指设置日记总账,根据经济业务发生以后所填制的各种记账凭证直接逐笔登记日记总账,并定期编制财务报表的账务处理程序。

在日记总账核算组织程序下采用的记账凭证主要是各种专用记账凭证,即收款凭证、付款凭证和转账凭证,也可采用通用记账凭证。采用的日记账和明细分类账与其他会计核算组织程序基本相同,所不同的是:在这种核算组织程序下需要专门设置日记总账。

在日记总账核算组织程序下,对经济业务进行账务处理程序大体要经过以下六个步骤。

(1)经济业务发生以后,根据有关的原始凭证或原始凭证汇总表填制各种专用记账凭证。

(2) 根据收款凭证和付款凭证逐笔登记库存现金日记账和银行存款日记账。

(3) 根据记账凭证并参考原始凭证或原始凭证汇总表,逐笔登记各种明细分类账。

(4) 根据各种记账凭证逐笔登记日记总账。

(5) 月末,将日记账、明细分类账的余额与日记总账中相应账户的余额进行核对。

(6) 月末,根据日记总账和明细分类账的记录编制财务报表。

相关思考 9-2

直接根据会计凭证编制财务报表正确吗?

华夏有限责任公司 2×21 年因业务发展需要,招聘了具有中专学历的李强担任会计。起初,他勤恳敬业,公司领导和同事都对他的工作很满意。但受到同事在股市赚钱的影响,李强开始炒股,甚至在上班时间都想着自己的股票,根本无心工作。到月末要编制财务报表时,由于时间紧迫,直接以会计凭证为依据编制财务报表,根本不做账。

请问:本案例的账务处理程序正确吗? 李强违反了哪些会计职业道德?

相关思考解析 9-2:

本案例的账务处理程序不正确,编制财务报表的依据是总分类账和明细分类账。

李强违反了爱岗敬业、诚实守信、客观公正、坚持准则等会计职业道德规范。

本章小结

本章主要学习了:账务处理程序概述、种类,记账凭证账务处理程序、汇总记账凭证账务处理程序、科目汇总表账务处理程序的核算步骤、优缺点及适用范围。

本章重要概念

账务处理程序　记账程序　记账凭证账务处理程序　汇总记账凭证账务处理程序　科目汇总表账务处理程序

9-8 扫一扫
看课件

第十章　财 产 清 查

- 内容简介
- 学习目的和要求
- 引例
- 第一节　财产清查概述
- 第二节　财产清查的内容和方法
- 第三节　财产清查结果的处理
- 本章小结
- 本章重要概念

内容简介

本章主要讲述了财产清查的含义、种类及进行全面清查的几种情况，财产清查的基本方法，存货的盘存制度以及财产清查结果的会计处理。

学习目的和要求

通过本章的学习，学生应掌握在实地盘存制和永续盘存制下确定期末存货数量、期末存货成本的基本方法以及财产清查结果的会计处理；了解财产清查的概念与种类。

引例　财产清查与账实相符

华夏有限责任公司出纳员小王由于刚参加工作不久，对于货币资金业务管理和核算的相关规定不甚了解，所以出现一些不应有的错误，有两件事情让他印象深刻，至今记忆犹新。

第一件事是在2×21年6月8日和10日两天的现金业务结束后例行的现金清查中，分别发现现金短缺50元和现金溢余20元的情况，对此他经过反复思考也弄不明白原因。为了保全自己的面子，同时又考虑到两次账实不符的金额又很小，他决定采取下列办法进行处理：现金短缺50元，自掏腰包补齐；现金溢余20元，暂时收起。

第二件事是华夏有限责任公司经常对其银行存款的实有金额心中无数，甚至有时会影响到公司日常业务的结算，公司经理因此指派有关人员检查一下小王的工作，结果发现，他每次编制银行存款余额调节表时，只根据公司银行存款日记账的余额加或减对账单中企业的未入账款项来确定公司银行存款的实有数而且每次做完此项工作以后，小王就立即将这些未入账的款项登记入账。

请问小王对上述两项业务的处理是否正确？为什么？你能给出正确答案吗？

（资料来源：https://wenku.baidu.com/view/6a58797aaf45b307e871978e.html? fr=income1-wk_app_search_ctr-search，编者有改动。）

第一节　财产清查概述

一、财产清查的概念

财产清查是指通过对货币资金、实物资产和往来款项等财产物资进行盘点或核对，确定其实存数，查明各项财产物资、货币资金、往来款项的实有数和账面数是否相符的一种专门方法。

企业的会计工作，都要通过会计凭证的填制和审核，然后及时地在账簿中进行连续登记。应该说，这一过程能保证账簿记录的正确性，也能真实反映企业各项财产的实有数，各项财产的账实应该是一致的。但是，在实际工作中，由于种种原因，账簿记录会发生差错，各项财产的实际结存数也会发生差错，造成账存数与实存数发生差异，企业原因是多方面的，一般有以下几种情况：

(1) 在收发物资中，由于计量、检验不准确而造成品种、数量或质量上的差错。

(2) 财产物资在运输、保管、收发过程中，在数量上发生自然增减变化。

(3) 在财产增减变动中，由于手续不齐或计算、登记上发生错误。

(4) 由于管理不善或工作人员失职，造成财产损失、变质或短缺等。

(5) 贪污盗窃、营私舞弊造成的损失。

(6) 自然灾害造成的非常损失。

(7) 未达账项引起的账账、账实不符等。

上述种种原因都会影响账实的一致性。因此，运用财产清查的手段，对各种财产物资进行定期或不定期的核对和盘点，具有十分重要的意义，具体如下：

(1) 保证账实相符，使会计资料真实可靠。通过财产清查，可以确定各项财产物资的实际结存数，将账面结存数和实际结存数进行核对，可以揭示各项财产物资的溢缺情况，从而及时地调整账面结存数，保证账簿记录真实、可靠。

(2) 保护财产的安全和完整。通过财产清查，可以查明企业单位财产、商品、物资是否完整，有无缺损、霉变现象，以便堵塞漏洞，改进和健全各种责任制，切实保证财产的安全和完整。

(3) 挖掘财产潜力，加速资金周转。通过财产清查，可以及时查明各种财产物资的结存和利用情况。如发现企业有闲置不用的财产物资应及时加以处理，以充分发挥它们的效能；如发现企业有呆滞积压的财产物资，也应及时加以处理，并分析原因，采取措施，改善经营管理。这样，可以使财产物资得到充分合理的利用，加速资金周转，提高企业的经济效益。

(4) 保证财经纪律和结算纪律的执行。通过对财产、物资、货币资金及往来款项的清查，可以查明单位有关业务人员是否遵守财经纪律和结算纪律，有无贪污盗窃、挪用公款的情况；查明资金使用是否合理，是否符合党和国家的方针政策和法规，从而使工作人员更加自觉地遵纪守法，自觉维护和遵守财经纪律。

10-1视频：财产清查的含义及账实不符的原因

会计职业道德10-1

廉洁自律

华夏有限责任公司出纳李某投资股市被套牢，想急于翻本又苦于没有资金，他开始对自己每天经手的现金动了邪念，凭着财务主管对他的信任，拿了财务主管的财务专用章在自己保管的空白支票上任意盖章取款，月底，银行对账单也是由他到银行提取且自行核对，因此在很长一段时间内未被发现。

李某的行为违背了“廉洁自律”的会计职业道德的要求，也违反了《会计法》等法律制度的规定，必将受到法律的严厉制裁。

二、财产清查的种类

财产清查，按照清查的范围，可以分为全面清查和局部清查；按照清查的时间，可以分为定期清查和不定期清查；按照清查的执行系统，可分为内部清查和外部清查。

(一) 按照清查的范围分类

1. 全面清查

全面清查是指对所有的财产进行全面盘点和核对。就工业企业清查对象来说，一般包括：原材料、在产品、自制半成品、库存商品、现金、短期存(借)款、有价证券及外币、在途物资、委托加工物资、往来款项、固定资产等。

全面清查的范围较广，时间长，工作量大，参加的人员也多，有时还会影响企业的生产经营的正常进行，不宜经常进行，所以一般在以下几种情况下采用全面清查：

(1) 年终决算之前。

(2) 企业在合并、撤销或改变隶属关系前。

(3) 中外合资、国内合资前。

(4) 企业股份制改造前。

(5) 开展全面的资产评估、清产核资前。

(6) 单位主要领导调离工作前等。

2. 局部清查

局部清查是指根据需要只对部分财产进行盘点和核对。如流动资金中变化较频繁的原材料、库存商品等，除年度全面清查外，还应根据需要随时轮流盘点或重点抽查。各种贵重物资要每月至少清查一次，库存现金要天天核对，银行存(借)款要按银行对账单逐笔核对。对债权债务，应在会计年度内至少核对一两次。

局部清查范围小、内容少、时间短、参与人员少，但专业性强。局部清查的范围和对象应根据业务需要和相关的具体情况而定。

(二) 按照清查的时间分类

1. 定期清查

定期清查是指按照预先计划安排的时间对财产所进行的盘点和核对清查。这种清查一般在财产管理制度中予以规定，通常在年末、季末或月末结账前进行。通过定期清查，可以在编制财务报表前发现账实不符的情况，据以调整有关账簿记录，使账实相符，从而可以保证会计资料的真实性。

2. 不定期清查

不定期清查是指事前不规定清查日期，而是根据特殊需要临时进行的盘点和核对。不定期清查通常在以下几种情况下进行：

(1) 更换财产物资保管员和现金出纳员时，要对有关人员保管的财产、库存现金进行清查，以分清经济责任，便于办理交接手续。

(2) 发生自然灾害和意外损失时，要对受损失的财产进行清查，以查明损失情况。

(3) 有关单位对本企业进行审计查账，以验证会计资料的可靠性。

(4) 进行临时性清产核资时，要对本单位的财产进行清查，以便摸清家底。

定期清查和不定期清查的范围应视具体情况而定，可全面清查也可局部清查。

10-2 视频：财产清查的种类

（三）按照清查的执行系统分类

1. 内部清查

内部清查是指由本单位内部自行组织清查小组所进行的财产清查、这种清查也称为自查。大多数财产清查都是内部清查。

2. 外部清查

外部清查是指由单位外部的有关部门或人员根据国家法律或制度的规定对企业所进行的财产清查。一般来讲，进行外部清查时应有本单位相关人员参加。

三、财产清查的准备工作

（一）组织上的准备

为了保证财产清查能够有效地进行，保证财产清查的工作质量，财产清查时必须成立专门领导小组，即在主管厂长和总会计师的领导下，成立由财会、设备、技术、生产及行政等有关部门组成的财产清查领导小组。该领导小组的主要任务是：①制订清查工作计划，明确清查范围，安排财产清查工作的详细步骤，配备有能力的财产清查人员；②检查和督促清查工作，及时解决清查工作中出现的问题；③在清查工作结束后，总结清查工作的经验和教训，写出清查工作的总结报告，并提出财产清查结果的处理意见。

（二）业务上的准备

业务准备是进行财产清查的关键前提条件。所以各有关部门必须做好如下准备工作：

（1）会计部门要在财产清查之前将所有的经济业务登记入账并结出余额。做到账账相符、账证相符，为财产清查提供可靠的依据。

（2）财产物资保管部门要在财产清查前将各项财产物资的出入办好凭证手续，全部登记入账，结出各账户余额，并与会计部门的有关财产物资核对相符。同时将各种财产物资排列整齐，挂上标签，标明品种、规格及结存数量，以便进行实物盘点。

（3）财产清查人员在清查业务上也要进行必要的准备，如准备好计量器具，准备好各种必要的表格等。

第二节 财产清查的内容和方法

由于货币资金、实物、往来款项的特点各有不同，在进行财产清查时，应采用与其特点和管理要求相适应的方法。

一、货币资金的清查

（一）库存现金的清查

库存现金清查的基本方法是实地盘点法。它是通过对库存现金的盘点实有数与库存现金日记账的余额进行核对的方法，来查明账实是否相符。

库存现金的清查可分为以下两种情况：

（1）在日常的工作中，现金出纳员每日清点库存现金实有数额，并及时与库存现金日记账的余额相核对。这种清查方法实际上是现金出纳员的分内职责。

（2）在由专门清查人员进行的清查工作中，为了明确经济责任，出纳人员必须在场。清查人员要认真审核收付凭证和账簿记录，检查经济业务的合理和合法性。此外，清查人员还应检查企业是否以“白条”或“借据”抵充现金。

现金盘点结束后，应根据盘点的结果，填制库存现金盘点报告表。它是重要的原始凭证，它既有实物财产清查盘存单的作用，又有实存账存对比表的作用。库存现金盘点报告表填制完毕，应由盘点人和出纳员共同签章方能生效。库存现金盘点报告表的格式如表 10-1 所示。

10-3 视频：出纳工作

表 10-1

（企业名称）

库存现金盘点报告表

单位名称：　　　　年　　月　　日

实存现金	账存现金	对比结果	
		长款	短款
盘点结果及要点报告			
异常及建议事项			

盘点人签章：　　出纳员签章：　　财务部经理签章：　　总经理签章：

会计职业道德 10-2

廉洁奉公，不贪不占

廉洁奉公就是洁身自好，为公众谋事；不贪不占就是会计人员不贪、不占、不收礼、不同流合污。

会计人员要正确认识自己手中的管理权是职业神圣权力的一种表现，绝不能把这种职业权力作为谋取私利的特权，不得挪用、侵占单位钱财；要深刻认识自己管理的钱财是单位的钱财，绝不允许任何人以任何方式浪费、侵吞单位财产。需牢记“物各有主，苟非己之所有，虽一毫而莫取”。

（二）银行存款的清查

银行存款的清查，与实物和现金的清查方法不同，它是采用与开户银行核对账目的方法来进行的，即将企业单位的银行存款日记账与从银行取得的对账单逐笔核对，以查明银行存款的收入、付出和结余的记录是否正确。

开户银行送来的银行对账单是银行在收付企业单位存款时复写的账页，它完整地记录了企业单位存放在银行的款项的增减变动情况及结存余额，是进行银行存款清查的重要依据。

在实际工作中，企业银行存款日记账余额与银行对账单余额往往不一致，其主要原因：一是双方账目发生错账、漏账。所以在与银行核对账目之前，应先仔细检查企业单位银行存款日记账的正确性和完整性，然后再将其与银行送来的对账单逐笔进行核对。二是正常的未达账项。

未达账项是指由于双方记账时间不一致而发生的一方已经入账，而另一方尚未入账的款项。企业单位与银行之间的未达账项，有以下四种情况：

10-4 视频：银行对账单

（1）企业已收款入账，但银行尚未收款入账。如企业送存银行的转账支票，企业已作为存款增加入账，但银行尚未入账。

（2）企业已付款入账，但银行尚未付款入账。如企业开出支票或其他付款凭证，企业已作为存款减少入账，但银行尚未付款、未记账。

（3）银行已收款入账，但企业尚未收款入账。如银行代企业收进的款项，银行已作为企业存款的增加入账，但企业尚未收到通知，因而未入账。

10-5 视频：未达账项概述

（4）银行已付款入账，但企业尚未付款入账。如银行代企业支付的款项，银行已作为企业存款的减少入账，但企业尚未收到通知，因而未入账。

上述任何一种情况的发生，都会使双方的账面存款余额不一致。因此，为了查明企业单位和银行双方账目的记录有无差错，同时也是为了发现未达账项，在进行银行存款清查时，必须将企业单位的银行存款日记账与银行对账单逐笔核对。核对的内容包括收付金额、结算凭证的种类和号数、收入来源、支出的用途、发生的时间、某日止的金额等。核对时，如果发现企业单位有错账或漏账，应立即更正；如果发现银行有错账或漏账，应及时通知银行查明更正；如果发现有未达账项，则应据以编制银行存款余额调节表进行调节，并验证调节后余额是否相等。

银行存款余额调节表的编制应在企业银行存款日记账余额和银行对账单余额的基础上，分别加减未达账项，调整后的双方余额应该相符，并且是企业当时实际可以动用的款项。其计算公式如下：

$$\text{企业银行存款日记账余额}+\text{银行已收企业未收款项}-\text{银行已付企业未付款项}=\text{银行对账单余额}+\text{企业已收银行未收款项}-\text{企业已付银行未付款项}$$

10-6 视频：银行存款余额调节表的编制

【例 10-1】 2×21 年 6 月 30 日，华夏有限责任公司银行存款日记账的账面余额为 31 000 元，银行对账单的余额为 36 000 元，经逐笔核对，发现有下列未达账项：

(1) 29 日，企业销售产品收到转账支票一张计 2 000 元，将支票存入银行，银行尚未办理入账手续。

(2) 29 日，企业采购原材料开出转账支票一张计 1 250 元，企业已作银行存款付出，银行尚未收到支票而未入账。

(3) 30 日，银行代企业收回货款 8 000 元，收款通知尚未到达企业，企业尚未入账。

(4) 30 日，银行代付电费 2 250 元，付款通知尚未到达企业，企业尚未入账。

根据以上资料编制银行存款余额调节表如表 10-2 所表示。

表 10-2 **银行存款余额调节表**

2×21 年 6 月 30 日 单位:元

项目	金额	项目	金额
企业银行存款日记账账面余额	31 000	银行对账单账面余额	36 000
加:银行已收,企业未收款 减:银行已付,企业未付款	8 000 2 250	加:企业已收,银行未收款 减:企业已付,银行未付款	2 000 1 250
调节后的存款余额	36 750	调节后的存款余额	36 750

“调节后的存款余额”只表明企业可以实际动用的银行存款数，并非银行存款的实际数；如果调节后双方余额相等，则一般说明双方记账没有差错；若不相等，则表明企业方或银行方或双方记账有差错，应进一步核对，查明原因予以更正。

10-7 银行存款余额调节表的作用

需要注意的是，“银行存款余额调节表”只起对账作用，不能作为调节账面余额的原始凭证，对于银行已经入账而企业尚未入账的未达账项，不能根据银行存款余额调节表来编制会计分录，作为记账依据，必须在收到银行的有关凭证后方可入账。另外，对于长期悬置的未达账项，应及时查明原因，予以解决。

上述银行存款的清查方法，也适用于各种银行借款的清查。但在清查银行借款时，还应检查借款是否按规定的用途使用，是否按期归还。

相关思考 10-1

“银行余额调节表”编制完毕后，就万事大吉了吗？

“银行存款余额调节表”编制完毕后，重要的是进行后续跟踪，误记、串记的要及时处理，特别是银行的原因造成的要及时与银行沟通进行及时处理，未达账项的单据要尽快取回，并依据取回的原始凭证进行账务处理。

实务中，应尽量减少造成银行对账单与企业银行存款日记账不符的因素，这就要求出纳人员：

(1) 在编制记账凭证时，认真仔细，数据书写需输入准确。

(2) 日常要及时到银行取回收付款单据，取回后依据单据及时进行账务处理，特别是到了月末，一定要到各开户银行将未取回的收付款单据取回，并以此进行相应的会计处理。

二、实物财产的清查

(一) 确定实物财产账面结存的盘存制度

财产清查的重要环节是盘点财产的实存数量，为使盘点工作顺利进行，应建立一定的盘存制度，财产物资的盘存制度一般有两种：永续盘存制和实地盘存制。

1. 永续盘存制

(1) 永续盘存制的概念。**永续盘存制**又称账面盘存制，这种盘存制度要求财产的收入和发出都要有严密的手续，对财产的收入和发出都要在有关账簿中进行连续地登记，且随时结出账面结存数。采用这种盘存制度时，仍需定期或不定期地、全部或局部地对财产进行实地盘点，且至少每年实地盘点一次，以验证账实是否相符。永续盘存制的存货明细账按品种规格进行设置，其明细账的格式一般为数量金额式。

(2) 永续盘存制下的账簿组织。在永续盘存制下，各企业存货核算的账簿组织不尽相同。如果企业经营商品的品种较多，通常除品种外还要按大类核算。其一般账簿组织如下：

会计部门设“库存商品”总分类账，其下按商品大类设置二级账户，进行金额核算；在二级账户下，按每种商品设置明细分类账，进行金额、数量双重计量。

仓储部门按各种商品分户设置保管账和保管卡，保管账由记账员根据收、发货单登记收、发数量，进行数量控制。商品卡挂在每种商品的堆垛存放处，由保管员根据收、发货单逐笔登记数量，以控制实存商品。

存货核算的这种总账、二级账、明细账的设置，可以进行逐级控制，相互核对，起到随时反映库存情况和保护存货安全完整的作用。在这种账簿组织下，一旦库存实物中发生差错，也很容易及时发现，从而便于加强对存货的日常管理。

(3) 期末存货的计价和本期销售或耗用成本的计算。在永续盘存制下，存货明细分类账能随时反映商品的结存数量和销售数量，其计算公式为：

存货账面期末余额＝存货账面期初余额＋本期存货增加数－本期存货减少数

存货本期销售或耗用成本的计价方法，则包括先进先出法、加权平均法等。

先进先出法是一种存货流转假设，是假定先购进的存货先发出，因此，最先发出的存货应按最先购入的存货单价计算。

加权平均法是指本月销售或耗用的存货，平时只登记数量，不登记单价和金额，月末按一次计算的加权平均单价，计算期末存货成本和本期销售或耗用成本。

2. 实地盘存制

(1) 实地盘存制的概念。**实地盘存制**是指平时只根据会计凭证在账簿中登记各种财产的增加数，不登记减少数，在期末时通过盘点实物，来确定各种财产的数量，并据以计算出各项财产的减少数的一种盘存制度。实地盘存制的程序如下：

第一，每期期末实地盘点存货，确定存货的实际结存数量。

第二，某种存货成本等于该项存货的数量乘以适当的单位成本，将各种存货成本相加，即为存货总成本。

第三，本期可供销售或耗用成本，等于可供销售或耗用存货成本减期末存货成本。其计算公式为：

本期减少数＝账面期初余额＋本期增加数－期末实际结存数

(2) 存货数量的确定。在实地盘存制下，期末存货数量的确定，一般包括以下两个步骤：

第一，进行实地盘点，确定盘存数。盘点方法因存货性质而异。盘点时间通常在本期营业或生产活动结束，下期营业或生产活动开始以前进行。盘存结果应填列在存货盘存表中。

第二，将临近会计期末的购销单据或收发凭证进行整理，调整盘存数量。在商品流通企业中，对于企业已经付款但尚未收到的商品(即在途商品)、已经出库但尚未销售的商品，以及已销售但尚未提走的商品，都要进行调整，以计算出实际库存数量。

实际库存数量＝盘点数量＋在途商品数量＋已提未销数量－已销未提数量

(3) 期末存货的计价和本期销售或耗用成本的计算。由于商品流通企业的进货费用作为销售费用处理，并不计入商品采购成本，所以，计算期末存货成本时所采用的单价即为进货原价。这样，若商品购进价格保持不变，期末存货的计价是十分简单的。然而，在实际工作中，同一商品的购进价格在会计期内往往不同，期末存货势必存在一个按什么价格计算的问题。现举例说明如下。

【例 10-2】 A 商品的期初库存和本期购进情况如表 10-3 所示。

表 10-3　　A 商品 6 月清查资料

日期	摘要	数量(件)	单价(元)	总计
6 月 1 日	期初库存	50	80	4 000
6 月 15 日	购进	100	81	8 100
6 月 28 日	购进	200	82	16 400
合计				28 500

该商品期末实地盘存数量为 120 件。

① 按先进先出法计算期末存货成本和本期销售成本如下：

本期销售数量＝50＋100＋200－120＝230(件)
期末存货成本＝120×82＝9 840(元)
本期销售成本＝4 000＋8 100＋16 400－9 840＝18 660(元)

② 按加权平均法计算期末存货成本和本期销售成本如下：

加权平均单价＝(4 000＋8 100＋16 400)÷(50＋300)＝81.428 57(元/件)

期末存货成本＝120×81.428 57＝9 771.43(元)

本期销售成本＝4 000＋8 100＋16 400－9 771.43＝18 728.57(元)

3. 永续盘存制与实地盘存制的比较与选择

从以上阐述可以看出，实地盘存制虽然工作简单，工作量小，但各项财产的减少数没有严密的手续，倒轧出的各项财产的减少数中成分复杂，除了正常耗用，可能存在很多非正常因素，因而不便于施行会计监督，所以它的适用范围很小。例如，商业企业的品种多、价值低、交易频繁的商品，数量不稳定、损耗大且难以控制的鲜活商品等。工业企业的财产中，很少采用这种盘存制度。

永续盘存制在存货的明细账中，可以随时反映出每种存货的收入、发出和结存情况，并能进行数量和金额的双重控制。例如，发生库存短缺或溢余，均可查明原因，及时纠正，并采取相应的对策。这种盘存制度的最大优点是能够加强库存财产的管理，便于随时掌握各项财产的占用情况及其动态，有利于施行会计监督。但是，这种盘存制在存货的明细分类核算工作中工作量较大，需要花费更多的人力、物力和财力。

（二）实物财产清查的方法和使用的凭证

1. 实物财产的清查方法

不同品种的实物财产，由于其实物形态、体积重量、堆放方式等方面不同，因而它们所采用的清查方法也有所不同。常用的实物财产的清查方法包括以下几种：

(1) 实地盘点法。实地盘点法是指通过点数、过磅、量尺等方法来确定财产的实有数额。这种方法一般适用于机器设备、包装好的原材料、产成品和库存商品等的清查。

(2) 技术推算法。技术推算法是指利用技术方法对财产的实存数进行推算的一种方法。这种方法一般适用于散装的、大量成堆的化肥、饲料等物资的清查。

(3) 抽样盘存法。抽样盘存法是指对于数量多、重量均匀的实物财产，可以采用抽样盘点的方法，确定财产的实有数额。

(4) 函证核对法。函证核对法是指对于委托外单位加工或保管的物资，可以采用向对方单位发函调查，并与本单位的账存数相核对的方法。

2. 实物财产清查使用的凭证

为了明确经济责任，进行财产清查时，有关实物财产的保管人员必须在场，并参加盘点工作。对各项财产的盘点结果，应如实准确地登记在盘存单上，并由有关参加盘点人员同时签章生效。盘存单是财产盘点结果的书面证明，也是反映实物财产实有数额的原始凭证。盘存单的一般格式如表10-4所示。

表10-4 **盘 存 单**

单位名称： 盘点时间： 编号：

财产类别： 存放地点：

编号	名称	计量单位	数量	单价	金额	备注

盘点人： 保管人：

盘点完毕，将盘存单中所记录的实存数与账面结存数余额相核对，如发现实物盘点结果与账面结存结果不相符时，应根据盘存单和有关账簿记录，填制实存账存对比表，以确定实物财产的盘盈数或盘亏数，实存账存对比表是财产清查的重要报表，是调整账面记录的原始凭证，也是分析盈亏原因，明确经济责任的重要依据。实存账存对比表的格式如表 10-5 所示。

表 10-5 **实存账存对比表**

单位名称： 年 月 日

编号	类别及名称	计量单位	单价	实存		账存		对比结果				备注
								盘盈		盘亏		
				数量	金额	数量	金额	数量	金额	数量	金额	

三、往来款项的清查

往来款项的清查，采用发函询证的方法进行核对，即派人或通信，向结算往来单位核实账目。在检查各单位结算往来款项账目正确性和完整性的基础上，根据有关明细分类账的记录，按用户编制对账单，送交对方单位进行核对。对账单一般一式两联，其中一联作为回单。如果对方单位核对相符，应在回单上盖章后退回；如果数字不符，则应将不符的情况在回单上注明，或另抄对账单退回，以便进一步清查。在核对过程中，如果发现未达账项，双方都应采用调节账面余额的方法，来核对往来款项是否相符。尤其应注意查明有无双方发生争议的款项、没有希望收回的款项以及无法支付的款项，以便及时采取措施进行处理，避免或减少坏账损失。

清查单位应在其各种往来款项记录准确的基础上，编制往来款项对账单，寄发或派人送交对方单位进行核对。往来款项对账单的格式和内容如表 10-6 所示。

表 10-6 **往来款项对账单**

×××单位：

你单位 2×21 年 9 月 10 日从我公司购买 A 产品 800 件，货款 29 600 元尚未支付，请核对后将回联单寄回。

清查单位：（盖章）
2×21 年 9 月 10 日

沿此虚线裁开，将以下回联单寄回！

往来款项对账单（回联）

×××清查单位：

你单位寄来的“往来款项对账单”已收到，经核对相符无误。

×××单位：（盖章）
2×21 年 9 月 10 日

第三节 财产清查结果的处理

一、财产清查结果处理的步骤

企业对财产清查的结果，应当按照国家有关准则、制度的规定进行认真处理。财产清查中发现的盘盈和盘亏等问题，先要核准金额，然后按规定的程序报经上级部门批准后，才能进行会计处理。其主要步骤如下。

(一) 核准金额，查明各种差异的性质和原因

确定处理方法，提出处理意见。根据清查情况，核准货币资金、财产物资和债权债务的盈亏金额，应分析造成账实不符的原因，明确经济责任，据实提出处理意见。对于一些合理的物资损耗等，只要在规定的损耗标准和范围内，会计人员可按照规定及时作出处理。对于超出规定职权范围，会计人员无权自行处理，应及时报请单位负责人作出处理。一般而言，个人造成的损失，应由个人赔偿；因管理不善原因造成的损失，应作为企业管理费用入账；因自然灾害造成的非常损失，列入企业的营业外支出。

(二) 调整账簿，做到账实相符

为了做到账实相符，保证会计信息真实正确，对财产清查中发现的盘盈或盘亏，应及时进行批准前的会计处理，即根据实存账存对比表等原始凭证编制记账凭证，并据以调整账簿记录。

(三) 进行批准后的账务处理

在核准领导部门对所呈报的财产清查结果处理意见作出批示后，企业应严格按照批复意见编制有关的记账凭证，登记入账，予以核销。

二、财产清查结果的会计处理

(一) 设置"待处理财产损溢"账户

为了反映和监督各单位在财产清查过程中查明的各种财产的盈亏或毁损及其报经批准后的转销数额，应设置"待处理财产损溢"账户。该账户属于资产类账户。其设置"待处理流动资产损溢"和"待处理固定资产损溢"两个明细分类账户，进行明细分类核算。其借方登记各项财产的盘亏或毁损数额和各项盘盈财产报经批准后的转销数；贷方登记各项财产的盘盈数额和各项盘亏或毁损财产报经批准后的转销数。期末一般无余额。"待处理财产损溢"账户的结构如图 10-1 所示。

借方　　**待处理财产损溢**　　贷方

(1) 财产物资的盘亏、毁损额 (2) 转销已处理财产物资的盘盈额	(1) 财产物资的盘盈额 (2) 转销已处理财产物资的盘亏、毁损额
待处理财产净损失	待处理财产净溢余

图 10-1 "待处理财产损溢"账户的结构

(二) 库存现金清查结果的账务处理

1. 库存现金盘盈的账务处理

现金清查中发现盘盈的现金，应及时办理库存现金的入账手续，调整库存现金账簿记录，即按盘盈的金额借记“库存现金”账户，贷记“待处理财产损溢——待处理流动资产损溢”账户。现金盘盈的账务处理如图 10-2 所示。

对于盘盈的现金，应及时查明原因，经落实属于需要支付或退还给有关人员或单位的，应借记“待处理财产损溢——待处理流动资产损溢”账户，未支付时，贷记“其他应付款——应付现金溢余(××个人或单位)”账户，如直接支付的，则贷记“库存现金”账户；属于无法查明原因的金额，经批准后作为盘盈利得处理，借记“待处理财产损溢——待处理流动资产损溢”账户，贷记“营业外收入——盘盈利得”账户。

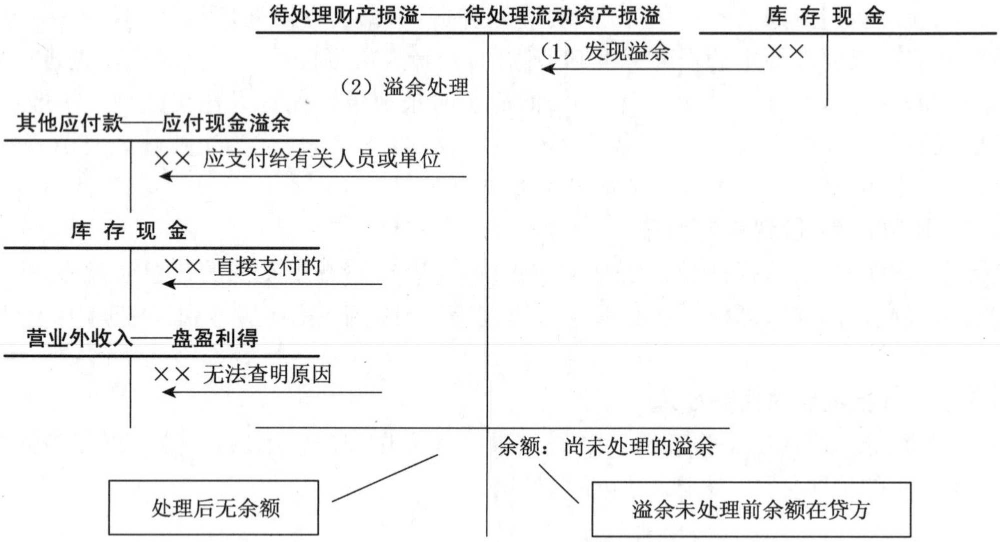

图 10-2　现金盘盈的账务处理示意图

【例 10-3】 华夏有限责任公司 2×21 年 12 月 30 日，在对现金进行清查时，发现溢余 50 元，溢余原因不明，经批准进行相应的账务处理。

① 发现溢余：

借：库存现金　　50

　贷：待处理财产损溢——待处理流动资产损溢　　50

② 现金溢余原因不明，经批准记入“营业外收入”账户：

借：待处理财产损溢——待处理流动资产损溢　　50

　贷：营业外收入——盘盈利得　　50

2. 库存现金盘亏的账务处理

库存现金盘亏时，应及时办理盘亏的确认手续，调整库存现金账簿记录，即按清查中短缺的金额，借记“待处理财产损溢——待处理流动资产损溢”账户，贷记“库存现金”账户。现金盘亏的账务处理如图 10-3 所示。

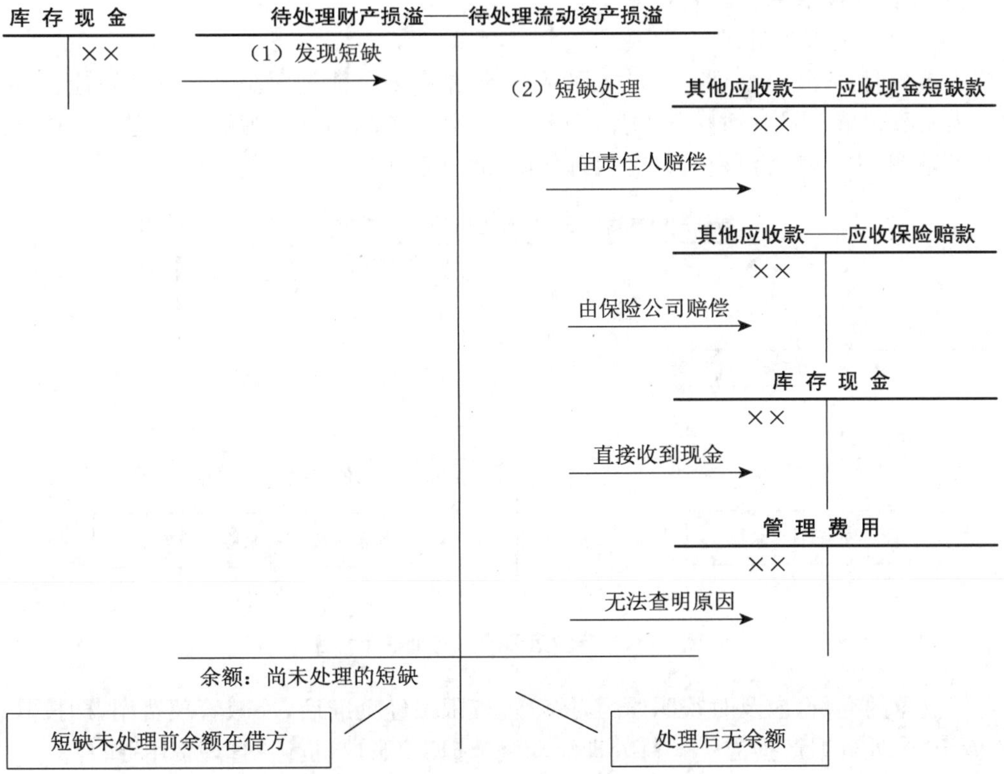

图 10-3 现金盘亏的账务处理示意图

对于盘亏的库存现金，应及时查明原因，经落实属于应由责任人赔偿的部分，未收款时，借记"其他应收款——应收现金短缺款(××个人)"账户，如直接收到赔款，则借记"库存现金"账户，贷记"待处理财产损溢——待处理流动资产损溢"账户；属于应由保险公司赔偿的部分，借记"其他应收款——应收保险赔款(××保险公司)"账户，贷记"待处理财产损溢——待处理流动资产损溢"账户；属于无法查明的其他原因，根据管理权限，经批准后作为盘亏损失处理，借记"管理费用"账户，贷记"待处理财产损溢——待处理流动资产损溢"账户。

【例 10-4】 华夏有限责任公司于 2×21 年 12 月 15 日，在对现金进行清查时，发现短缺 100 元。经落实，需由责任人赔偿 40 元，由保险公司赔偿 35 元，无法查明原因 25 元，并经批准进行相应的账务处理。

10-8 扫一扫练一练

10-9 扫一扫练一练答案

① 发现短缺：

借：待处理财产损溢——待处理流动资产损溢	100	
贷：库存现金		100

② 落实后账务处理：

借：其他应收款——应收现金短缺款	40	
其他应收款——应收保险赔款(××保险公司)	35	
管理费用	25	
贷：待处理财产损溢——待处理流动资产损溢		100

(三)存货清查结果的账务处理

1. 存货盘盈的账务处理

存货盘盈时,应及时办理存货的入账手续,调整存货账簿记录。盘盈的存货应按其重置成本作为入账价值,借记"原材料""库存商品"等账户,贷记"待处理财产损溢——待处理流动资产损溢"账户。存货盘盈的账务处理如图 10-4 所示。

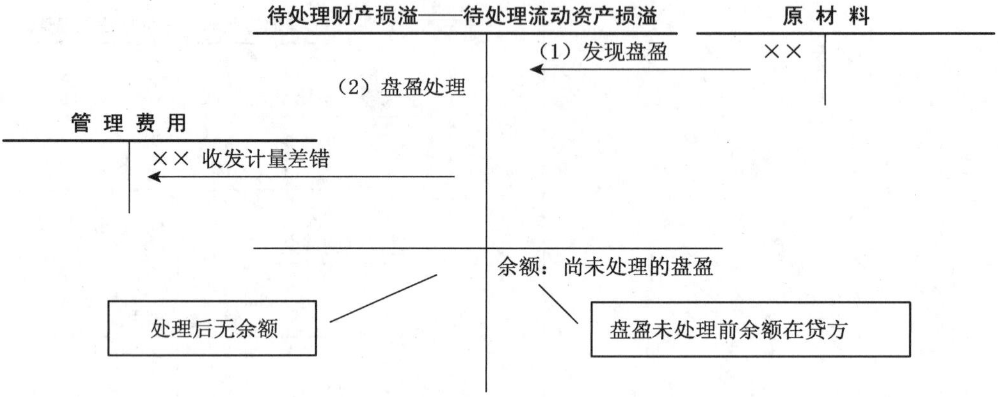

图 10-4 存货盘盈的账务处理示意图

对于盘盈的存货,应及时查明原因,按管理权限报经批准后,冲减管理费用,即按其入账价值,借记"待处理财产损溢——待处理流动资产损溢"账户,贷记"管理费用"账户。

【例 10-5】 华夏有限责任公司于 2×21 年 12 月 15 日在财产清查中,盘盈原材料 6 吨,价值18 000 元。经查明,这项盘盈材料因计量仪器不准造成生产领用少付多算。

报经批准前,根据实存账存对比表的记录,编制会计记录如下:

借:原材料 18 000

　　贷:待处理财产损溢——待处理流动资产损溢 18 000

经批准冲减本月管理费用,编制会计分录如下:

借:待处理财产损溢——待处理流动资产损溢 18 000

　　贷:管理费用 18 000

2. 存货盘亏的账务处理

存货盘亏时,应按盘亏的金额,借记"待处理财产损溢——待处理流动资产损溢"账户,贷记"原材料""库存商品"等账户。存货盘亏的账务处理如图 10-5 所示。

对于盘亏的存货,应及时查明原因,经落实属于应由保险公司和责任人赔偿的部分,借记"其他应收款"账户,贷记"待处理财产损溢——待处理流动资产损溢"账户;属于管理不善等原因造成的,按净损失的金额,借记"管理费用"账户,贷记"待处理财产损溢——待处理流动资产损溢"账户;属于自然灾害等原因造成的,按净损失金额,借记"营业外支出"账户,贷记"待处理财产损溢——待处理流动资产损溢"账户。

属于无法查明的其他原因,根据管理权限,经批准后作为盘亏损失处理,借记"管理费用"账户,贷记"待处理财产损溢——待处理流动资产损溢"账户。

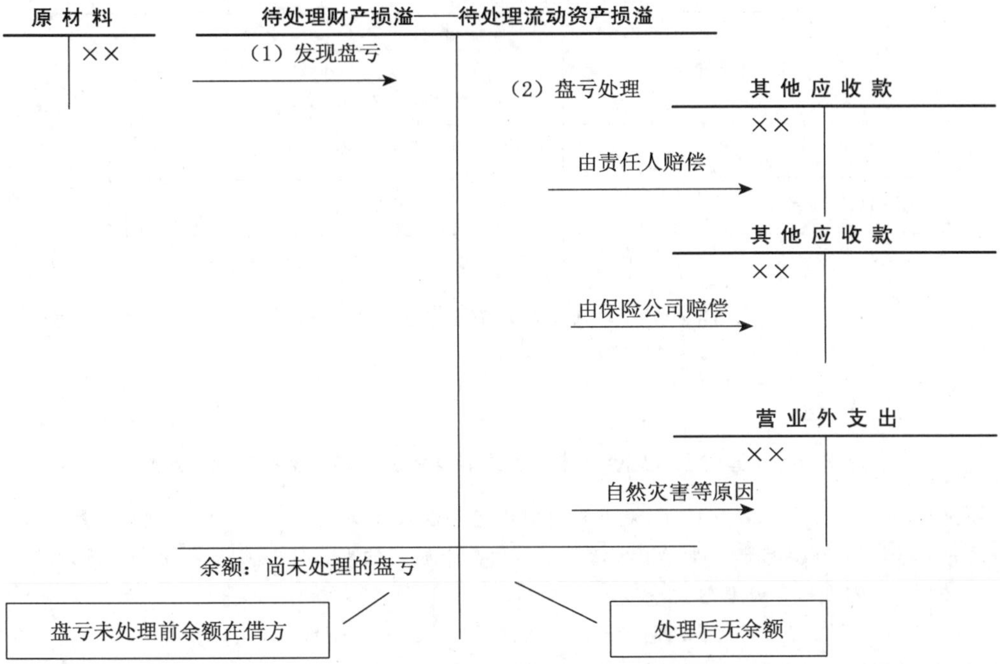

图 10-5　存货盘亏的账务处理示意图

【例 10-6】 华夏有限责任公司于 2×21 年 12 月 15 日在财产清查中，发现购进的甲材料实际库存较账面库存短缺 1 500 元，经查属于定额内的自然损耗。

10-10 扫一扫练一练

报经批准前，先调整账面余额，编制会计分录如下：

借：待处理财产损溢——待处理流动资产损溢　　1 500
　　贷：原材料——甲材料　　1 500

10-11 扫一扫练一练答案

报经批准，则应作为管理费用，计入本期损益，编制会计分录如下：

借：管理费用　　1 500
　　贷：待处理财产损溢——待处理流动资产损溢　　1 500

（四）固定资产清查结果的账务处理

1. 固定资产盘盈的账务处理

企业在财产清查中盘盈的固定资产，作为前期差错处理。盘盈的固定资产通过“以前年度损益调整”账户核算。盘盈的固定资产通常按其重置成本作为入账价值，借记“固定资产”账户，贷记“以前年度损益调整”账户，涉及增值税、所得税和盈余公积的，还应按相关规定处理。固定资产盘盈的账务处理如图 10-6 所示。

【例 10-7】 华夏有限责任公司于 2×21 年 12 月 15 日在财产清查中，盘盈一台设备，估计重置价值 6 000 元。

在审批之前，编制会计分录如下：

借：固定资产　　6 000
　　贷：以前年度损益调整　　6 000

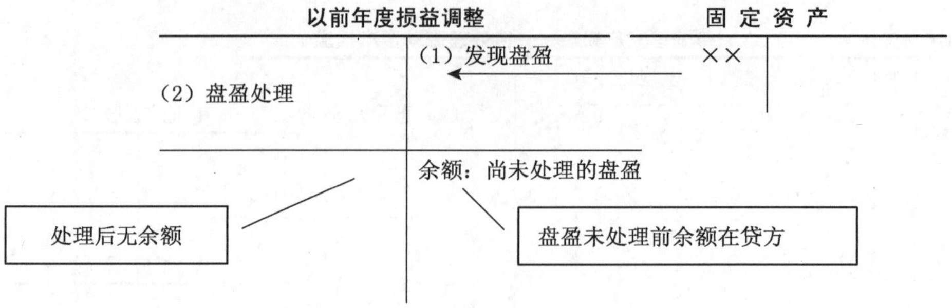

图 10-6 固定资产盘盈的账务处理示意图

10-12 思政课堂：虚开发票如何辨别

相关思考 10-2

月末财产清查时已入库但尚未收到采购发票及相关单据的存货不入账？

华夏有限责任公司 2×21 年 12 月 31 日对存货进行了盘点，发现 2×21 年 12 月 30 日收到一批价值为 5 000 元的材料，在仓库实物账中进行了数量登记。因尚未收到购发票及相关单据，所以未记入 2×21 年 12 月 31 日的原材料明细账及总账。

试问华夏有限责任公司对该批材料的处理是否正确？

相关思考解析 10-2：

华夏有限责任公司对该材料的处理不正确。对于已入库但尚未收到采购发票及相关单据的存货应该暂估入账，下月初冲回。

2. 固定资产盘亏的账务处理

企业在财产清查中盘亏的固定资产，按盘亏固定资产的账面价值，借记“待处理财产损溢——待处理固定资产损溢”账户，按已计提折旧额，借记“累计折旧”账户，按其原价，贷记“固定资产”账户。固定资产盘亏的账务处理如图 10-7 所示。

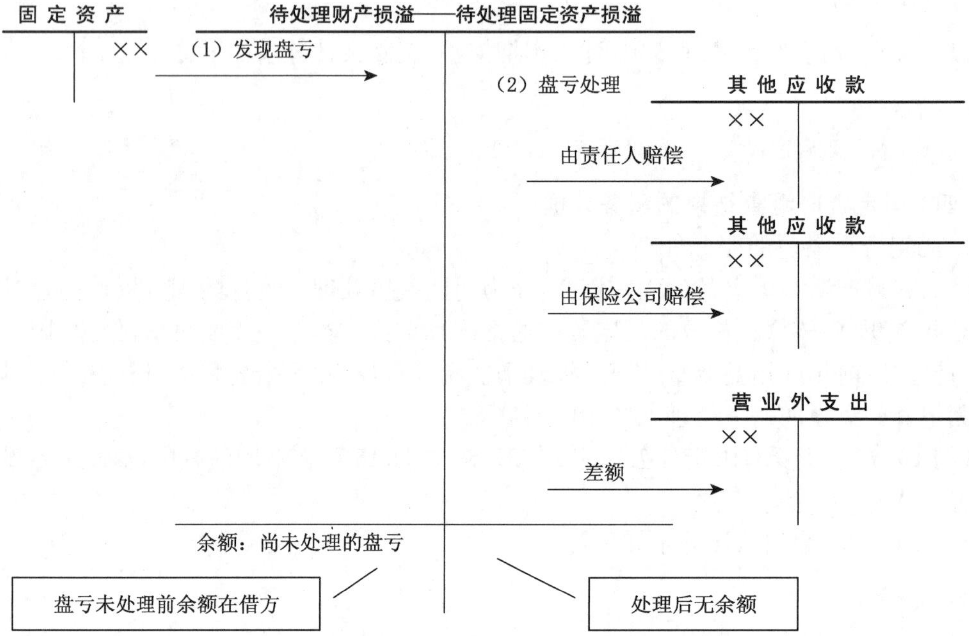

图 10-7 固定资产盘亏的账务处理示意图

对于盘亏的固定资产，应及时查明原因，经落实属于应由保险公司和责任人赔偿的部分，借记“其他应收款”账户，按盘亏固定资产的原价扣除累计折旧和过失人及保险公司赔偿后的差额，借记“营业外支出”账户，按盘亏固定资产的账面价值，贷记“待处理财产损溢——待处理固定资产损溢”账户。

【例 10-8】 华夏有限责任公司于 2×21 年 12 月 15 日在财产清查中，盘亏设备一台，其账面原价为 50 000 元，已提折旧 20 000 元。按管理权限报经批准后，列作营业外支出。

报经批准前，先调整账面余额，编制会计分录如下：

借：待处理财产损溢——待处理固定资产损溢	30 000	
累计折旧	20 000	
贷：固定资产		50 000

报经批准，则应作为营业外支出，计入本期损益，编制会计分录如下：

借：营业外支出	30 000	
贷：待处理财产损溢——待处理固定资产损溢		30 000

（五）结算往来款项盘存的账务处理

1. 应收账款清查结果的处理

在财产清查过程中，如发现长期应收而收不回的款项，即坏账损失，经批准予以转销。坏账损失的转销在批准前不作会计处理，即不需通过“待处理财产损溢”账户进行核算。当企业按直接转销法核算坏账损失时，应按规定的程序批准后，直接记入“信用减值损失”账户，冲减应收款项。当企业按备抵法核算坏账损失时，应按规定的程序批准后，借记“坏账准备”账户，贷记“应收账款”账户。

【例 10-9】 华夏有限责任公司 2×21 年应收某公司货款 100 000 元，经清查，确属无法收回的款项，经批准转作坏账损失。

当企业采用直接转销法，其会计处理如下：

借：信用减值损失	100 000	
贷：应收账款		100 000

当企业采用备抵法，其会计处理如下：

借：坏账准备	100 000	
贷：应收账款		100 000

2. 应付账款清查结果的处理

由于债权单位撤销或不存在等原因造成的长期应付而无法支付的款项，经批准予以转销。无法支付的款项在批准前不作账务处理，即不需通过“待处理财产损溢”账户进行核算，按规定的程序批准后，将应付款项转作“营业外收入”账户。

【例 10-10】 华夏有限责任公司 2×21 年在财产清查中，将无法支付的应付账款 50 000 元经批准予以转销。

借：应付账款	50 000	
贷：营业外收入		50 000

延伸阅读 10-1

应收款项的减值

企业应当定期或者至少于每年年度终了，对应收款项进行减值测试，预计可能发生的减值损失。

对于有确凿证据表明确实无法收回或收回的可能性不大的应收款项，应作为坏账，转销应收款项。

对应收款项进行减值测试的基本要求与债权投资相同，但由于应收款项属于短期债权，在确定相关减值损失时，可不对预计未来现金流量进行折现。

经常使用的坏账准备计提方法有应收款项余额百分比法和账龄分析法。

1. 应收款项余额百分比法

应收款项余额百分比法是指按应收款项期末余额的一定百分比计算确定减值损失，计提坏账准备的一种方法。

在某一会计期末，企业可按下列公式计算确定当期实际计提的坏账准备金额：

当期实际计提坏账准备金额＝按期末应收款项计算的减值金额－坏账准备科目原有贷方余额

或者：＝按期末应收款项计算的减值金额＋坏账准备科目原有借方余额

其中：按期末应收款项计算的减值金额＝应收款项期末余额×计提坏账准备的百分比

2. 账龄分析法

账龄分析法是指对应收款项按账龄的长短进行分类并分别确定计提坏账准备的百分比，据以计算减值损失，计提坏账准备的一种方法。

账龄分析法是以账款被拖欠的时间越长，发生坏账的可能性就越大为前提的。

10-13 预计信用损失减值的主要方法

本章小结

本章主要学习了：会计核算的基本方法——财产清查，实地盘存制和永续盘存制下确定期末存货数量、期末存货成本的基本方法，财产清查结果的会计处理，财产清查的含义及分类。

本章重要概念

财产清查　全面清查　局部清查　定期清查　不定期清查　实地盘存制　永续盘存制　未达账项

10-14 扫一扫看课件

第十一章　财务会计报告

- 内容简介
- 学习目的和要求
- 第一节　财务会计报告概述
- 第二节　资产负债表
- 第三节　利润表
- 第四节　现金流量表
- 第五节　所有者权益变动表
- 第六节　财务报表附注
- 本章小结
- 本章重要概念

内容简介

本章是关于财务会计报告的介绍。财务报表是企业财务状况、经营成果和现金流量的结构性表述。企业编制财务报表的目标，是向财务报表使用者提供与企业财务状况、经营成果和现金流量等有关的会计信息，反映企业管理层受托责任履行情况，有助于财务报表使用者作出经济决策。一套完整的财务报表包括资产负债表、利润表、现金流量表、所有者权益（或股东权益）变动表和附注。本章重点内容为资产负债表、利润表的编制。

学习目的和要求

通过本章的学习，学生应掌握资产负债表、利润表的编制方法；熟悉财务报表附注揭示的内容及财务报表编制的一般要求；了解现金流量表的编制方法及财务报告的意义和种类。

引例　造假违规 造假者受到法律惩处

银广夏公司全称为广夏（银川）实业股份有限公司，现证券简称为 ST 广夏（000557）。1994 年 6 月上市的银广夏公司，曾因其骄人的业绩和诱人的前景而被称为“中国第一蓝筹股”。2001 年 8 月，《财经》杂志发表“银广夏陷阱”一文，银广夏公司虚构财务报表事件被曝光。专家意见认为，其主要控股子公司天津广夏出口德国诚信贸易公司的为“不可能的产量、不可能的价格、不可能的产品”。以天津广夏萃取设备的产能，即使通宵达旦运作，也生产不出所宣称的数量；天津广夏萃取产品出口价格高到近乎荒谬；对德出口合同中的某些产品，根本不能用二氧化碳超临界萃取设备提取。

2002 年 5 月，中国证监会对银广夏公司的行政处罚决定书认定，该公司 1998—2001 年累计虚增利润 77 156.70 万元，其中：1998 年虚增 1 776.10 万元，由于主要控股子公司天津广夏 1998 年及之前年度的财务资料丢失，利润真实性无法确定；1999 年虚增 17 781.86 万元，实际亏损5 003.20万元；2000 年虚增 56 704.74 万元，实际亏损 14 940.10 万元；2001 年 1～6 月虚增 894 万元，实际亏损 2 557.10 万元。从原料购进到生产、销售、出口等环节，该公司伪造了全部单据，包括销售合同和发票、银行票据、海关出口报关单和所得税免税文件。2001 年 9 月后，因涉及银广夏利润造假案，中天勤会计师事务所这家审计最多上市公司财务报表的会计师事务所实际上已经解体。财政部亦于 2001 年 9 月初宣布，拟吊销签字注册会计师刘加荣、徐林文的注册会计师资格；吊销中天勤会计师事务所的执业资格，并会同证监会吊销其证券、期货相关业务许可证，同时，将追究中天勤会计师事务所负责人的责任。

依照现行的《关于经济犯罪案件追诉标准的规定》，该公司向股东和社会公众提供虚假的或者隐瞒重要事实的财务会计报告，造成股东或他人直接经济损失 50 万元以上；或致使股票被取消上市资格或交易被迫停牌的，应予以立案追究。2003 年 9 月 16 日，宁夏回族自治区银川市中级人民法院对银广夏刑事案作出一审判决，原天津广夏董事长兼财务总监董博因提供虚假财会报告罪被判处有期徒刑 3 年，并处罚金人民币 10 万元。同时，法院以提供虚假财会报告罪分别判处原银川广夏董事局副主席兼总裁李有强、原银川广夏董事兼财务总监兼总会计师丁功名、原天津广夏副董事长兼总经理阎金岱有期徒刑 2 年 6 个月，并处罚金 3 万元至 8 万元；以出具证明文件重大失实罪分别判处被告人中天勤会计师事务所合伙人刘加荣、徐林文有期徒刑 2 年 6 个月、2 年 3 个月，并各处罚金 3 万元。

该案例中，银广厦公司为什么造假？会计监督是否完善？

（资料来源：编者通过百度百科中“银广厦事件”资料改编。）

第一节　财务会计报告概述

一、财务会计报告的意义

财务会计报告是反映企业某一特定日期财务状况和某一会计期间经营成果的总结性文件，包括财务报表和其他应当在财务会计报告中披露的相关信息和资料。

财务报表是对企业财务状况、经营成果和现金流量的结构性表述。财务报表包括资产负债表、利润表、现金流量表、所有者权益变动表和附注。

企业编制财务报表的目标，是向财务报表使用者提供与企业财务状况、经营成果和现金流量等有关的会计信息，反映企业管理层受托责任的履行情况，有助于财务报表使用者作出经济决策。

财务报表使用者通常包括投资者、债权人、政府及其有关部门和社会公众等。

资产负债表、利润表和现金流量表分别从不同角度反映企业的财务状况、经营成果和现金流量。资产负债表反映企业在某一特定日期所拥有的资产、需偿还的债务以及股东（投资者）拥有的净资产情况；利润表反映企业在一定会计期间的经营成果，即利润或亏损的情况，表明企业运用所拥有的资产的获利能力；现金流量表反映企业在一定会计期间现金和现金等价物流入和流出的情况。

所有者权益变动表反映构成所有者权益的各组成部分当期的增减变动情况。企业的净利润及其分配情况是所有者权益变动的组成部分，相关信息已经在所有者权益变动表及其附注中反映，企业不需要再单独编制利润分配表。

附注是财务报表不可或缺的组成部分，是对在资产负债表、利润表、现金流量表和所有者权益变动表等报表中列示项目的文字描述或明细资料，以及对未能在这些报表中列示项目的说明等。

二、财务报表的分类

11-1 视频：财务报告的含义及编制目标

财务报表可以按照不同的标准进行以下分类。

（一）按财务报表编报期间的不同分类

按财务报表编报期间的不同，可以分为中期财务报表和年度财务报表。中期财务报表是以短于一个完整会计年度的报告期间为基础编制的财务报表，包括月报、季报和半年报等。中期财务报表至少应当包括资产负债表、利润表、现金流量表和附注，其中，中期资产负债表、利润表和现金流量表应当是完整报表，其格式和内容应当与年度财务报表相一致。与年度财务报表相比，中期财务报表中的附注披露可适当简略。

（二）按财务报表编报主体的不同分类

按财务报表编报主体的不同分类，可以分为个别财务报表和合并财务报表。个别财务报表是由企业在自身会计核算基础上对账簿记录进行加工而编制的财务报表，它主要用来反映企业自身的财务状况、经营成果和现金流量情况。合并财务报表是以母公司和子公司组成的企业集团为会计主体，根据母公司和所属子公司的财务报表，由母公司编制的综合反映企业集团财务状况、经营成果及现金流量的财务报表。

三、财务报告填列的基本要求

为了充分发挥财务报表的作用，财务报表的种类、格式、内容和编制方法，都应由财政部统一制定，企业应严格地按照统一规定填制和上报，才能保证财务报表口径一致，便于各有关部门利用财务报表，了解、考核和管理企业的经济活动。为确保财务报表质量，编制财务报表必须符合以下要求。

（一）数字真实

根据客观性原则，企业财务报表所填列的数字必须真实可靠，能准确地反映企业的财务状况和经营成果。不得以估计数字填列财务报表，更不得弄虚作假、篡改伪造数字。为了确保财务报表的数字真实准确，应做到如下几点：

（1）报告期内所有的经济业务必须全部登记入账，应根据核对无误的账簿记录编制财务报表，不得用估计数字编制财务报表，不得弄虚作假，不得篡改数字。

（2）在编制财务报表之前，应认真核对账簿记录，做到账证相符、账账相符。发现有不符之处，应先查明原因，加以更正，再据以编制财务报表。

（3）企业应定期进行财产清查，对各项财产物资、货币资金和往来款项进行盘点、核实，在账实相符的基础上编制财务报表。

（4）在编制财务报表时，要核对财务报表之间的数字，有勾稽关系的数字应当认真核对；本期财务报表与上期财务报表之间的数字应相对衔接一致、本年度财务报表与上年度财务报表之间相关指标数字应衔接一致。

（二）内容完整

财务报表中各项指标和数据是相互联系、相互补充的，必须按规定填列齐全、完整。不论主表、附表或补充资料，都不能漏填、漏报。各财务报表之间，项目之间凡有对应关系的项目的数据，应该相互一致，做到表表相符。

（三）计算正确

财务报表上的各项指标，都必须按《企业会计准则》和《企业会计制度》中规定的口径填列，不得任意删减或增加，凡需经计算填列的指标，应按以上两个制度所规定的公式计算填列。

（四）编报及时

企业应按规定的时间编报财务报表，及时逐级汇总，以便报表的使用者及时、有效地利用财务报表资料。为此，企业应科学地组织好会计的日常核算工作，选择适合本企业具体情况的会计核算组织程序认真做好记账、算账、对账和按期结账工作。

第二节 资产负债表

一、资产负债表概述

（一）资产负债表的概念及作用

资产负债表是指反映企业在某一特定日期财务状况的报表。资产负债表主要反映资产、负债和所有者权益三方面的内容，它是一张揭示企业在一定时点上财务状况的静态报表。

资产负债表能够提供资产、负债和所有者权益的全貌。资产负债表可以提供某一日期资产的总额，表明企业拥有或控制的经济资源及其分布情况，是分析企业生产经营能力的重要资料；资产负债表可以反映某一日期的负债总额以及结构，表明企业未来需用多少资产或劳务清偿债务；资产负债表可以反映所有者权益的情况，表明投资者在企业资产中所占的份额，了解权益的结构情况；资产负债表还能够提供进行财务分析的基本资料，计算流动比率、速动比率，以了解企业的短期偿债能力等。

延伸阅读 11-1

资产负债表可以生成的经济指标

资产负债表所反映的期初、期末数据，通过计算可以生成反映企业财务状况的重要指标，这些指标对于了解掌握企业的发展状况具有重要意义，有助于报表使用者作出相关决策。比如，利用流动资产合计和流动负债合计可以计算生成流动比率，利用速动资产与流动负债合计可以计算生成速动比率，利用资产总额和负债总额可以计算生成资产负债率，利用负债总额与所有者权益总额可以计算出产权比率等，反映企业短期和长期偿债能力。又如，资产负债表的期末、期初数据变动可以反映企业财务状况的变动趋势，利用期初、期末固定资产总额可以计算分析企业固定资产投资的扩张程度；利用期初、期末所有者权益总额可以计算分析资本保值增值率等。

（二）资产负债表的结构

11-2 视频：资产负债表的结构

资产负债表的结构通常有报告式和账户式两种。

1. 报告式资产负债表

报告式资产负债表是将资产负债表的项目自上而下排列，顺序列示资产、负债、所有者权益数额，使用的是“资产－负债＝所有者权益”的会计平衡公式。

报告式资产负债表的优点在于编制比较资产负债表，即在一张报表中，除了列出本期的财务状况，可增设几个栏目，分别列示过去几期的财务状况。其缺点是资产和权益间的恒等关系并不一目了然。

2. 账户式资产负债表

账户式资产负债表是将表内项目分左、右两方，左方为资产项目，大体按资产的流动性大小排列，流动性大的资产如“货币资金”“交易性金融资产”等排在前面，流动性小的资产如“长期股权投资”“固定资产”等排在后面。右方为负债和所有者权益项目，一般按要求清偿时间的先后顺序排列：“短期借款”“应付票据”“应付账款”等需要在 1 年以内或者长于 1 年的一个正常营业周期内偿还的流动负债排在前面，“长期借款”等在 1 年以上才需偿还的非流动负债排在中间，在企业清算之前不需要偿还的所有者权益项目排在后面。使用的是“资产＝负债＋所有者权益”的会计平衡公式。

3. 我国现行资产负债表格式

根据我国《企业会计准则》的规定，企业的资产负债表格式一般采用账户式，通常包括表头、表身和表尾。表头主要包括资产负债表的名称、编制单位和金额单位；表身包括各项资产、负债和所有者权益各项目的年初数和期末数，是资产负债表的主要部分；表尾主要包括附注资料等。

资产负债表的基本格式和内容如表 11-1 所示。

表 11-1 **资 产 负 债 表** 会企 01 表

编制单位： 年 月 日 单位：元

资产	期末余额	上年年末余额	负债和股东权益	期末余额	上年年末余额
流动资产：			流动负债：		
货币资金			短期借款		
交易性金融资产			交易性金融负债		
衍生金融资产			衍生金融负债		
应收票据			应付票据		
应收账款			应付账款		
应收款项融资			预收款项		
预付款项			合同负债		
其他应收款			应付职工薪酬		
存货			应交税费		
合同资产			其他应付款		
持有待售资产			持有待售负债		
一年内到期的非流动资产			一年内到期的非流动负债		
其他流动资产			其他流动负债		
流动资产合计			流动负债合计		
非流动资产：			非流动负债：		
债权投资			长期借款		
其他债权投资			应付债券		
长期应收款			其中：优先股		
长期股权投资			永续债		
其他权益工具投资			租赁负债		
其他非流动金融资产			长期应付款		
投资性房地产			预计负债		

（续表）

资产	期末余额	上年年末余额	负债和股东权益	期末余额	上年年末余额
固定资产			递延收益		
在建工程			递延所得税负债		
生产性生物资产			其他非流动负债		
油气资产			非流动负债合计		
使用权资产			负债合计		
无形资产			所有者权益(或股东权益)：		
开发支出			实收资本(或股本)		
商誉			其他权益工具		
长期待摊费用			其中:优先股		
递延所得税资产			永续债		
其他非流动资产			资本公积		
非流动资产合计			减:库存股		
			其他综合收益		
			专项储备		
			盈余公积		
			未分配利润		
			所有者权益(或股东权益)合计		
资产总计			负债及所有者权益(或股东权益)总计		

账户式资产负债表的优缺点与报告式资产负债表正好相反。资产和权益间的恒等关系一目了然,但要编制比较资产负债表要做些旁注可能困难。

延伸阅读 11-2

资产负债表日后事项对流动负债与非流动负债划分的影响

1. 资产负债表日起1年内到期的负债

对于在资产负债表日起1年内到期的负债,企业预计能够自主地将清偿义务展期至资产负债表日后1年以上的,应当归类为非流动负债;不能自主地将清偿义务展期的,即使在资产负债表日后、财务报告批准报出日前签订了重新安排清偿计划协议,从资产负债表日来看,此项负债仍应当归类为流动负债。

2. 违约长期债务

企业在资产负债表日或之前违反了长期借款协议,导致贷款人可随时要求清偿的负债,应当归类为流动负债。这是因为,在这种情况下,债务清偿的主动权并不在企业,企业只能被动地无条件归还贷款,而且该事实在资产负债表日即已存在,所以该负债应当作为流动负债列报。但是,如果贷款人在资产负债表日或之前同意提供在资产负债表日后1年以上的宽限期,企业能够在此期限内改正违约行为,且贷款人不能要求随时清偿时,在资产负债表日的此项负债并不符合流动负债的判断标准,应当归类为非流动负债。

二、资产负债表的编制

(一) 资产负债表各项目的填列方法

1. 资产项目的填列说明

(1)“货币资金”项目，反映企业库存现金、银行结算户存款、外埠存款、银行汇票存款、银行本票存款、信用卡存款、信用证保证金存款等的合计数。本项目应根据“库存现金”“银行存款”“其他货币资金”账户期末余额的合计数填列。

11-3 视频：资产负债表的编制

(2)“交易性的金融资产”项目，反映资产负债表日企业分类为以公允价值计量且其变动计入当期损益的金融资产，以及企业持有的指定为以公允价值计量且其变动计入当期损益的金融资产的期末账面价值。本项目应根据“交易性金融资产”账户的相关明细账户期末余额分析填列。自资产负债表日起超过 1 年到期且预期持有超过 1 年的以公允价值计量且其变动计入当期损益的非流动金融资产的期末账面价值，在“其他非流动金融资产”项目反映。

11-4 扫一扫练一练

(3)“衍生金融资产”项目，反映企业衍生工具形成的资产，本项目应根据“衍生工具”“套期工具”“被套期项目”等账户的期末借方余额分析填列。

11-5 扫一扫练一练答案

(4)“应收票据”项目，反映资产负债表日以摊余成本计量的、企业因销售商品、提供服务等收到的商业汇票，包括银行承兑汇票和商业承兑汇票。本项目应根据“应收票据”账户的期末余额，减去“坏账准备”账户中相关坏账准备期末余额后的金额分析填列。

(5)“应收账款”项目，反映资产负债表日以摊余成本计量的、企业因销售商品、提供服务等经营活动应收取的款项。本项目应根据“应收账款”和“预收账款”账户所属各明细账户的期末借方余额的合计数，减去“坏账准备”账户中相关坏账准备期末余额后的金额分析填列。如“应收账款”账户所属明细账户期末有贷方余额的，应在资产负债表“预收款项”项目内填列。

(6)“应收款项融资”项目，反映资产负债表日以公允价值计量且其变动计入其他综合收益的应收票据和应收账款等。

(7)“预付款项”项目，反映企业按照购货合同规定预付给供应单位的款项等。本项目应根据“预付账款”和“应付账款”账户所属各明细账户的期末借方余额合计数，减去“坏账准备”账户中有关预付款项计提的坏账准备期末余额后的金额填列。如“预付账款”账户所属各明细账户期末有贷方余额的，应在资产负债表“应付账款”项目内填列。

(8)“其他应收款”项目，反映企业除应收票据、应收账款、预付账款等经营活动的其他各种应收、暂付的款项。本项目应根据“应收利息”“应收股利”和“其他应收款”账户的期末余额合计数，减去“坏账准备”账户中相关坏账准备期末余额后的金额填列。其中的“应收利息”仅反映相关金融工具已到期可收取但于资产负债表日尚未收到的利息。基于实际利率法计提的金融工具的利息应包含在相应金融工具的账面余额中。

(9)“存货”项目，反映企业期末在库、在途和在加工中的各种存货的成本或可变现净值(成本与可变现净值孰低)。本项目应根据“材料采购”“原材料”“库存商品”“周转材料”“委托加工物资”“委托代销商品”“生产成本”等账户的期末余额合计，减去“受托代销商品款”“存货跌价准备”账户期末余额后的金额填列。材料采用计划成本核算，以及库存商品采用计划成本核算或售价核算的企业，还应按加或减材料成本差异、商品进销差价后的金额填列。

11-6 扫一扫练一练

11-7 扫一扫练一练答案

(10)“合同资产”项目,反映企业按照《企业会计准则第 14 号——收入》(2018)的相关规定,根据本企业履行履约义务与客户付款之间的关系在资产负债表中列示的合同资产。本项目应根据“合同资产”账户的相关明细账户期末余额分析填列,同一合同下的合同资产和合同负债应当以净额列示,其中净额为借方余额的,应当根据其流动性在“合同资产”或“其他非流动资产”项目中填列,已计提减值准备的,还应以减去“合同资产减值准备”账户中相关的期末余额后的金额填列;其中净额为贷方余额的,应当根据其流动性在“合同负债”或“其他非流动负债”项目中填列。

(11)“持有待售资产”项目,反映资产负债表日划分为持有待售类别的非流动资产及划分为持有待售类别的处置组中的流动资产和非流动资产的期末账面价值。本项目应根据“持有待售资产”账户的期末余额,减去“持有待售资产减值准备”账户的期末余额后的金额填列。

(12)“一年内到期的非流动资产”项目,反映企业预计自资产负债表日起 1 年内变现的非流动资产。本项目应根据有关账户的期末余额分析填列。

(13)“其他流动资产”项目,反映企业除了货币资金、交易性金融资产、应收票据、应收账款、存货等流动资产的其他流动资产。本项目应根据有关账户的期末余额填列。

(14)“债权投资”项目,反映资产负债表日企业以摊余成本计量的长期债权投资的期末账面价值。本项目应根据“债权投资”账户的相关明细账户期末余额,减去“债权投资减值准备”账户中相关减值准备的期末余额后的金额分析填列。自资产负债表日起 1 年内到期的长期债权投资的期末账面价值,在“一年内到期的非流动资产”项目反映。企业购入的以摊余成本计量的 1 年内到期的债权投资的期末账面价值,在“其他流动资产”项目反映。

(15)“其他债权投资”项目,反映资产负债表日企业分类为以公允价值计量且其变动计入其他综合收益的长期债权投资的期末账面价值。本项目应根据“其他债权投资”账户的相关明细账户期末余额分析填列。自资产负债表日起一年内到期的长期债权投资的期末账面价值,在“一年内到期的非流动资产”项目反映。企业购入的以公允价值计量且其变动计入其他综合收益的 1 年内到期的债权投资的期末账面价值,在“其他流动资产”项目反映。

(16)“长期应收款”项目,反映企业租赁产生的应收款项、采用递延方式具有融资性质的销售商品和提供劳务等产生的长期应收款项等。本项目应根据“长期应收款”账户的期末余额,减去相应的“未实现融资收益”账户和“坏账准备”账户所属相关明细账户期末余额后的金额填列。

(17)“长期股权投资”项目,反映企业持有的对子公司、联营企业和合营企业的长期股权投资。本项目应根据“长期股权投资”账户的期末余额,减去“长期股权投资减值准备”账户期末余额后的金额填列。

(18)“其他权益工具投资”项目,反映资产负债表日企业指定为以公允价值计量且其变动计入其他综合收益的非交易性权益工具投资的期末账面价值。本项目应根据“其他权益工具投资”账户的期末余额填列。

(19)“其他非流动金融资产”项目,反映企业自资产负债表日起超过 1 年到期且预期持有超过 1 年的以公允价值计量且其变动计入当期损益的非流动金融资产的期末账面价值。本项目应根据“交易性金融资产”账户的发生额分析填列。

(20)“投资性房地产”项目,反映企业持有的投资性房地产的期末账面价值。企业采用成本模式计量投资性房地产的,本项目应根据“投资性房地产”账户的期末余额,减去“投资性房地产累计折旧(摊销)”和“投资性房地产减值准备”账户期末余额后的金额填列;企业采用公允价值模式计量投资性房地产的,本项目应根据“投资性房地产”账户的期末余额填列。

(21)“固定资产”项目,反映资产负债表日企业固定资产的期末账面价值和企业尚未清理完毕的固定资产清理净损益。本项目应根据“固定资产”账户的期末余额,减去“累计折旧”和“固定资产减值准备”账户的期末余额后的金额,以及“固定资产清理”账户的期末余额填列。

(22)“在建工程”项目,反映资产负债表日企业尚未达到预定可使用状态的在建工程的期末账面价值和企业为在建工程准备的各种物资的期末账面价值。本项目应根据“在建工程”账户的期末余额,减去“在建工程减值准备”账户的期末余额后的金额,以及“工程物资”账户的期末余额,减去“工程物资减值准备”账户的期末余额后的金额填列。

11-8 扫一扫 练一练

(23)“生产性生物资产”项目,反映企业持有的生产性生物资产的期末账面价值。本项目应根据“生产性生物资产”账户的期末余额,减去“生产性生物资产累计折旧”和“生产性生物资产减值准备”账户期末余额后的金额填列。

(24)“油气资产”项目,反映企业持有的矿区权益和油气井及相关设施的原价减去累计折耗和累计减值准备后的净额。本项目应根据“油气资产”账户的期末余额,减去“累计折耗”账户的期末余额和相应减值准备后的金额填列。

11-9 扫一扫 练一练答案

(25)“使用权资产”项目,反映资产负债表日承租人企业持有的使用权资产的账面价值。本项目应根据“使用权资产”账户的期末余额,减去“使用权资产累计折旧”和“使用权资产减值准备”账户的期末余额后的金额填列。

(26)“无形资产”项目,反映企业持有的无形资产,包括专利权、非专利技术、商标权、著作权、土地使用权等的期末账面价值。本项目应根据“无形资产”账户的期末余额,减去“累计摊销”和“无形资产减值准备”账户期末余额后的金额填列。

(27)“开发支出”项目,反映企业开发无形资产过程中能够资本化形成无形资产成本的支出部分。本项目应根据“研发支出”账户中所属的“资本化支出”明细账户期末余额填列。

(28)“商誉”项目,反映企业合并中形成的商誉的价值。本项目应根据“商誉”账户的期末余额,减去相应减值准备后的金额填列。

(29)“长期待摊费用”项目,反映企业已经发生但应由本期和以后各期负担的分摊期限在1年以上的各项费用。长期待摊费用中在1年内(含1年)摊销的部分,在资产负债表“一年内到期的非流动资产”项目填列。本项目应根据“长期待摊费用”账户的期末余额,减去将于1年内(含1年)摊销的数额后的金额分析填列。

(30)“递延所得税资产”项目,反映企业确认的可抵扣暂时性差异产生的递延所得税资产的期末账面价值。本项目应根据“递延所得税资产”账户的期末余额填列。

(31)“其他非流动资产”项目,反映企业除了长期股权投资、固定资产、在建工程、工程物资和无形资产等资产的其他非流动资产。本项目应根据有关账户的期末余额填列。

2. 负债项目的填列说明

(1)“短期借款”项目,反映企业向银行或其他金融机构等借入的期限在1年以下(含1年)的借款。本项目应根据“短期借款”账户的期末余额填列。

(2)“交易性金融负债”项目,反映企业资产负债表日承担的交易性金融负债,以及企业持有的直接指定为以公允价值计量且其变动计入当期损益的金融负债的账面价值。本项目应根据“交易性金融负债”账户的相关明细账户的期末余额填列。

(3)“衍生金融负债”项目,反映企业衍生工具的负债的账面价值,本项目应根据“衍生工具”“套期工具”“被套期项目”等账户的期末贷方余额分析填列。

(4)“应付票据”项目,反映资产负债表日以摊余成本计量的、企业因购买材料、商品和接受服务等开出、承兑的商业汇票,包括银行承兑汇票和商业承兑汇票。本项目应根据“应付票据”账户的期末余额填列。

(5)“应付账款”项目,反映资产负债表日以摊余成本计量的、企业因购买材料、商品和接受服务等经营活动应支付的款项。本项目应根据“应付账款”和“预付账款”账户所属的相关明细账户的期末贷方余额合计数填列。

(6)“预收款项”项目,反映企业按照购货合同规定预收供应单位的款项。本项目应根据“预收账款”和“应收账款”账户所属各明细账户的期末贷方余额合计数填列。如“预收账款”账户所属明细账户期末为借方余额的,应在资产负债表“应收账款”项目内填列。

(7)“合同负债”项目,反映企业按照《企业会计准则第14号——收入》(2018)的相关规定,根据本企业履行履约义务与客户付款之间的关系在资产负债表中列示的合同负债。本项目应根据“合同负债”的相关明细账户期末余额分析填列。

同一合同下的合同资产和合同负债应当以净额列示,其中净额为贷方余额的,应当根据其流动性在“合同负债”或“其他非流动负债”项目中填列。资产负债表日,“合同结算”账户的期末余额在贷方的,根据其流动性在“合同负债”或“其他非流动负债”项目中填列。

(8)“应付职工薪酬”项目,反映企业为获得职工提供的服务或解除劳动关系而给予的各种形式的报酬或补偿。企业提供给职工配偶、子女、受赡养人、已故员工遗属及其他受益人等的福利,也属于职工薪酬。职工薪酬主要包括短期薪酬、离职后福利、辞退福利和其他长期职工福利。本项目应根据“应付职工薪酬”账户所属各明细账户的期末贷方余额分析填列。外商投资企业按规定从净利润中提取的职工奖励及福利基金,也在本项目列示。

(9)“应交税费”项目,反映企业按照税法规定计算应交纳的各种税费,包括增值税、消费税、所得税、资源税、土地增值税、城市维护建设税、房产税、土地使用税、车船税、教育费附加、矿产资源补偿费等。企业代扣代交的个人所得税,也通过本项目列示。企业所交纳的税金不需要预计应交数的,如印花税、耕地占用税等,不在本项目列示。本项目应根据“应交税费”账户的期末贷方余额填列;如“应交税费”账户期末为借方余额,应以“-”号填列。

需要说明的是,“应交税费”账户下的“应交增值税”“未交增值税”“待抵扣进项税额”“待认证进项税额”“增值税留抵税额”等明细账户期末借方余额,应根据情况在资产负债表中的“其他流动资产”或“其他非流动资产”项目列示;“应交税费——待转销项税额”等账户期末贷方余额,应根据情况在资产负债表中的“其他流动负债”或“其他非流动负债”项目列示;“应交税费”账户下的“未交增值税”“简易计税”“转让金融商品应交增值税”“代扣代交增值税”等账户期末贷方余额应在资产负债表中的“应交税费”项目列示。

(10)“其他应付款”项目,反映企业除应付票据、应付账款、预收款项、应付职工薪酬、应交税费等经营活动的其他各项应付、暂收的款项。本项目应根据“应付利息”“应付股利”和“其他应付款”账户的期末余额合计数填列。其中,“应付利息”账户仅反映相关金融工具已到期应支付但于资产负债表日尚未支付的利息。基于实际利率法计提的金融工具的利息应包含在相应金融工具的账面余额中。

(11)"持有待售负债"项目,反映资产负债表日处置组中与划分为持有待售类别的资产直接相关的负债的期末账面价值。本项目应根据"持有待售负债"账户的期末余额填列。

(12)"一年内到期的非流动负债"项目,反映企业非流动负债中将于资产负债表日后1年内到期部分的金额,如将于1年内偿还的长期借款。本项目应根据有关账户的期末余额填列。

(13)"其他流动负债"项目,反映企业除短期借款、应付票据、应付账款、应付职工薪酬、应交税费等流动负债的其他流动负债。本项目应根据有关账户的期末余额填列。

(14)"长期借款"项目,反映企业向银行或其他金融机构借入的期限在1年以上(不含1年)的各项借款。本项目应根据"长期借款"账户的期末余额,扣除"长期借款"账户所属明细账户中将在资产负债表日起1年内到期、且企业不能自主地将清偿义务展期的长期借款后的金额计算填列。

(15)"应付债券"项目,反映企业为筹集长期资金而发行的债券本金和利息。本项目应根据"应付债券"账户所属的明细账户余额填列。对于资产负债表日企业发行的金融工具,分类为金融负债的,应在本项目填列,对于优先股和永续债还应在本项目下的"优先股"项目和"永续债"项目分别填列。

(16)"租赁负债"项目,反映资产负债表日承租人企业尚未支付的租赁付款额的期末账面价值。本项目应根据"租赁负债"的期末余额填列,自资产负债表日起一年内到期应予以清偿的租赁负债的账面价值,在"一年内到期的非流动负债"项目反映。

(17)"长期应付款"项目,反映资产负债表日企业除长期借款和应付债券以外的其他各种长期应付款项的期末账面价值。本项目应根据"长期应付款"账户的期末余额,减去相关的"未确认融资费用"账户的期末余额和1年内到期的部分后的金额,以及"专项应付款"账户的期末余额填列。

(18)"预计负债"项目,反映企业确认的对外提供担保、未决诉讼、产品质量保证、重组义务、亏损合同等确认的预计负债的期末账面价值。本项目应根据"预计负债"账户的期末余额填列。

(19)"递延收益"项目,反映尚待确认的收入或收益。本项目核算包括企业根据政府补助准则确认的应在以后期间计入当期损益的政府补助金额、售后租回形成融资租赁的售价与资产账面价值差额等其他递延性收入。本项目应根据"递延收益"账户的期末余额填列。本项目中摊销期限只剩1年或不足1年的,或预计在1年内(含1年)进行摊销的部分,不得归类为流动负债,仍在本项目中填列,不转入"一年内到期的非流动负债"项目。

(20)"递延所得税负债"项目,反映企业确认的应纳税暂时性差异产生的所得税负债。本项目应根据"递延所得税负债"账户的期末余额填列。

(21)"其他非流动负债"项目,反映企业除长期借款、应付债券等负债以外的其他非流动负债。本项目应根据有关账户的期末余额减去将于1年内(含1年)到期偿还数后的余额填列。非流动负债各项目中将于1年内(含1年)到期的非流动负债,应在"一年内到期的非流动负债"项目内单独反映。

3. 所有者权益项目的填列说明

(1)“实收资本(或股本)”项目,反映企业各投资者实际投入的资本(或股本)总额。本项目应根据“实收资本”(或“股本”)账户的期末余额填列。

(2)“其他权益工具”项目,反映企业发行的除普通股分类为权益工具的金融工具的账面价值,并在“其他权益工具”项目下增设“其中:优先股”和“永续债”两个项目,分别反映企业发行的分类为权益工具的优先股和永续债的账面价值。本项目应根据“其他权益工具”账户的期末余额填列。对于资产负债表日企业发行的金融工具,分类为金融负债的,应在“应付债券”项目填列。

(3)“资本公积”项目,反映企业资本公积的期末余额。本项目应根据“资本公积”账户的期末余额填列。

(4)“库存股”项目,反映企业持有尚未转让或注销的本公司股份金额。本项目应根据“库存股”账户的期末余额填列。

(5)“其他综合收益”项目,反映企业其他综合收益的期末余额。本项目应根据“其他综合收益”账户的期末余额填列。

(6)“专项储备”项目,反映高危行业企业按国家规定提取的安全生产费的期末账面价值。本项目应根据“专项储备”账户的期末余额填列。

(7)“盈余公积”项目,反映企业盈余公积的期末余额。本项目应根据“盈余公积”账户的期末余额填列。

(8)“未分配利润”项目,反映企业尚未分配的利润。本项目应根据“本年利润”账户和“利润分配”账户的余额计算填列。未弥补的亏损在本项目内以“—”填列。

(二) 资产负债表“年初余额”栏的填列方法

资产负债表各项目均需填列“年初余额”和“期末余额”两栏。本表的“年初余额”栏通常根据上年年末有关项目的期末余额填列,且与上年年末资产负债表“期末余额”栏一致。

企业在首次执行新准则时,应当按照《企业会计准则第 38 号——首次执行企业会计准则》对首次执行新准则当年的“年初余额”栏及相关项目进行调整;以后期间,如果企业发生了会计政策变更、前期差错更正,应当对“年初余额”栏中的有关项目进行相应调整。此外,如果企业上年度资产负债表规定的项目名称和内容与本年度不一致,应当对上年年末资产负债表相关项目的名称和数字按照本年度的规定进行调整,填入“年初余额”栏。

(三) 资产负债表“期末余额”栏的填列方法

本表“期末余额”栏内各项数字,一般应根据资产、负债和所有者权益类账户的期末余额填列。“期末余额”栏主要有以下几种填列方法。

1. 根据总账账户余额填列

“递延所得税资产”“短期借款”“递延所得税负债”“实收资本”“资本公积”“其他综合收益”等项目,根据“递延所得税资产”“短期借款”“递延所得税负债”“实收资本”“资本公积”“其他综合收益”各总账账户的余额直接填列;有些项目则需根据几个总账账户的期末余额计算填列,如“货币资金”项目,需根据“库存现金”“银行存款”“其他货币资金”三个总账账户的期末余额的合计数填列。

【例 11-1】 华夏有限责任公司 2×21 年 12 月 31 日结账后的“库存现金”账户余额为 10 000 元,“银行存款”账户余额为 4 000 000 元,“其他货币资金”账户为1 000 000 元。

该公司2×21年12月31日资产负债表中的“货币资金”项目金额为：

10 000＋4 000 000＋1 000 000＝5 010 000(元)

[例11-1]中，企业应当按照“库存现金”“银行存款”和“其他货币资金”三个总账账户余额加总后的金额，作为资产负债表中“货币资金”项目的金额。

【例11-2】 华夏有限责任公司2×21年3月1日向银行借入一年期借款320 000元，向其他金融机构借款230 000元，无其他短期借款业务发生。

该公司2×21年12月31日资产负债表中的“短期借款”项目金额为：

320 000＋230 000＝550 000(元)

[例11-2]中，直接以“短期借款”总账账户余额填列在资产负债表中。

2. 根据有关明细账户的余额计算填列

“应付账款”项目，需要根据“应付账款”和“预付账款”两个账户所属的相关明细账户的期末贷方余额计算填列；“应收账款”项目，需要根据“应收账款”和“预收账款”账户所属的相关明细账户的期末借方余额计算填列。“开发支出”项目，应根据“研发支出”账户中所属的“资本化支出”明细账户期末余额填列。

【例11-3】 华夏有限责任公司2×21年12月31日结账后有关账户所属明细账户借贷方余额如表11-2所示。

表11-2　　有关账户所属明细账户借贷方余额　　单位:元

账户名称	明细账户借方余额合计	明细账户贷方合计
应收账款	1 600 000	100 000
预付账款	800 000	60 000
应付账款	400 000	1 800 000
预收账款	600 000	1 400 000

该公司2×21年12月31日资产负债表中相关项目的金额为：

① “应收账款”项目金额为:1 600 000＋600 000＝2 200 000(元)

② “预付款项”项目金额为:800 000＋400 000＝1 200 000(元)

③ “应付账款”项目金额为:60 000＋1 800 000＝1 860 000(元)

④ “预收款项”项目金额为:1 400 000＋100000＝1 500 000(元)

[例11-3]中，“应收账款”项目，应当根据“应收账款”账户所属明细账户借方余额1 600 000元和“预收账款”账户所属明细账户借方余额600 000元加总，作为资产负债表中“应收账款”的项目金额，即2 200 000元。

“预付款项”项目，应当根据“预付账款”账户所属明细账户借方余额800 000元和“应付账款”账户所属明细账户借方余额400 000元加总，作为资产负债表中“预付款项”的项目金额，即1 200 000元。

“应付账款”项目，应当根据“应付账款”账户所属明细账户贷方余额1 800 000元和“预付账款”账户所属明细账户贷方余额60 000元加总，作为资产负债表中“应付账款”的项目金额，即1 860 000元。

“预收款项”项目，应当根据“预收账款”账户所属明细账户贷方余额 1 400 000 元和“应收账款”账户所属明细账户贷方余额 100 000 元加总，作为资产负债表中“预收款项”的项目金额，即 1 500 000 元。

相关思考 11-1

资产负债表中“应收账款”应如何填列？

某企业年末“应收账款”账户的借方余额为 650 万元，其中，“应收账款”明细账的借方余额为 850 万元，贷方余额为 200 万元，年末计提坏账准备后的“坏账准备”账户的贷方余额为 65 万元。假定年末坏账准备均与应收账款相关，该企业年末资产负债表中“应收账款”项目的金额为(　　)万元。

A. 585　　B. 600　　C. 785　　D.800

相关思考解析 11-1：

“应收账款”项目的金额＝850－65＝785(万元)，应选 C。

3. 根据总账账户和明细账户的余额分析计算填列

“长期借款”项目，应当根据“长期借款”总账账户余额扣除“长期借款”账户所属明细账户中将在资产负债表日起 1 年内到期且企业不能自主地将清偿义务展期的长期借款后的金额计算填列。“其他流动资产”“其他非流动负债”项目，应根据有关总账账户及有关账户的明细账户期末余额分析填列；“其他非流动负债”项目，应根据有关账户的期末余额减去将于一年内(含一年)到期偿还数后的金额填列。

【例 11-4】 华夏有限责任公司 2×21 年“长期借款”账户的期末余额为 375 000 元，将于 1 年内到期的数额为 204 000 元。

该公司 2×21 年 12 月 31 日资产负债表中的“长期借款”项目金额为：

$$375\ 000 - 204\ 000 = 171\ 000(元)$$

[例 11-4]中，公司应当根据“长期借款”总账账户余额375 000 元，减去将于 1 年内到期的金额 204 000 元，作为资产负债表中“长期借款”项目的金额，即 171 000 元。将于 1 年内到期的 204 000 元，应当填列在流动负债下“一年内到期的非流动资产”项目中。

4. 根据有关账户余额减去其备抵账户余额后的净额填列

资产负债表中的“应收账款”“持有待售资产”“长期股权投资”“商誉”等项目，应当根据“应收账款”“持有待售资产”“长期股权投资”“商誉”等账户的期末余额减去“坏账准备”“持有待售资产减值准备”“长期股权投资减值准备”“商誉减值准备”等账户余额后的净额填列。“固定资产”项目，应当根据“固定资产”账户的期末余额减去“累计折旧”“固定资产减值准备”备抵账户余额后的净额，以及“固定资产清理”账户的期末余额填列。“无形资产”项目，应当根据“无形资产”账户的期末余额，减去“累计摊销”“无形资产减值准备”备抵账户余额后的净额填列。

【例 11-5】 华夏有限责任公司 2×21 年 12 月 31 日结账后的“固定资产”账户余额为 1 000 000 元，“累计折旧”账户余额为 90 000 元，“固定资产减值准备”账户余额为200 000 元，固定资产清理账户余额为 0。

该公司 2×21 年 12 月 31 日资产负债表中的“固定资产”项目金额为：

$$1\ 000\ 000 - 90\ 000 - 200\ 000 = 710\ 000(元)$$

[例 11-5]中,企业应当以“固定资产”总账账户余额,减去“累计折旧”和“固定资产减值准备”两个备抵类总账账户余额后的净额,作为资产负债表中“固定资产”的项目金额。

5. 综合运用上述填列方法分析填列

资产负债表中的“存货”项目,需根据“原材料”“委托加工物资”“周转材料”“材料采购”“在途物资”“发出商品”“材料成本差异”等总账账户期末余额的分析汇总数,再减去“存货跌价准备”账户余额后的金额填列。

【例 11-6】 华夏有限责任公司采用计划成本核算材料,2×21 年 12 月 31 日结账后有关账户余额为:“材料采购”账户余额为 140 000 元(借方),“原材料”账户余额为2 400 000 元(借方),“周转材料”账户余额为 1 800 000 元(借方),“库存商品”账户余额为 1 600 000 元(借方),“生产成本”账户余额为 600 000 元(借方),“材料成本差异”账户余额为 120 000 元(贷方),“存货跌价准备”账户余额为210 000 元。

该公司 2×21 年 12 月 31 日资产负债表中的“存货”项目金额为:

140 000+2 400 000+1 800 000+1 600 000+600 000−120 000−210 000=6 210 000(元)

[例 11-6]中,公司应当以“材料采购”(表示在途材料采购成本)、“原材料”“周转材料”(如包装物和低值易耗品等)、“库存商品”“生产成本”(表示期末在产品金额)各总账账户余额加总后,加上或减去“材料成本差异”总账账户的余额(若为贷方余额,应减去;若为借方余额,应加上),再减去“存货跌价准备”总账账户余额后的净额,作为资产负债表中“存货”项目的金额。

三、资产负债表编制举例

【例 11-7】 华夏有限责任公司 2×21 年 12 月 31 日的资产负债表(上年年末余额略)及 2×21年 12 月 31 日的账户余额表分别如表 11-3 和表 11-4 所示。假设华夏有限责任公司 2×21年度除计提固定资产减值准备导致固定资产账面价值与其计税基础存在可抵扣暂时性差异外,其他资产和负债项目的账面价值均等于其计税基础。假设华夏有限责任公司未来很可能获得足够的应纳税所得额用来抵扣可抵扣暂时性差异,适用的所得税税率为 25%。

表 11-3 **资 产 负 债 表**

会企 01 表

编制单位:华夏有限责任公司 2×21 年 12 月 31 日 单位:元

资产	期末余额	上年年末余额	负债和股东权益	期末余额	上年年末余额
流动资产:			流动负债:		
货币资金	16 000		短期借款	60 000	
交易性金融资产	14 000		交易性金融负债		
衍生金融资产			衍生金融负债		
应收票据			应付票据		
应收账款	28 000		应付账款	15 300	
应收款项融资			预收款项	6 000	
预付款项	10 000		合同负债		
其他应收款	8 000		应付职工薪酬	34 700	
存货	57 000		应交税费	60 000	
合同资产			其他应付款	32 000	

（续表）

资产	期末余额	年初余额	负债和股东权益	期末余额	年初余额
持有待售资产			持有待售负债		
一年内到期的非流动资产			一年内到期的非流动负债		
其他流动资产			其他流动负债		
流动资产合计	133 000		流动负债合计	208 000	
非流动资产：			非流动负债：		
债权投资			长期借款	64 000	
其他债权投资			应付债券		
长期应收款			其中：优先股		
长期股权投资	227 000		永续债		
其他权益工具投资			租赁负债		
其他非流动金融资产			长期应付款		
投资性房地产			预计负债		
固定资产	640 000		递延收益		
在建工程			递延所得税负债		
生产性生物资产			其他非流动负债		
油气资产			非流动负债合计	64 000	
使用权资产			负债合计	272 000	
无形资产	81 536		所有者权益（或股东权益）：		
开发支出			实收资本（或股本）	280 000	
商誉			其他权益工具		
长期待摊费用	4 000		其中：优先股		
递延所得税资产			永续债		
其他非流动资产			资本公积		
非流动资产合计	952 536		减：库存股		
			其他综合收益		
			专项储备		
			盈余公积	74 029	
			未分配利润	459 507	
			所有者权益（或股东权益）合计	813 536	
资产总计	1 085 536		负债及所有者权益（或股东权益）总计	1 085 536	

表 11-4　　账户余额表　　单位：元

科　目	明细账户	借方余额	贷方余额	总账账户	明细账户	借方余额	贷方余额
库存现金		1 000		短期借款			60 000
银行存款		15 000		应付账款			10 000
交易性金融资产		14 000			F 企业		7 000
应收账款		23 000			H 企业	5 000	
	A 企业	10 000			L 企业		8 000

（续表）

科　　目	明细账户	借方余额	贷方余额	总账账户	明细账户	借方余额	贷方余额
	B企业		2 000	预收账款			1 000
	C企业	15 000			M企业		4 000
预付账款		4 700			N企业	3 000	
	D企业	5 000		其他应付款			9 000
	E企业		300	应付职工薪酬			34 700
其他应收款		8 000		应交税费			60 000
原材料		27 000		应付股利			20 000
生产成本		8 000		应付利息			3 000
库存商品		22 000		长期借款			64 000
长期股权投资		227 000		实收资本			280 000
固定资产		700 000		盈余公积			74 029
累计折旧			60 000	利润分配			459 507
无形资产		81 536					
长期待摊费用		4 000					

第三节　利　润　表

一、利润表的概念与作用

利润表是指反映企业在一定会计期间经营成果的财务报表。

通过提供利润表，可以反映企业在一定会计期间的收入、费用、利润（或亏损）的数额构成情况，帮助财务报表使用者全面了解企业的经营成果，分析企业的获利能力及盈利增长趋势，从而为其作出经济决策提供依据。

二、利润表的内容和结构

11-10视频：利润表的结构

（一）利润表的内容

利润表至少应反映营业收入取得、营业成本的耗费、税金及附加、管理费用、销售费用、财务费用、投资收益、公允价值变动损益、资产减值损失、营业外收支、非流动资产处置损失、所得税费用和净利润。

（二）利润表的结构

目前比较普遍的利润表的结构有多步式和单步式两种，无论采用何种方式，其编制的依据是等式“收入－费用＝利润”。

1. 单步式利润表

单步式利润表是将当期所有的收入列在一起，然后将所有的费用列在一起，两者相减得出净损益。单步式利润表格式如表 11-5 所示。

表 11-5

利 润 表

××年度

单位:元

项 目	本期金额	上期金额
一、收入		
营业收入		
投资收益		
营业外收入		
收入合计		
二、费用		
营业成本		
税金及附加		
销售费用		
管理费用		
财务费用		
资产减值损失		
营业外支出		
所得税费用		
费用合计		
三、净利润		

单步式利润表编制方式简单,收入支出归类清楚,但缺点是收入、费用的性质不加区分,硬性归为一类,不利于报表分析。

2. 多步式利润表

多步式利润表是将不同性质的收入和费用进行对比,从而可以得出一些中间性的利润数据,便于使用者理解企业经营成果的不同来源。企业可以分如下五个步骤编制利润表:

第一步,计算营业利润。

营业利润=营业收入-营业成本-税金及附加-销售费用-管理费用-研发费用-财务费用+其他收益+投资收益(-投资损失)+净敞口套期收益(-净敞口套期损失)+公允价值变动收益(-公允价值变动损失)-信用减值损失-资产减值损失+资产处置收益(-资产处置损失)

其中,营业收入是指企业经营业务所确定的收入总额,包括主营业务收入和其他业务收入。营业成本是指企业经营业务所发生的实际成本总额,包括主营业务成本和其他业务成本。税金及附加是指主营业务和其他业务应负担的消费税、城市维护建设税、资源税、土地增值税和教育费附加等。

第二步,计算利润总额。

利润总额=营业利润+营业外收入-营业外支出

第三步,计算净利润(或净亏损)。

净利润=利润总额-所得税费用

第四步,以净利润(或净亏损)和其他综合收益为基础,计算出综合收益总额。

第五步,以净利润(或净亏损)为基础,计算出每股收益。

我国企业的利润表采用多步式格式，如表 11-6 所示。

表 11-6 **利　润　表** 会企 02 表

编制单位：　　　　年　　月　　　　单位：元

项目	本期金额	上期金额
一、营业收入		
减：营业成本		
税金及附加		
销售费用		
管理费用		
研发费用		
财务费用		
其中：利息费用		
利息收入		
加：其他收益		
投资收益（损失以"－"填列）		
其中：对联营企业和合营企业的投资收益		
以摊余成本计量的金融资产终止确认收益（损失以"－"填列）		
净敞口套期收益（损失以"－"填列）		
公允价值变动收益（损失以"－"填列）		
信用减值损失（损失以"－"填列）		
资产减值损失（损失以"－"填列）		
资产处置收益（损失以"－"填列）		
二、营业利润（亏损以"－"填列）		
加：营业外收入		
减：营业外支出		
三、利润总额（亏损总额以"－"填列）		
减：所得税费用		
四、净利润（净亏损以"－"填列）		
（一）持续经营净利润（净亏损以"－"填列）		
（二）终止经营净利润（净亏损以"－"填列）		
五、其他综合收益的税后净额		
（一）不能重分类进损益的其他综合收益		
1. 重新计量设定受益计划变动额		
2. 权益法下不能转损益的其他综合收益		
3. 其他权益工具投资公允价值变动		
4. 企业自身信用风险公允价值变动		
……		
（二）将重分类进损益的其他综合收益		

（续表）

项目	本期金额	上期金额
1. 权益法下可转损益的其他综合收益		
2. 其他债权投资公允价值变动		
3. 金融资产重分类计入其他综合收益的金额		
4. 其他债权投资信用减值准备		
5. 现金流量套期		
6. 外币财务报表折算差额		
……		
六、综合收益总额		
七、每股收益		
（一）基本每股收益		
（二）稀释每股收益		

三、利润表的编制

（一）利润表各项目的填列说明

（1）“营业收入”项目，反映企业经营主要业务和其他业务所确认的收入总额。本项目应根据“主营业务收入”和“其他业务收入”账户的发生额分析填列。

（2）“营业成本”项目，反映企业经营主要业务和其他业务所发生的成本总额。本项目应根据“主营业务成本”和“其他业务成本”账户的发生额分析填列。

（3）“税金及附加”项目，反映企业经营业务应负担的消费税、城市维护建设税、资源税、土地增值税和教育费附加等。本项目应根据“税金及附加”账户的发生额分析填列。

（4）“销售费用”项目，反映企业在销售商品过程中发生的包装费、广告费等费用和为销售本企业商品而专设的销售机构的职工薪酬、业务费等经营费用。本项目应根据“销售费用”账户的发生额分析填列。

（5）“管理费用”项目，反映企业为组织和管理生产经营发生的管理费用。本项目应根据“管理费用”的发生额分析填列。

（6）“研发费用”项目，反映企业进行研究与开发过程中发生的费用化支出。该项目应根据“管理费用”账户下的“研发费用”明细科目的发生额分析填列。

（7）“财务费用”项目，反映企业筹集生产经营所需资金等而发生的筹资费用。本项目应根据“财务费用”账户的发生额分析填列。“其中：利息费用”项目，反映企业为筹集生产经营所需资金等而发生的应予费用化的利息支出。该项目应根据“财务费用”账户的相关明细账户的发生额分析填列。“利息收入”项目，反映企业确认的利息收入。该项目应根“财务费用”账户的相关明细账户的发生额分析填列。

（8）“其他收益”项目，反映计入其他收益的政府补助等。该项目应根据“其他收益”账户的发生额分析填列。

（9）“投资收益”项目，反映企业以各种方式对外投资所取得的收益。本项目应根据“投资收益”账户的发生额分析填列。如为投资损失，本项目以“－”填列。

（10）“净敞口套期收益”项目，反映净敞口套期下被套期项目累计公允价值变动转入当期损益的金额或现金流量套期储备转入当期损益的金额。本项目应根据“净敞口套期损益”账户的发生额分析填列；如为套期损失，本项目以“－”填列。

（11）“公允价值变动收益”项目，反映企业应当计入当期损益的资产或负债公允价值变动收益。本项目应根据“公允价值变动损益”账户的发生额分析填列，如为净损失，本项目以“－”填列。

（12）“信用减值损失”项目，反映企业按照《企业会计准则第 22 号——金融工具确认和计量》(2018)的要求计提的各项金融工具信用减值准备所确认的信用损失。本项目应根据“信用减值损失”账户的发生额分析填列。

（13）“资产减值损失”项目，反映企业各项资产发生的减值损失。本项目应根据“资产减值损失”账户的发生额分析填列。

（14）“资产处置收益”项目，反映企业出售划分为持有待售的非流动资产（金融工具、长期股权投资和投资性房地产除外）或处置组（子公司和业务除外）时确认的处置利得或损失，以及处置未划分为持有待售的固定资产、在建工程、生产性生物资产及无形资产而产生的处置利得或损失。债务重组中因处置非流动资产产生的利得或损失和非货币性资产交换中换出非流动资产产生的利得或损失也包括在本项目内。该项目应根据“资产处置损益”账户的发生额分析填列；如为处置损失，以“－”填列。

（15）“营业利润”项目，反映企业实现的营业利润。如为亏损，本项目以“－”填列。

（16）“营业外收入”项目，反映企业发生的除营业利润以外的收益，主要包括债务重组利得、与企业日常活动无关的政府补助、盘盈利得、捐赠利得（企业接受股东或股东的子公司直接或间接的捐赠，经济实质属于股东对企业的资本性投入的除外）等。该项目应根据“营业外收入”账户的发生额分析填列。

（17）“营业外支出”项目，反映企业发生的除营业利润以外的支出，主要包括债务重组损失、公益性捐赠支出、非常损失、盘亏损失、非流动资产毁损报废损失等。该项目应根据“营业外支出”账户的发生额分析填列。

（18）“利润总额”项目，反映企业实现的利润。如为亏损，本项目以“－”填列。

（19）“所得税费用”项目，反映企业应从当期利润总额中扣除的所得税费用。本项目应根据“所得税费用”账户的发生额分析填列。

（20）“净利润”项目，反映企业实现的净利润。如为亏损，本项目以“－”填列。

“（一）持续经营净利润”和“（二）终止经营净利润”项目，分别反映净利润中与持续经营相关的净利润和与终止经营相关的净利润；如为净亏损，以“－”号填列。该两个项目应按照《企业会计准则第 42 号——持有待售的非流动资产、处置组和终止经营》的相关规定分别列报。

（21）“其他综合收益的税后净额”项目，反映企业根据企业会计准则规定未在损益中确认的各项利得和损失扣除所得税影响后的净额。

（22）“综合收益总额”项目，反映企业净利润与其他综合收益（税后净额）的合计金额。

（23）“基本每股收益”项目和“稀释每股收益”项目，反映普通股或潜在普通股已公开交易的企业，以及正处于公开发行普通股或潜在普通股过程中的企业的每股收益信息，是投资价值的重要指标，是投资决策最直观最重要的参考依据，这两项指标应按照《企业会计准则第 34 号——每股收益》的规定计算填列。

相关思考 11-2

利润表表中“营业收入”应如何填列？

某企业 2×21 年主营业务收入账户贷方发生额是 2 000 万元，借方发生额为退货 50 万元，发生现金折扣 50 万元，其他业务收入账户贷方发生额 100 万元，其他业务成本账户借方发生额为 80 万元，那么企业利润表中“营业收入”项目填列的金额为（　　）万元。

A. 2 000　　B. 2 050　　C. 2 100　　D. 2 070

相关思考解析 11-2：

营业收入＝2 000－50－50＋100＝2 000（万元），选择 A 选项。

（二）“上期金额”栏的填列方法

利润表各项目均需填列“本期金额”和“上期金额”两栏。其中“上期金额”栏内各项数字，应根据上年该期利润表的“本期金额”栏内所列数字填列。如果上年该期利润表规定的各个项目的名称和内容同本期不相一致，应对上年该期利润表各项目的名称和数字按本期的规定进行调整，填入利润表“上期金额”栏内。

（三）“本期金额”栏的填列方法

“本期金额”栏内各期数字，除“基本每股收益”和“稀释每股收益”项目，应当按照相关账户的发生额分析填列。

【例 11-8】 华夏有限责任公司 2×21 年度有关利润表账户本年累计发生额如表 11-7 所示。

表 11-7　　2×21 年度利润表账户本年累计发生额　　单位：元

账户名称	借方发生额	贷方发生额
主营业务收入		1 100 000
其他业务收入		150 000
主营业务成本	700 000	
其他业务成本	50 000	
税金及附加	2 000	
销售费用	20 000	
管理费用	157 100	
财务费用	41 500	
资产减值损失	30 900	
投资收益		31 500
营业外收入		50 000
营业外支出	19 700	
所得税费用	112 596	

根据表 11-7 所述资料，编制华夏有限责任公司 2×21 年度利润表，如表 11-8 所示。

表 11-8 **利 润 表** 会企 02 表

编制单位:华夏有限责任公司 2×21 年度 单位:元

项目	本期金额	上期金额
一、营业收入	1 250 000	
减:营业成本	750 000	
税金及附加	2 000	
销售费用	20 000	
管理费用	157 100	
研发费用		
财务费用	41 500	
其中:利息费用		
利息收入		
加:其他收益		
投资收益(损失以"-"填列)	31 500	
其中:对联营企业和合营企业的投资收益		
以摊余成本计量的金融资产终止确认收益(损失以"-"填列)		
净敞口套期收益(损失以"-"填列)		
公允价值变动收益(损失以"-"填列)		
信用减值损失(损失以"-"填列)		
资产减值损失(损失以"-"填列)	30 900	
资产处置收益(损失以"-"填列)		
二、营业利润(亏损以"-"填列)	280 000	
加:营业外收入	50 000	
减:营业外支出	19 700	
三、利润总额(亏损总额以"-"填列)	310 300	
减:所得税费用	112 596	
四、净利润(净亏损以"-"填列)	197 704	
(一) 持续经营净利润(净亏损以"-"填列)		
(二) 终止经营净利润(净亏损以"-"填列)		
五、其他综合收益的税后净额	(略)	
(一) 不能重分类进损益的其他综合收益		

（续表）

项目	本期金额	上期金额
1. 重新计量设定受益计划变动额		
2. 权益法下不能转损益的其他综合收益		
3. 其他权益工具投资公允价值变动		
4. 企业自身信用风险公允价值变动		
……		
（二）将重分类进损益的其他综合收益		
1. 权益法下可转损益的其他综合收益		
2. 其他债权投资公允价值变动		
3. 金融资产重分类计入其他综合收益的金额		
4. 其他债权投资信用减值准备		
5. 现金流量套期		
6. 外币财务报表折算差额		
……		
六、综合收益总额	（略）	
七、每股收益	（略）	
（一）基本每股收益		
（二）稀释每股收益		

会计职业道德 11-1

客观公正，坚持准则

客观公正：客观是指按事物的本来面目去反映，不掺杂个人的主观意愿，也不为他人意见所左右。在会计上就是端正态度、依法办事、实事求是、不偏不倚、保持应有的独立性。

坚持准则：会计人员在进行核算和监督的过程中，以会计准则为自己的行动指南，以会计准则作为与违法违纪现象作斗争的有力武器，通过梳理会计准则的权威性来维护会计行业的信誉和会计人员的地位，保证经济活动正常进行，坚持准则覆盖的范围很多，包括基本法规、经济法规、税收法规、财会审计法规、内部财务管理制度、会计准则。要求是熟悉准则、遵循准则、坚持准则。

这两个是有联系的，一般的回答，两个都是放在一起的，坚持准则，就可以体现客观公正，如果客观公正地办事，也就说明是坚持准则的结果。

第四节 现金流量表

一、现金流量表的定义及内容

现金流量表是反映企业在一定会计期间现金和现金等价物流入和流出的报表。编制现金流量表的主要目的，是为财务报表使用者提供企业一定会计期间内现金和现金等价物流入和流出的信息，以便于财务报表使用者了解和评价企业获取现金和现金等价物的能力，并据以预测企业未来现金流量。

现金流量是指企业现金和现金等价物的流入和流出。根据企业业务活动的性质和现金流量的来源，现金流量表准则将企业一定期间产生的现金流量分为三类：经营活动现金流量、投资活动现金流量和筹资活动现金流量。

(一) 经营活动产生的现金流量

11-11 视频：现金流量表的概念

经营活动是指企业投资活动和筹资活动以外的所有交易或事项。各类企业由于行业特点不同，对经营活动的认定存在一定差异。对于工商企业而言，经营活动主要包括销售商品、提供劳务、购买商品、接受劳务、支付税费等。

通常情况下，经营活动产生的现金流入项目主要有：销售商品、提供劳务收到的现金；收到的税费返还；收到的其他与经营活动有关的现金。经营活动产生的现金流出项目主要有：购买商品、接受劳务支付的现金；支付给职工以及为职工支付的现金；支付的各项税费；支付的其他与经营活动有关的现金。

(二) 投资活动产生的现金流量

投资活动是指企业长期资产的购建和不包括在现金等价物范围内的投资及其处置活动。这里所讲的投资活动，既包括实物资产投资，也包括金融资产投资。这里之所以将“包括在现金等价物范围内的投资”排除在外，是因为已经将包括在现金等价物范围内的投资视同现金。

通常情况下，投资活动产生的现金流入项目主要有：收回投资所收到的现金；取得投资收益所收到的现金；处置固定资产、无形资产和其他长期资产所收回的现金净额；收到的其他与投资活动有关的现金。投资活动产生的现金流出项目主要有：购建固定资产、无形资产和其他长期资产所支付的现金；投资所支付的现金；支付的其他与投资活动有关的现金。

(三) 筹资活动产生的现金流量

筹资活动是指导致企业资本及债务规模和构成发生变化的活动。这里所说的债务，指对外举债，包括向银行借款、发行债券以及偿还债务等。通常情况下，应付账款、应付票据等属于经营活动，不属于筹资活动。

通常情况下，投资活动产生的现金流入项目主要有：吸收投资所收到的现金；取得借款所收到的现金；收到的其他与筹资活动有关的现金。筹资活动产生的现金流出项目主要有：偿还债务所支付的现金；分配股利、利润或偿付利息所支付的现金；支付的其他与筹资活动有关的现金。

二、现金流量表的编制基础

现金流量表以现金及现金等价物为基础编制，划分为经营活动、投资活动和筹资活动，按照收付实现制原则编制，将权责发生制下的盈利信息调整为收付实现制下的现金流量信息。

1. 现金

现金是指企业库存现金以及可以随时用于支付的存款。不能随时用于支付的存款不属于现金。现金主要包括以下内容：

(1) 库存现金。库存现金是指企业持有可随时用于支付的现金,与"库存现金"账户的核算内容一致。

(2) 银行存款。银行存款是指企业存入金融机构、可以随时用于支取的存款,与"银行存款"账户核算内容基本一致,但不包括不能随时用于支付的存款。例如,不能随时支取的定期存款等不应作为现金;提前通知金融机构便可支取的定期存款则应包括在现金范围内。

(3) 其他货币资金。其他货币资金是指存放在金融机构的外埠存款、银行汇票存款、银行本票存款、信用卡存款、信用证保证金存款和存出投资款等,与"其他货币资金"账户核算内容一致。

2. 现金等价物

现金等价物是指企业持有的期限短、流动性强、易于转换为已知金额现金、价值变动风险很小的投资。其中,"期限短"一般是指从购买日起 3 个月内到期。例如可在证券市场上流通的 3 个月内到期的短期债券等。

现金等价物虽然不是现金,但其支付能力与现金的差别不大,可视为现金。例如,企业为保证支付能力,手持必要的现金,为了不使现金闲置,可以购买短期债券,在需要现金时,随时可以变现。

现金等价物的定义本身,包含了判断一项投资是否属于现金等价物的四个条件,即:①期限短;②流动性强;③易于转换为已知金额的现金;④价值变动风险很小。其中,期限短、流动性强,强调了变现能力,而易于转换为已知金额的现金、价值变动风险很小,则强调了支付能力的大小。现金等价物通常包括 3 个月内到期的短期债券投资。权益性投资变现的金额通常不确定,因而不属于现金等价物。

3. 现金及现金等价物范围的确定和变更

不同企业现金及现金等价物的范围可能不同。企业应当根据经营特点等具体情况,确定现金及现金等价物的范围。商业银行与一般工商企业的现金及现金等价物的范围可能不同,例如,某商业银行的现金及现金等价物包括库存现金、存放中央银行可随时支取的备付金、存放同业款项、拆放同业款项、同业间买入返售证券、短期国债投资等。

根据现金流量表准则及其指南的规定,企业应当根据具体情况,确定现金及现金等价物的范围,一经确定不得随意变更。如果发生变更,应当按照会计政策变更处理。

三、现金流量表的结构

我国企业现金流量表采用报告式结构,分类反映经营活动产生的现金流量、投资活动产生的现金流量和筹资活动产生的现金流量,最后汇总反映企业某一期间现金及现金等价物的净增加额。企业现金流量表的格式如表 11-9 所示。

表 11-9 　　　　**现金流量表** 　　　　会企 03 表

编制单位: 　　　　年　　月 　　　　单位:元

项　　目	本期金额	上期金额
一、经营活动产生的现金流量:		
销售商品、提供劳务收到的现金		

（续表）

项　　目	本期金额	上期金额
收到的税费返还		
收到其他与经营活动有关的现金		
经营活动现金流入小计		
购买商品、接受劳务支付的现金		
支付给职工以及为职工支付的现金		
支付的各项税费		
支付其他与经营活动有关的现金		
经营活动现金流出小计		
经营活动产生的现金流量净额		
二、投资活动产生的现金流量：		
收回投资收到的现金		
取得投资收益收到的现金		
处置固定资产、无形资产和其他长期资产收回的现金净额		
处置子公司及其他营业单位收到的现金净额		
收到其他与投资活动有关的现金		
投资活动现金流入小计		
购建固定资产、无形资产和其他长期资产支付的现金		
投资支付的现金		
取得子公司及其他营业单位支付的现金净额		
支付其他与投资活动有关的现金		
投资活动现金流出小计		
投资活动产生的现金流量净额		
三、筹资活动产生的现金流量：		
吸收投资收到的现金		
取得借款收到的现金		
收到其他与筹资活动有关的现金		
筹资活动现金流入小计		
偿还债务支付的现金		
分配股利、利润或偿付利息支付的现金		
支付其他与筹资活动有关的现金		
筹资活动现金流出小计		
筹资活动产生的现金流量净额		

（续表）

项　　目	本期金额	上期金额
四、汇率变动对现金及现金等价物的影响		
五、现金及现金等价物净增加额		
加：期初现金及现金等价物余额		
六、期末现金及现金等价物余额		

延伸阅读 11-3

资产负债表、利润表同现金流量表之间的“勾稽关系”

资产负债表同现金流量表之间的关系，主要是资产负债表的现金，银行存款及其他货币资金等项目的期末数减去期初数，应该等于现金流量表最后的现金及现金等价物净流量。资产负债表是一个时点报表，现金流量表是一个时期报表。

至于利润表与现金流量表之间的关系，要通过很多的运算才可以说明，比较复杂，我们可以在以后的时间里，和大家具体讨论。但要注意的是，这两张报表，有它们的相同之处，也有它们的不同之处。所谓相同之处就是，它们都是时期报表，就是反映一段时期内的一些活动情况，一个是反映一段时期内的利润情况，一个是反映一段时期内的现金流量情况；所谓不同之处就是，编制的基础不同，在会计上，对经济活动，有两种不同的处理方法：一种叫收付实现制，就是真正收到钱，才叫收入，在会计上才确定收入，真正支付钱时，才叫支出，在会计上才确定为成本费用，而无论这笔钱是不是应该由收付的当时期间负担，这个可能好理解一点，再来一个不好理解的，就是另一种处理方法，叫权责发生制，什么意思呢，与收付实现制正好对着来，就是在会计上确定收入和成本费用时，不是看是不是真正收到或支出的钱，而是看这些收入和支出是不是“应该”由当期负担，不由当期负担的，就不确定，而是等到应该负担的期间再确认。

第五节　所有者权益变动表

一、所有者权益变动表概述

所有者权益变动表是反映构成所有者权益的各组成部分当期的增减变动情况的报表。

所有者权益变动表应当全面反映一定时期所有者权益变动的情况，不仅包括所有者权益总量的增减变动，还包括所有者权益增减变动的重要结构性信息，特别是要反映直接计入所有者权益的利得和损失，让报表使用者准确理解所有者权益增减变动的根源。

二、所有者权益变动表的结构

在所有者权益变动表上，企业至少应当单独列示反映下列信息的项目：①综合收益总额；②会计政策变更和差错更正的累积影响金额；③所有者投入资本和向所有者分配利润等；④提取的盈余公积；⑤所有者权益各组成部分的期初和期末余额及其调节情况。

所有者权益变动表以矩阵的形式列示：一方面，列示导致所有者权益变动的交易或事项，即所有者权益变动的来源，对一定时期所有者权益的变动情况进行全面反映；另一方面，按照所有者权益各组成部分（即实收资本、资本公积、其他综合收益、盈余公积、未分配利润和库存股）列示交易或事项对所有者权益各部分的影响。所有者权益变动表的格式如表 11-10 所示。

表 11-10

所有者权益变动表

会企 04 表

编制单位：　　　　　　　　年度　　　　　　　　单位:元

项目	本年金额										上年金额									
	实收资本（或股本）	其他权益工具			资本公积	减:库存股	其他综合收益	盈余公积	未分配利润	所有者权益合计	实收资本（或股本）	其他权益工具			资本公积	减:库存股	其他综合收益	盈余公积	未分配利润	所有者权益合计
		优先股	永续债	其他								优先股	永续债	其他						
一、上年年末余额																				
加:会计政策变更																				
前期差错更正																				
其他																				
二、本年年初余额																				
三、本年增减变动金额（减少以“—”号填列）																				
（一）综合收益总额																				
（二）所有者投入和减少资本																				
1. 所有者投入的普通股																				
2. 其他权益工具持有者投入资本																				
3. 股份支付计入所有者权益的金额																				
4. 其他																				
（三）利润分配																				
1. 提取盈余公积																				
2. 对所有者（或股东）的分配																				
3. 其他																				
（四）所有者权益内部结转																				
1. 资本公积转增资本（或股本）																				
2. 盈余公积转增资本（或股本）																				
3. 盈余公积弥补亏损																				
4. 设定受益计划变动额结转留存收益																				
6. 其他																				
四、本年年末余额																				

第六节 财务报表附注

一、财务报表附注概述

(一) 提供财务报表附注的原因

附注是对资产负债表、利润表、现金流量表和所有者权益变动表等报表中列示项目的文字描述或明细资料,以及对未能在这些报表中列示项目的说明等。附注是财务报表的重要组成部分。

之所以要编制财务报表附注,首先,是因为它拓展了企业财务信息的内容,打破了三张主要报表内容必须符合会计要素的定义,又必须同时满足相关性和可靠性的限制。其次,它突破了揭示项目必须用货币加以计量的局限性。再次,它充分满足了企业财务报告是为其使用者提供有助于经济决策的信息的要求,增进了会计信息的可理解性。最后,它还能提高会计信息的可比性。例如,通过揭示会计政策的变更原因及事后的影响,可以使不同行业或同一行业不同企业的会计信息的差异更具可比性,从而便于进行对比分析。

(二) 财务报表附注的基本要求

(1) 附注披露的信息应是定量、定性信息的结合,从而能从量和质两个角度对企业经济事项完整地进行反映,也才能满足信息使用者的决策需求。

(2) 附注应当按照一定的结构进行系统合理的排列和分类,有顺序地披露信息。由于附注的内容繁多,因此更应按逻辑顺序排列,分类披露,条理清晰,具有一定的组织结构,以便于使用者理解和掌握,以更好地实现财务报表的可比性。

(3) 附注相关信息应当与资产负债表、利润表、现金流量表和所有者权益变动表等报表中列示的项目相互参照,以有助于使用者联系相关联的信息,并由此从整体上更好地理解财务报表。

(三) 财务报表附注的形式

财务报表附注的形式灵活多样,常见的有以下四种。

1. 括弧说明

它常用于为财务报表主体内提供补充信息,因为它把补充信息直接纳入财务报表主体,所以比起其他形式来,显得更直观,不易被人忽视,缺点是它包含内容过短。

2. 尾注说明

这是附注的主要形式,一般适用于说明内容较多的项目。

3. 脚注说明

这是指在报表下端进行的说明。例如,说明已贴现的商业承兑汇票和已包括在固定资产原价内的融资租入的固定资产原价等;备抵与附加账户,在财务报表中单独列示,能够为财务报表使用者提供更多有意义的信息。

4. 补充说明

有些无法列入财务报表主体中的详细数据、分析资料,可用单独的补充报表进行说明,如可利用补充报表的形式来揭示关联方的关系和交易等内容。

二、财务报表附注的内容

(一) 企业的基本情况

(1) 企业注册地、组织形式和总部地址。

(2) 企业的业务性质和主要经营活动。

(3) 母公司以及集团最终母公司的名称。

(4) 财务报表的批准报出者和财务报告批准报出日。

(二) 财务报表的编制基础

企业应当以持续经营为基础编制财务报表,若采用其他基础编制财务报表,应在附注中声明财务报表未以持续经营为基础列报,并披露未以持续经营为基础的原因和财务报表的编制基础。

(三) 遵循企业会计准则的声明

企业应当声明编制的财务报表符合企业会计准则的要求,真实、完整地反映了企业的财务状况、经营成果和现金流量等有关信息。

(四) 重要会计政策和会计估计

企业应当披露采用的重要会计政策和会计估计,不重要的会计政策和会计估计可以不披露。在披露重要的会计政策和会计估计时,应当披露重要会计政策的确定依据和财务报表项目的计量基础,以及会计估计中采用的关键假设和不确定因素。

1. 重要会计政策的说明

由于企业经济业务的复杂性和多样化,某些经济业务可以有多种会计处理方法,也即存在不止一种可供选择的会计政策。例如,存货的计价可以有先进先出法、加权平均法、个别计价法等;固定资产的折旧,可以有平均年限法、工作量法、双倍余额递减法、年数总和法等。企业在发生某项经济业务时,必须从允许的会计处理方法中选择适合本企业特点的会计政策,企业选择不同的会计处理方法,可能极大地影响企业的财务状况和经营成果,进而编制出不同的财务报表。为了有助于报表使用者理解,有必要对这些会计政策加以披露。

需要特别指出的是,说明会计政策时还需要披露下列两项内容:

(1) 财务报表项目的计量基础。会计计量属性包括历史成本、重置成本、可变现净值、现值和公允价值,这直接显著影响报表使用者的分析,这项披露要求便于使用者了解企业财务报表中的项目是按何种计量基础予以计量的,如存货是按成本还是可变现净值计量等。

(2) 会计政策的确定依据,主要是指企业在运用会计政策过程中所作的对报表中确认的项目金额最具影响的判断。例如,企业如何判断持有的金融资产是持有至到期的投资而不是交易性投资;又如,对于拥有的持股不足50%的关联企业,企业为何判断企业拥有控制权因此将其纳入合并范围;再如,企业如何判断与租赁资产相关的所有风险和报酬已转移给企业,从而符合融资租赁的标准,以及投资性房地产的判断标准是什么等,这些判断对在报表中确认的项目金额具有重要影响。因此,这项披露要求有助于使用者理解企业选择和运用会计政策的背景,增加财务报表的可理解性。

2. 重要会计估计的说明

财务报表列报准则强调了对会计估计不确定因素的披露要求,企业应当披露会计估计中所采用的关键假设和不确定因素的确定依据,这些关键假设和不确定因素在下一会计期间内很可能导致对资产、负债账面价值进行重大调整。

在确定报表中确认的资产和负债的账面金额过程中，企业有时需要对不确定的未来事项在资产负债表日对这些资产和负债的影响加以估计。例如，固定资产可收回金额的计算需要根据其公允价值减去处置费用后的净额与预计未来现金流量的现值两者之间的较高者确定，在计算资产预计未来现金流量的现值时需要对未来现金流量进行预测，并选择适当的折现率，应当在附注中披露未来现金流量预测所采用的假设及其依据、所选择的折现率为什么是合理的等等。又如，为正在进行中的诉讼预计损失时最佳估计数的确定依据等。这些假设的变动对这些资产和负债项目金额的确定影响很大，有可能会在下一个会计年度内作出重大调整。因此，强调这一披露要求，有助于提高财务报表的可理解性。

（五）会计政策和会计估计变更以及差错更正的说明

企业应当按照《企业会计准则——会计政策、会计估计和差错更正》及其应用指南的规定，披露会计政策和会计估计变更以及差错更正的有关情况。其具体内容如下：会计政策变更的性质、内容和原因；当期和各个列报前期财务报表中受影响的项目名称和调整金额；无法进行追溯调整的，说明该事实和原因以及开始应用变更后的会计政策的时点、具体应用情况；会计估计变更的内容和原因；会计估计变更对当期和未来期间的影响数；会计估计变更的影响数不能确定的，披露这一事实和原因；前期差错的性质；各个列报前期财务报表中受影响的项目名称和更正金额；无法进行追溯重述的，说明该事实和原因以及对前期差错开始进行更正的时点、具体更正情况。

（六）报表重要项目的说明

企业应当按照资产负债表、利润表、现金流量表和所有者权益变动表及其项目列示的顺序，采用文字和数字描述相结合的方式对报表的重要项目进行披露说明。报表重要项目的明细金额的合计，应当与报表项目金额相衔接。在披露顺序上，一般应当按照资产负债表、利润表、现金流量表、所有者权益变动表的顺序及其项目列示的顺序。主要包括以下重要项目：应收款项、存货、长期股权投资、投资性房地产、固定资产、无形资产、职工薪酬、应交税费、短期借款和长期借款、应付债券、长期应付款、营业收入、公允价值变动收益、投资收益、资产减值损失、营业外收入、营业外支出、所得税费用、其他综合收益、政府补助、借款费用等。

（七）或有和承诺事项、资产负债表日后事项、关联方关系及其交易等需要说明的事项

1）对于或有事项，企业应当披露下列信息：

(1) 预计负债。

① 预计负债的种类、形成原因以及经济利益流出不确定性的说明。

② 各类预计负债的期初、期末余额和本期变动情况。

③ 与预计负债有关的预期补偿金额和本期已确认的预期补偿金额。

(2) 或有负债（不包括极小可能导致经济利益流出企业的或有负债）。

① 或有负债的种类及其形成原因，包括未决诉讼、未决仲裁、对外提供担保等形成的或有负债。

② 经济利益流出不确定性的说明。

③ 或有负债预计产生的财务影响，以及获得补偿的可能性；无法预计的，应当说明原因。

(3) 企业通常不应当披露或有资产。但或有资产很可能会给企业带来经济利益的，应当披露其形成的原因、预计产生的财务影响等。

(4) 在涉及未决诉讼、未决仲裁的情况下，按相关规定披露全部或部分信息预期对企业造成重大不利影响的，企业无须披露这些信息，但应当披露该未决诉讼、未决仲裁的性质，以及没有披露这些信息的事实和原因。

2) 对于资产负债表日后事项，企业应当披露下列信息：

(1) 每项重要的资产负债表日后非调整事项的性质、内容，及其对财务状况和经营成果的影响。无法做出估计的，应当说明原因。

(2) 资产负债表日后，企业利润分配方案中拟分配的以及经审议批准宣告发放的股利或利润。

3) 关联方关系及其交易。

(八) 其他有助于财务报表使用者评价企业管理资本的目标、政策及程序的信息

(略)

本章小结

本章主要学习了：财务会计报告的概念及其作用，财务报表的分类，财务报表列报的基本要求；资产负债表含义、作用，一般企业资产负债表的列报格式和列报方法，资产负债表编制方法并举例；利润表含义、作用，一般企业利润表的列报格式和列报方法，利润表编制方法并举例；现金流量表的含义和格式；所有者权益变动表含义和格式；报表附注概念及内容。

本章重要概念

资产负债表　利润表　现金流量表　现金等价物　财务报表附注

11-12 对外提供企业财务会计报告的要求

11-13 思政课堂：报表思维——展现最恰当的自己

11-14 扫一扫看课件

第十二章　会计工作组织

- 内容简介
- 学习目的和要求
- 引例
- 第一节　会计工作的管理体制
- 第二节　会计机构
- 第三节　会计人员
- 第四节　会计法律规范
- 第五节　会计档案
- 本章小结
- 本章重要概念

内容简介

本章主要讲述了会计工作组织的意义、管理体制、要求和会计模式，会计机构和会计人员的设置，会计法律规范的基本内容及会计档案的管理。

学习目的和要求

通过本章学习，学生应明确会计工作组织是会计工作的组织保证，会计人员的职责和权限以及各自的基本职责，了解会计法、会计准则和分行业会计制度三个层次的会计规范在会计实务中的指导作用，初步掌握会计档案的保存方法并要求对我国会计工作的组织管理形式有清晰的认识。

引例　会计工作组织与会计工作

2×21 年 6 月，某市财政部门派出检查组对某国有企业的会计工作进行检查。了解到以下情况：

(1) 2×20 年 5 月，会计刘某临时离职。因刘某当时正生病住院，无法亲自到场办理会计工作交接手续，自行委托其他会计代办。

(2) 会计张某未按照规定保管会计档案，造成重要会计资料毁损，对企业造成重大不利影响。

(3) 该企业 2×20 年度亏损 20 万元，会计科长授意会计人员采取伪造凭证等手段虚增收入，将本年度利润调整为盈利 50 万元，并将调整后的财务会计报告经单位负责人及有关人员签名、盖章后向有关单位报送。

(4) 2×19 年 3 月，会计机构负责人王某将其弟弟小王调入该企业任出纳。

(5) 2×20 年 6 月，档案科会同会计科对企业会计档案进行了清理，编制会计档案销毁清册，将保管期满的会计档案按规定程序全部销毁，其中包括一些保管期满但尚未结清债权债务的原始凭证。

(6) 2×20 年 8 月，经该企业负责人批准，某业务往来单位因业务需要查阅了该企业 2×19 年有关会计档案，对有关原始凭证进行了复制，并办理了登记手续。

该企业上述业务中存在哪些问题？

(资料来源：百度文库“财经法规案例分析组合”。)

第一节　会计工作的管理体制

会计工作的组织是完成会计工作任务，发挥会计工作作用的重要保证。正确组织会计工作，就是要求企业和行政、事业单位设置合理的会计机构，配备适当的会计人员以及建立和执行各项会计制度，以达到加强经营管理的要求。

一、正确组织会计工作的意义

1. 有利于提高会计工作质量

会计工作是一项细致复杂的工作，各个部门、各种程序、各项手续以及各项数字之间必须密切联系，要求会计机构和会计人员通过合理的手续制度和处理程序，有机地联系和沟通生产经营的各个环节、相互配合，协调一致，以保证会计工作质量，提高会计工作效率。

2. 有利于对企业各项计划、预算进行有效的控制和对各项制度的贯彻执行

会计是核算和监督各单位的经济活动是否符合国家的方针、政策，是否符合企业的各项计划和预算。它所提供的各项指标又是为编制和检查计划、预算，进行综合平衡的一种依据，因此，按照国家的要求组织会计工作，有利于保证国家方针、政策和企业计划、预算的贯彻实施。这不仅是微观经济的需要，也是宏观经济的需要。

3. 有利于会计机构、会计人员和会计制度适应改革、开放的要求

我国在进行经济体制改革和对外开放的条件下，要求财会工作开阔视野、转变思想、提高效率、加强经济核算，这就需要有一个相适应的工作机构和工作人员，确定一定的会计制度，根据实际情况和实际需要来组织会计工作，从而发挥会计工作应有的作用。正确组织会计工作就是要使会计工作适应客观的需要。

二、会计工作的管理体制

1. 会计工作的管理体制的概念

体制是国家、企业、事业单位等的组织制度。**会计工作的管理体制**就是会计工作管理的组织制度。

2. 实行统一领导、分级管理的管理体制

12-1 视频：会计工作的管理体制

中华人民共和国成立以来，我国的会计工作一直由各级财政部门管理。会计工作的最基本、最重要的任务是提供财政、财务收支信息，反映财政预算和财务收支计划的执行结果，增收节支，厉行节约，严格执行国家财政、财务制度和财经纪律。因此，由财政部门负责管理会计工作是合理的，也是必要的。我国《会计法》规定，国务院财政部门主管全国的会计工作。县级以上地方各级人民政府财政部门管理本行政区域的会计工作。

财政部设置了会计事务管理司作为财政部管理全国会计工作的办事机构。该司的具体职责如下：

(1) 了解、检查会计工作情况，总结、交流会计工作经验，研究、拟订改进会计工作的措施。

(2) 拟订全国性的会计法令、规章、制度并组织贯彻实施，审查各地区、各部门拟订的会计制度、办法。

(3) 制订全国会计干部培训规划，推动和协助各地区、各部门做好会计干部的业务培训工作。

(4) 会同有关部门制定有关会计干部专业技术职务制度的办法，并贯彻实施。

(5) 逐步授权于注册会计师协会来管理、监督会计师事务所的业务、组织注册会计师资格的考试、批准注册会计师、颁发注册会计师证书。

(6) 管理报批外国会计公司在华设立常驻代表机构，并依法对其业务进行管理、监督。

三、组织会计工作的基本要求

(1) 必须符合国家对会计工作的要求。

(2) 必须根据各单位生产经营管理的特点来组织会计工作。

(3) 必须保证工作质量，讲求工作效率，节约工作时间和费用。

(4) 必须做到专业核算与群众核算相结合。专业核算是指由专职会计人员进行的核算；群众核算是指由职工群众直接参加的单位内部各部门的经济核算。

(5) 必须执行内部牵制制度。内部牵制制度是内部控制制度的一种，是指凡涉及财物和货币资金的收付、结算及其登记的任何一项工作，规定由两人或两人以上分工掌管，以起相互制约作用的一种工作制度。

四、会计模式

会计是社会经济发展的产物。经济、政治、法律、科技和社会等因素无不影响会计，并导致会计的变革与发展。不同的社会经济环境衍生出特定模式的会计。可以说，不同国家的会计都是一种特定的会计模式，并适应其本国经济发展的需要。

正因如此，从比较会计的角度出发，我们可以将世界各国的会计模式分为英国模式(真实与公允)、美国模式(公认会计原则)、法国-西班牙-意大利模式(保证国家税收)、北欧模式(维护企业利益)等。这里所讲的会计模式不同于第九章中所讲的会计基本模式。会计基本模式是针对账务处理程序而言的。

长期以来，我国奉行高度集权的计划经济管理体制，其会计活动也充分体现着计划经济会计模式的特征。改革开放以来，这种模式逐步被有计划的商品经济会计模式所取代。随着社会主义市场经济体制的建立与完善，客观上又要求我国确立与之相适应的会计模式。这种社会主义市场经济体制下的会计模式既不等于完全自由市场经济会计模式，也不同于西方发达国家的会计模式，应借鉴西方国家会计的先进经验与方法，建立起具有中国特色的会计模式，使我国会计实现以下转变：

(1) 会计信息由满足国家宏观经济计划管理需要，转变为符合国家宏观管理需要，又满足有关各方了解企业财务状况、经营成果和现金流量的需要，同时还满足企业加强内部经营管理的需要。

(2) 以分行业、分所有制的统一会计制度为主的会计法规体系转变为由“会计法→会计准则→会计制度(全国统一会计制度→企业本身会计制度)”构成，具有统一完整、高效、灵活等特征的会计法规体系。

(3) 以政府直接管理全国会计事务为特征的会计体制转变为以间接管理为主而以直接管理为辅、能充分发挥地方各级会计机构能动性和积极性的、机制合理的会计事务管理体制。

(4) 注册会计师事业得以蓬勃发展，注册会计师制度得以健全和进一步完善。

第二节 会 计 机 构

会计机构是贯彻执行党和国家方针政策，制定和执行会计制度，组织领导和处理会计工作的职能机构。合理设置会计机构，明确工作任务，是保证会计工作顺利进行的重要条件。

一、会计机构的设置

《会计法》第三十六条规定："各单位应依据会计业务的需要，设置会计机构，或者在有关机构中设置会计人员并指定会计主管人员；不具备设置条件的，应当委托经批准设立从事会计代理记账业务的中介机构代理记账。"

一般而言，一个单位是否单独设置会计机构，往往取决于以下三个因素：

(1) 单位规模的大小。一个单位的规模，往往决定了这个单位内部职能部门的设置，也决定了会计机构的设置与否。一般来说，大中型企业和具有一定规模的事业行政单位，以及财务收支数额较大、会计业务较多的社会团体和其他经济组织，都应单独设置会计机构，如会计（或财务）处、部、科、股、组等，以便及时组织本单位各项经济活动和财务收支的核算，实行有效的会计监督。

12-2 会计机构应遵循的基本原则

(2) 经济业务和财务收支的繁简。经济业务多、财务收支量大的单位，有必要单独设置会计机构，以保证会计工作的效率和会计信息的质量。

(3) 经营管理的要求。有效的经营管理是以信息的及时准确和全面系统为前提的。一个单位在经营管理上的要求越高，对会计信息的需求也相应增加，对会计信息系统的要求也越高，从而决定了该单位设置会计机构的必要。

国有和国有资产占控股地位或者主导地位的大中型企业必须设置总会计师。事业单位和业务主管部门经批准可以设置总会计师。总会计师由取得会计师任职资格后，主管一个单位内一个重要方面的财务会计工作时间不少于 3 年的人员担任。会计机构内部应当建立稽核制度。同时，应当根据业务的繁简进行合理分工。规模较大的企业，在财务会计科内还分设若干职能组。例如，有些工业企业的财务会计科分设材料组、工资组、成本组、财务组、费用组，分别负责有关业务的核算、分析和检查工作，不属于各职能组的财务会计工作以及全科的各项综合性工作，则另设综合组负责办理。

相关思考 12-1

企业无论规模大小均不设会计机构？

企业无论规模大小均可不设会计机构，将会计事项委托代理记账机构记账。

请问：这样处理正确吗？

相关思考解析 12-1：

不正确。

一个单位是否单独设立会计机构取决于三个因素。

二、会计机构的组织形式

会计机构的组织形式是由企业的规模和它所担负的任务决定的，一般可分为独立核算机构和非独立核算机构。非独立核算机构又可分为半独立核算和报账单位。

1. 独立核算

企业实行独立核算必须具备一定的条件，通常要有一定的自有资金，有独立经营的自主权，能单独编制计划，单独计算盈亏，单独在银行开户并经工商行政部门注册登记。独立核算单位必须全面地进行记账、独立对外结算和定期编制财务会计报告。

实行独立核算单位的记账工作组织形式又可分为集中核算和分散核算两种。**集中核算**是账务工作全部在会计部门进行，各车间、部门一般不进行单独核算，而只是对所发生的经济业务进行原始记录，办理原始凭证手续，并对原始凭证进行适当汇总，定期将原始凭证或汇总原始凭证送交财务会计部门进行总分类核算和明细分类核算。其优点是可以减少核算环节，简化核算手续，有利于及时掌握全面的经营情况和精简人员，一般适合于中、小型企业。**分散核算**是指企业所属的分厂、车间根据生产经营的原始凭证，登记账簿，定期编制记账凭证汇总表向财务会计部门报账（这种单位称为报账单位），或由部门编制本部门的会计报表送财务会计部门汇总编表（这种单位称为半独立核算单位），其编制方法类似合并会计报表的编制，将在财务会计学中介绍，即企业的内部单位对本身所发生的经济业务进行较全面的核算。这种组织形式一般适用于大型企业。所以，一个企业实行集中核算还是分散核算，应视企业规模大小和经营管理的要求而决定。而且往往一个企业对某些会计业务采用集中核算，而对另一些业务又采用非集中核算。但无论采用哪种组织形式，企业对外的现金往来、物资购销、债权债务和结算都应由财务会计部门集中办理。

2. 半独立核算

半独立核算是指独立核算企业的所属的分厂、车间或生产、业务单位，其规模比较大，生产、经营上有一定的独立性，但不具备完全独立核算的某些必要条件，如不能在银行单独开户，没有独立的资金等。这些单位配备一定的会计人员，单独编制会计凭证、单独记账和编制财务会计报告，然后送会计部门汇总编表。其优点是部门负责人和职工能及时掌握部门的生产成本、经营情况和财务成果，动员职工参加企业管理。这种核算组织对实行经济责任制更为需要。

3. 报账单位

报账单位是指企业内部各部门本身不单独计算盈亏，只记录和计算几个主要指标，进行简易核算，以考核其工作质量。这些单位如商品流通企业所属的门市部和分销店，平时只向上级领取备用金，定期向上级报销，一次收入全部解缴上级，由财会部门集中进行核算。

第三节 会计人员

会计人员是决定会计工作质量的关键。明确会计人员的职责和权限，是充分发挥会计人员积极性的有效措施。会计部门必须配备适当的会计人员，提高会计人员的政治素质和业务水平，深入贯彻《会计法》，保障会计人员行使职权，为会计人员更好地发挥会计职能作用创造条件。

一、会计人员的职责和法律责任

（一）会计人员的职责

会计人员的主要职责，一般有以下四个方面：

(1) 认真执行《会计法》和《企业会计准则》等会计规范。

(2) 认真进行会计核算，保证一切会计凭证、会计账簿、财务会计报告及其他会计资料的合法、真实、准确和完整。

(3) 贯彻执行党和国家的方针、政策和财务制度，遵守各项财政、税收、信贷、结算和计划制度，严格监督生产经营活动和财务收支、维护国家财经纪律。

(4) 认真编制、执行和考核、分析财务计划、预算，参与企业预测、决策和参与拟订经济计划、业务计划，参与改善企业经营管理的各项活动，推动增产节约、增收节支，提高企业经济效益。

(二) 单位负责人和会计人员的法律责任

修正后的《会计法》进一步明确了会计人员的职责和法律责任，尤其突出了单位负责人对会计工作的法律责任。主要有以下几个方面：

(1) 单位负责人对本单位的会计工作和会计资料的真实性、完整性负责。会计机构、会计人员依照《会计法》进行会计核算，实行会计监督。任何单位或者个人不得以任何方式授意、指使、强令会计机构、会计人员伪造、变造会计凭证，会计账簿和其他会计资料，提供虚假财务会计报告。任何单位或者个人不得对依法履行职责、抵制违反《会计法》规定行为的会计人员实行打击报复。单位负责人和其他人员对依法履行职责的会计人员进行打击报复的，给予行政处分；构成犯罪的，依法追究刑事责任。

(2) 单位负责人、会计人员和其他人员伪造、变造、故意毁灭会计凭证、会计账簿、财务会计报告和其他会计资料的，或者利用虚假的会计凭证、会计账簿、财务会计报告和其他会计资料偷税或损害国家利益、社会公众利益的，由县级以上财政、审计、税务机关或者其他有关主管部门依据法律、行政法规规定的职责负责处理并追究责任，具体包括：责令限期改正、通报、罚款；属于国家工作人员的，还可以由其所在单位或者有关单位依法给予行政处分；情节严重的，由县级以上人民政府财政部门吊销其会计从业资格证书；构成犯罪的，依法追究刑事责任。

12-3 视频：单位负责人

(3) 会计凭证、会计账簿、财务会计报告和其他会计资料，必须符合国家统一的会计制度的规定。使用电子计算机进行会计核算的，其软件及其生成的会计凭证、会计账簿、财务会计报告和其他会计资料，也必须符合国家统一的会计制度的规定。任何单位和个人不得伪造、变造会计凭证、会计账簿及其他会计资料，不得提供虚假的财务会计报告。会计机构、会计人员必须按照国家统一的会计制度的规定对原始凭证进行审核，对不真实、不合法的原始凭证有权不予接受，并向单位负责人报告；对记载不准确、不完整的原始凭证予以退回，并要求按照国家统一的会计制度的规定予以更正、补充。各单位应当建立、健全本单位内部会计监督制度。会计机构、会计人员对违反《会计法》和国家统一的会计制度规定的会计事项，有权拒绝办理或者按照职权予以纠正。任何单位和个人对违反《会计法》和国家统一的会计制度规定的行为，有权检举。收到检举的部门有权处理的，应当依法按照职责分工及时处理；无权处理的，应当及时移送有权处理的部门处理。收到检举的部门、负责处理的部门应当为检举人保密、不得将检举人姓名和检举材料转给被检举单位和被检举人个人。

(4) 有关法律、行政法规规定，须经注册会计师进行审计的单位，应当向受委托的会计师事务所如实提供会计凭证、会计账簿、财务会计报告和其他会计资料及有关情况。任何单位或者个人不得以任何方式要求或者示意注册会计师及其所在的会计师事务所出具不实或者不当的审计报告。财政部门有权对会计师事务所出具的审计报告的程序和内容进行监督。

(5) 从事会计工作的人员,必须取得会计从业资格证书。因有提供虚假财务会计报告,做假账,隐匿或者故意销毁会计凭证、会计账簿、财务会计报告,贪污,挪用公款,职务侵占等与会计职务有关的违法行为被依法追究刑事责任的人员,不得取得或者重新取得会计从业资格证书。因违法违纪行为被吊销会计从业资格证书的人员,自被吊销会计从业资格证书之日起5年内,不得重新取得会计从业资格证书。

国有企业、事业单位的会计机构负责人、会计主管人员的任免应当经过主管单位同意,不得任意调动和撤换;会计人员忠于职守,坚持原则,受到错误处理的,主管单位应当责成所在单位予以纠正。

会计人员调动工作或者离职,必须与接管人员办清交接手续。一般会计人员办理交接手续,由会计机构负责人、会计主管人员监交。会计机构负责人、会计主管人员办理交接手续,由单位领导人监交,必要时可以由主管单位派人会同监交。交接双方及监交人均应签字以示负责。

12-4 扫一扫练一练

12-5 扫一扫练一练答案

会计职业道德 12-1

坚持准则,客观公正

2×21年6月,某省级财政部门在对某企业的检查中发现下列情况:①为粉饰财务报表,单位负责人张某授意会计人员李某虚构交易或者事项,编造虚假会计凭证,虚增利润100万元;②单位负责人张某授意会计人员王某变更固定资产折旧政策以虚增利润,王某坚持原则,予以抵制,后张某将其解聘;③为掩盖违法行为,张某授意会计机构负责人刘某将以前年度的虚假会计资料予以销毁。

该企业在上述业务中,违背会计职业道德的哪些规定?

二、岗位责任制

会计工作岗位责任制是在财务会计机构内部,按照财务会计工作的内容和会计人员的配备情况,进行合理的分工,使每一项财务会计工作都有专人负责,每一个会计人员都有明确的职责。

应根据企业的规模和经营管理的要求建立财务会计处(或科、组),并在其内部设立各个职能组负责有关的财务与会计工作。会计主管负责组织领导本企业的财务会计工作,参与企业预测、决策、经济计划和有关经营管理工作。具体工作人员一般分为会计员、出纳员、成本员、稽核员、计划员、综合员等,负责执行各职能组的财会工作,配有计算机的单位还要配备程序设计员和操作员。各单位应该根据业务繁简和人员多少,实行一人一岗,一人多岗或一岗多人,明确职责,各司其职。但管钱的不能管账,管账的不能管钱,出纳人员不得兼管稽核、会计档案保管和收入、费用、债权债务账目的登记工作。

相关思考 12-2

出纳只能进行库存现金和银行存款日记账的登记吗?

出纳只能进行库存现金和银行存款日记账的登记工作,不能进行其他账目的登记工作。

请问:这种说法是否正确?

相关思考解析 12-2:

不正确。

出纳一般要求进行这两种工作,但有的企业也要求出纳进行其他的登记工作。

第四节 会计法律规范

会计法律规范是处理会计事务的法律、原则、程序和方法的总称，是进行会计工作的规则和准则。要使会计工作有组织、有秩序地进行，发挥其在核算、监督和加强经营管理，提高经济效益中的作用，必须建立科学的会计规范。

我国会计法律规范包括会计法律、会计行政法规、会计部门规章、地方性会计法规。

一、会计法律

会计法律是指由全国人民代表大会及其常务委员会经过一定立法程序制定的有关会计工作的法律，属于会计法律制度中层次最高的法律规范，是制定其他会计法规的依据，也是指导会计工作的最高准则。1985 年 1 月 21 日第六届全国人民代表大会常务委员会第九次会议通过，1993 年 12 月 29 日第八届全国人民代表大会常务委员会第五次会议修正，1999 年10 月 31 日第九届全国人民代表大会常务委员会第十二次会议修订的《会计法》，于 2000 年7 月 1 日开始实施。

12-6 会计法律的概念

会计法律，相对于其他会计法律制度而言，具有以下特点：一是只能由具有国家立法权的全国人民代表大会制定，其他机关无权制定或修改。二是其所规定的是会计工作中重要的、带有根本性的事项。例如，《会计法》规定，“各单位必须设置会计账簿，并保证其真实，完整”，“任何单位或者个人不得以任何方式授意、指使、强令会计机构、会计人员伪造、变造会计凭证、会计账簿和其他会计资料，提供虚假财务会计报告”等。三是制定会计行政法规、会计规章、地方性会计法规、会计规范性文件的依据。因此，我国《会计法》是会计法律制度中层次最高的法律规范，是会计机构、会计人员开展会计工作，进行会计核算，实施会计监督的基本依据，也是各级有关管理部门进行会计管理和监督的基本依据。

《中华人民共和国注册会计师法》是规范注册会计师及其行业规范的最高准则。该法于 1993 年 10 月 31 日第八届全国人民代表大会常务委员会第四次会议通过，1993 年 10 月 31 日中华人民共和国主席令第 13 号公布，1994 年 1 月 1 日起施行。

二、会计行政法规

会计行政法规是指由国务院制定发布，或者由国务院有关部门拟订经国务院批准发布的，调整某些方面会计关系的法律规范，其制定依据是《会计法》。如国务院发布的《中华人民共和国总会计师条例》《企业财务会计报告条例》等都属于会计行政法规。

《企业财务会计报告条例》是国务院 2000 年 6 月 21 日颁布，并于 2001 年 1 月 1 日起施行，是对《会计法》中有关财务会计报告的规定的细化。它主要规定了企业财务会计报告的构成、编制、对外提供、法律责任等内容。

12-7 扫一扫练一练

《中华人民共和国总会计师条例》是国务院 1990 年 12 月 31 日发布的，是对《会计法》中有关规定的细化和补充，对总会计师的设置、任职条件、职责权限等进行了明确的规定。

12-8 扫一扫练一练答案

三、会计部门规章

会计部门规章是指国家主管会计工作的行政部门即财政部以及其他相关部委根据法律

和国务院的行政法规、决定、命令，在本部门的权限范围内制定的、调整会计工作中某些方面内容的国家统一的会计准则制度和规范性文件，包括国家统一的会计核算制度、会计监督制度、会计机构和会计人员管理制度及会计工作管理制度。例如，2001 年 2 月 20 日财政部第 10 号令发布的《财政部门实施会计监督办法》，2005 年 1 月 18 日财政部第 24 号令发布的《会计师事务所审批和监督办法》，2005 年 1 月 22 日财政部第 26 号令发布的《会计从业资格管理办法》，2006 年 2 月 15 日财政部第 33 号令发布的《企业会计准则——基本准则》等，均属于会计部门规章。

国务院其他部门根据其职责权限制定的会计方面的规范性文件也属于会计规章，但必须报财政部审核或者备案。会计部门规章不得与宪法、法律和行政法规相违背，其效力低于宪法、法律和行政法规。

四、地方性会计法规

地方性会计法规是指省、自治区、直辖市和经授权的经济特区人民代表大会及其常务委员会，在与会计法律、会计行政法规不相抵触的前提下，根据本地区情况制定发布的关于会计核算、会计监督、会计机构和会计人员以及会计工作管理的规范性文件。

此外，实行计划单列市、经济特区的人民代表大会及其常务委员会，在宪法、法律和行政法规允许范围内也可制定会计规范性文件。

12-9 思政课堂：会计法律制度和会计职业道德的关系

第五节 会计档案

会计档案是指会计凭证、会计账簿和财务会计报告等会计核算专业材料，它是记录和反映经济业务的重要史料和证据，是国家档案的重要组成部分，也是各单位的重要档案之一。各单位必须建立和健全会计档案的立卷、归档、保管、调阅和销毁等管理制度。

12-10 视频：会计档案概述

会计档案的分类如表 12-1 所示。

表 12-1 会计档案的分类

分类	会计档案
会计凭证类	原始凭证、记账凭证、汇总凭证、其他会计凭证
会计账簿类	总账、明细账、日记账、固定资产卡片、辅助账簿、其他会计账簿
财务会计报告类	月度、季度、半年度、年度财务报告，包括会计报表、附表、报表附注及相关文字说明其他财务报告
其他会计资料类	银行存款余额调节表、银行对账单、其他应当保存的会计核算专业资料、会计档案移交清册、会计档案保管清册、会计档案销毁清册

一、会计档案的保管

各单位每年形成的会计档案应由财会部门按照归档的要求，负责整理立卷或装订成册。当年的会计档案，可暂由财会部门保管 1 年，期满之后，编造清册移交档案部门保管。

保存的会计档案应为单位积极提供利用，原则上不得向外单位借出。如有特殊需要，须经上级主管单位批准，但不得拆散原卷，并应限期归还。

会计档案的保管期限，根据其特点分为永久、定期两类。年度财务会计报告及某些涉外的会计凭证、会计账簿属于永久保管，其他属于定期保管。会计档案的保管期限，从会计年度终了后第一天算起。

《会计档案管理办法》规定了我国企业和其他组织、预算单位等会计档案的保管期限，该办法规定的会计档案保管期限为最低保管期限，具体如表 12-2、表 12-3 所示。

表 12-2　企业和其他组织会计档案保管期限表

序号	档案名称	保管期限	备注
一	会计凭证		
1	原始凭证	30 年	
2	记账凭证	30 年	
二	会计账簿		
3	总账	30 年	
4	明细账	30 年	
5	日记账	30 年	
6	固定资产卡片账		固定资产报废清理后保管 5 年
7	其他辅助性账簿	30 年	
三	财务会计报告		
8	月度、季度、半年度财务会计报告	10 年	
9	年度财务会计报告	永久	
四	其他会计资料		
10	银行存款余额调节表	10 年	
11	银行对账单	10 年	
12	纳税申报表	10 年	
13	会计档案移交清册	30 年	
14	会计档案保管清册	永久	
15	会计档案销毁清册	永久	
16	会计档案鉴定意见书	永久	

表 12-3　财政总预算、行政单位、事业单位和税收会计档案保管期限表

序号	档案名称	保管期限			备注
		财政总预算	行政单位事业单位	税收会计	
一	会计凭证				
1	国家金库编送的各种报表及缴库退库凭证	10 年		10 年	
2	各收入机关编送的报表	10 年			
3	行政单位和事业单位的各种会计凭证		30 年		包括原始凭证、记账凭证和传票汇总表

（续表）

序号	档案名称	保管期限			备注
		财政总预算	行政单位事业单位	税收会计	
4	财政总预算拨款凭证和其他会计凭证	30年			包括拨款凭证和其他会计凭证
二	会计账簿				
5	日记账		30年	30年	
6	总账	30年	30年	30年	
7	税收日记账(总账)			30年	
8	明细分类、分户账或登记簿	30年	30年	30年	
9	行政单位和事业单位固定资产卡片				固定资产报废清理后保管5年
三	财务会计报告				
10	政府综合财务报告	永久			下级财政、本级部门和单位报送的保管2年
11	部门财务报告		永久		所属单位报送的保管2年
12	财政总决算	永久			下级财政、本级部门和单位报送的保管2年
13	部门决算		永久		所属单位报送的保管2年
14	税收年报(决算)			永久	
15	国家金库年报(决算)	10年			
16	基本建设拨、贷款年报(决算)	10年			
17	行政单位和事业单位会计月、季度报表		10年		所属单位报送的保管2年
18	税收会计报表			10年	所属税务机关报送的保管2年
四	其他会计资料				
19	银行存款余额调节表	10年	10年		
20	银行对账单	10年	10年	10年	
21	会计档案移交清册	30年	30年	30年	
22	会计档案保管清册	永久	永久	永久	
23	会计档案销毁清册	永久	永久	永久	
24	会计档案鉴定意见书	永久	永久	永久	

注：税务机关的税务经费会计档案保管期限，按行政单位会计档案保管期限规定办理。

二、会计档案的移交及销毁

撤销、合并单位和建设单位完工后的会计档案，应随同单位的全部档案一并移交给指定的单位，并按规定办理交接手续。

会计档案保管期满，需要销毁时，由档案部门提出意见，会同财会部门共同鉴定，严格审查，编造会计档案销毁清册，上报审批。对于其中未了结的债权债务的原始凭证，应单独抽出另行立卷，保管到结清债权债务为止。销毁会计档案时，应由档案部门和财会部门共同派员监销；各级主管部门销毁会计档案时应由同级财政部门、审计部门派员参加监销；销毁后监销人员在销毁清册上签名盖章，并将情况报本单位领导。销毁清册永久保存。

相关思考 12-3

会计档案销毁

某公司有一批保管期满的会计档案，公司档案科的工作人员向科长提出销毁申请报告，科长对照了有关的规定，认为这批档案确实已到了规定的保管年限，就同意销毁，并同科内人员在第二天销毁了该批档案。

该案例中销毁会计档案符合规定吗？应如何处理？

相关思考解析 12-3：

该案例中销毁会计档案不符合规定。会计档案保管期满，需要销毁时，由档案部门提出意见，会同财会部门共同鉴定，严格审查，编造会计档案销毁清册，上报审报。

延伸阅读 12-1

会计电算化的账务处理程序

会计电算化账务处理程序是指根据会计业务资料，利用会计核算软件完成凭证录入、审核、修改、查询、记账、对账、结账和生成报表的过程。各单位会计电算化流程因单位规模、对电算化的要求和使用财务软件的不同而不同，但电算化会计核算的最基本处理程序是一样的，主要过程包括初始设置、凭证处理、账簿处理和生成报表。

(1) 初始设置：①系统的初始设置；②总账及其他模块的初始设置。

(2) 凭证处理：①录入记账凭证；②凭证审核；③记账。

(3) 账簿处理：①对账；②结账；③账表查询。

(4) 生成报表：①设置报表格式；②设置公式；③生成报表。

本章小结

本章主要学习了：会计工作组织的意义、管理体制、要求和会计模式，会计机构和会计人员的设置，会计法律规范的基本内容及会计档案的管理。

本章重要概念

会计工作组织　会计机构　会计人员　独立核算　非独立核算

12-11 扫一扫看课件

参 考 文 献

[1] 朱虹,周雪艳.基础会计[M].6 版.大连:东北财经大学出版社,2021.

[2] 陈国辉,迟旭升.基础会计[M].7 版.大连:东北财经大学出版社,2021.

[3] 张捷.基础会计[M].6 版.北京:中国人民大学出版社,2021.

[4] 全国会计专业技术资格考试辅导教材.初级会计实务[M].北京:经济科学出版社,2021.

[5] 朱虹,周雪艳.基础会计——原理、实务、案例、实训[M].6 版.大连:东北财经大学出版社,2021.

[6] 陈文铭.基础会计习题与案例[M].3 版.大连:东北财经大学出版社,2021.